受傷的醫者

心理學家帶你看見白袍底下的情感掙扎與人性脆弱

Caroline Elton
卡洛琳・艾爾頓——著
林麗雪——譯

ALSO HUMAN

The Inner Lives of Doctors

推薦序

白袍包裝下的內心世界

高雄醫學大學性別研究所教授　成令方

收到出版社來信邀約時，一時不敢相信自己的眼睛，居然有一本專注於白袍外衣底下的醫師內心著作。更讓我興奮的是，我與作者 Elton 博士關注的議題相似，那就是：如何提供醫生更好的心理、組織文化、制度上的支持？如何讓醫生在較為良好合理的工作環境下發展長才？讓他／她們更具有情緒韌性？並且因醫師的個人困境，進而思考、提問：整個醫療系統在哪些環節上出了問題？

這是本充滿洞識的作品，由擅於敘事的職業心理學家執筆，揭示過去二十多年來諮商過幾百位各科的住院醫師、資淺和資深主治醫師的個人故事。

這樣的書絕不可能在台灣寫成。原因是，台灣沒有這樣的醫學教育回饋制度，也沒有醫師職涯管理與心理輔導制度。在台灣，醫師內心的苦悶、掙扎、憂鬱、奮力、孤獨、自我要求、人際互動等，每天內心上演的小劇場，都被認為是你自家的事，與臨床執業無關。但英國早於一九九〇年代就開始重視，認為個人的困境，就是醫學教育、醫院組織文化，甚至醫療制度需要面對處理的困境。作者就在因緣際會下，在這領域工作了二十多年。

白袍下的內心戲劇，有哪些？例如：無法處理臨床緊急事故，難以面對病患死亡的無助，認為自己不適任；高工時導致身體出狀況，家人過高的期待造成莫大心理壓力；工作過勞顧不得家庭小孩，愛情關係經營困難；長期累積的勞累致使無法合理對待同儕、病人甚至自己，「同理心」成為無法實踐的空洞概念；醫病關係緊張時時擔心被申訴；因族群、性別差異而被誤解、遭歧視，乃至錯失向上晉升的機會等。

這些都是尋求協助諮詢的醫師們所面臨的議題。作者則以細緻，溫柔，寬容，同理且同情的方式來幫助他／她們面對解決。

這些看似「小事」的個人困境，沒有處理好往往會為個人或工作組織帶來極大的傷害。例如書中有個案例是，醫師為了彌補母親罹癌早逝的遺憾而拚命救治病患，付出了很大的代價，最終為了自身的健康必須放棄工作。還有一例，男醫師對女病患做身體檢查時，因為無法辨別自己的慾望，而做出不適當的動作，類似的女病患控訴案例在英國很多。另有一例，是個男同志醫生，因面對男性病患做檢查時，容易產生糾結的情緒，而要求轉到婦產科以避免自己落入困境。其實，無論是異性戀、同性戀、雙性戀，各種性向的醫師都要面對自己的性欲，這是當今醫療文化中需要多加討論的重要議題。

故事從個體出發，自醫師內心困境，慢慢將目光擴及至組織文化、制度的糾結、醫學期刊的研究、有創見大師的實驗成果、甚至該議題的歷史發展。作者 Elton 博士緊緊抓住讀者的感情與思緒，帶領讀者進入醫師幽微曲折的內心世界。

這是一本超級營養、精彩、優質的臨床田野筆記，既超越八點檔故事的複雜度，更超越台灣對醫學教育認知既有深度與高度。

在此我要將此書大力推薦給一般民眾，還在就讀的醫學生，已經執業的醫師，醫學教育者，醫療制度設計者，以及醫師的家人、父母、丈夫、妻子、兒女，你們應該人手一本——為了理解如何改進在世界稱霸的台灣全民健保制度。大家都只看到金錢資源投入的重要性，但是忽略了改善醫療人力的身心健康，其實一樣重要。這本書帶來醍醐灌頂、振聾發聵的呼喚：「醫師也是人」，聽到了嗎？

推薦序

提供從醫者所需的韌性訓練與心理支持

醫師、前立委　林靜儀

這是一本慎重看待與省思醫學界中各種現實面的著作。我們常常說，醫師也是人，意思是醫師不可能像神一樣無所不能，醫師也會無助，也有失敗，更常常自我質疑，或是有許多無法面對的時刻。醫師不是神，但是醫師的日常所承擔的悲傷、挫折以及挑戰，卻是一般人的數倍，原因在於，醫學訓練是嚴苛的，醫學服務過程看到的多數現實是殘酷的，提供醫學照護的自己也時常面對衝突、掙扎甚至反覆質疑，而且，通常不知如何紓解或不敢求助。

我是大學聯考之後填志願分發的年代，那時候進醫學系的條件就是書讀得好，考試考夠高分，且當時還未實施健保，醫師收入與社會聲望都明顯優勢，社會的職業價值也尚未多元，所謂第三類組的第一志願，就是當醫師，有不少學校有醫科專班，或以每年醫學系上榜人數為招生強項；因此，除非非常洞察自己的特質，並得到家庭的支持，或許有機會不依著各校系志願排名填志願；不然，「考得上就去唸」，是最多數醫學系學生入學的原因。

我一直記得大學一年級體檢時，有同學在被抽血的時候暈倒了。那個同學後來在學校時如何面對把活青蛙的心臟剖出來；如何克服實習時的注射工作；如何在睡眼惺忪的值班清晨，趕在晨會前抽完數十管血液檢體，沒有人知道。

我們倒是都知道，每年，會輾轉聽到，某一個學校的醫學生，本來是數理天才，但在家庭期望下念了醫學系，然後，罹患精神疾病，退學了；或者，某個剛進入臨床的實習醫師，跳樓自殺。而我們只有提醒自己，要更強一點，要撐住。

我的實習同學在主治醫師跟家屬講解末期肝癌病情的時候忍住淚水，回到值班室才感同身受地掉眼淚；我們都想幫助那個爛了一條腿的癱瘓病人，但又怕他的環境困難超出了我們的能力；本來是來看陰道炎的病人因為她加護病房中昏迷不醒的兒子，在我診間嚎啕大哭，為了不想影響「專業形象」，我強忍眼淚，顧左右而言他；一直到多年後我自己接受了心理諮詢課程，才學習如何平衡同理心與專業。

醫院是一個很少有好消息的地方，即使診斷出疾病，治好了病人，病人終其一生也可能很難擺脫復發的陰影，或是留下住院過程的痛苦回憶。

而這些充滿負面能量的場域，就是醫師的工作日常。

面對那些難以治癒的病痛、已經缺乏求生意志的患者、難以忍受治療痛苦的病人、掙扎著呼吸的早產兒、先天疾病早夭的嬰兒，醫師怎麼可能不沮喪，不難過，不懷疑自己？

但是，如果醫師自己被情緒擊垮，又要怎麼保持最專注且不受情緒干擾的診療程序？本書作者在她執業與研究的觀察中，發現了醫師的逃避，也發現醫師透過專注在情境的枯燥、事實和理性的細節，而忽略或壓抑它對一個人的感覺造成衝擊的可能性，對此作者稱之為理智化（intellectualisation）的過程。作者也留意到，醫師會有潛抑（suppression）和壓抑（repression）的雙防衛策略，藉由專注於提供安全照顧，潛抑他們想停止在病人身上施加痛苦（診斷與治療）的欲望，以及把難以承受的情感從意識裡完全排除；甚至當醫生情緒變得難以負荷時，他們會完全停止感受（第八十一頁）。而這，不是與我們一再認為醫師應該「同理」病人感受、應該溫柔且敏感地陪伴病人疾病之外的其他情緒，是矛盾的嗎？

這也是我自己從實習開始，一直到現在執業近二十年，認為對於臨床醫療人員甚至其他助人工作者最嚴苛的試煉：如何能夠永遠保有同理和最溫柔諒解的那一面，以維持說來其實殘酷的醫療照護現場。

作者也討論到了醫師在職涯上可能會面臨的困境。不少醫師因為自己身心罹病，或是發現自己並不適合臨床執業之後，無法面對「失敗感」，或不願與家人同事坦承自己希望轉換選擇；尤其是，若抱持著自身或家庭對於某些疾病治療的「使命」而進入醫學領域，卻在受訓之後體認到醫療專業的現實面，或自己擅長的並非原先所預期的專科時，必須痛苦地承認自己選科錯誤、甚至考慮是否停止臨床執業，這都是漫長而矛盾的掙扎。這部分，在台灣幾乎還未有討論；然而每年對於新科醫學生的報導，總有「因為親人罹病所以想當醫生」這樣的年輕孩子，醫學生也總是承擔了家裡最高的期盼與肯定，那些最後發現自己對這個職業與期待不同的準醫師們，我們都還未產出支持或諮商的系統。另外，因為種族、性別，或先天疾病，在受訓與職業過程可能遭受的不平等對待，也在此書的討論之中。

近幾年，台灣的高等教育入學方式改變，在擔任醫學系的甄試口試委員過程中，我與其他老師們，往往一邊帶著十分矛盾的情緒，既有對健保制度的各種抱怨，又有咬牙讀完醫學系，撐過專業醫師訓練之後的職業榮耀感，一邊聆聽著面前的高中畢業生試圖說服我們，他們「有哪些特質適合就讀醫學系，未來適合擔任醫師」。其實，我們多數能分辨，哪些年輕孩子是真心期待進入這個行業，哪些是因為家庭期待而來；也多少能發現，有些孩子對於挫折的耐受度，其實不太適合這個行業。

透過這樣的面試，篩選適合從醫的學生或是排除極端不適合的孩子，比以前僅靠成績分發，是稍微好了一些。本書中詳述了其他國家在醫學生訓練或投入專科醫師之前，有適性或心理諮商評估協助，也有對情緒衝擊或倫理挑戰的「多站迷你面試」評估，這些措施都有助於協助醫學生或年輕醫師在受訓過程中，了解自己或得到協助。

這是一本誠實窺見醫師內心矛盾衝突的書，書中關於眾多醫師無助沮喪、甚至孤立無援的真實紀錄，值得所有醫師閱讀，發現自己壓抑或不敢直視的困境；這更是一本所有醫學教育者應該閱讀與思考的書——我們有責任支持與協助年輕從醫者。

獻給我的家人

目錄

心理學家瑪莉．W（Mary W）住在密西根州……十多年前，當我試著決定要不要進醫學院，成為精神科醫生時，我打電話和她討論她的執業經驗……瑪莉和我一樣熱愛北密西根地區和那裡的湖泊。她不假思索地用那塊我們同樣熱愛的土地作為比喻。

「我們治療的病人從一座結了冰的湖中央掉了下去……假使你走這條路的話，我的工作，也就是你的工作，就是要朝他們走過去，和他們一起待在薄冰上，並且與他們一起努力，從寒冷的湖水中把他們拉出來……但是你必須知道，如果你和他們一起在薄冰上，你也有掉下去的實際危險。所以如果你進入這一行，你必須把錨固定在岸上，然後伸出一隻手給在水裡的那個人。」她提醒我：「但是，你的另一隻手必須緊緊抓住連結岸邊的人和東西。如果沒有這麼做，你會失去你的病人，還有失去你自己。」

《跌落火焰：一個精神科醫生的心靈危機》（*Falling into the Fire: A Psychiatrist's Encounters with the Mind in Crisis*），克莉絲汀．蒙特羅斯（Christine Montross）

作者的話

我一向嚴肅看待顧客的隱私問題，在此提出相關說明。為了維持病人的匿名性，我改變了名字和所有可以指認出來的特點。我在本書使用任何個人資訊之前（即使是在匿名的偽裝下），已經事先給每個病人看過草稿、詢問他們意見，並徵求他們的許可，所有人都願意分享他們的經驗。大部分的人願意這麼做，是因為這本書的目的是為了幫助面對事業困境的醫生，並突顯很多醫生所面對極大困難壓力。

導言

鏡子裡的醫學

飛機輪胎一碰到機場柏油跑道的時候，像身邊許多人一樣，我直覺地伸手拿行動電話。從倫敦飛到華府的班機只有八小時，所以沒有太多要看的東西。接下來的八天，也不會有「不在辦公室」訊息所不能阻擋的事情，因此沒有要擔心的事。直到我看到最後一封電子郵件：

親愛的卡洛琳（Caroline）：

我從第一天就開始質疑，醫學院適不適合我，而且從那時候開始，情況只是變得更糟糕：一路走來，我變得更沮喪，感覺更無助，雖然經常懷抱著事情可能會變好的希望（而且身邊的每個人都鼓勵我這麼做）。但是我就是沒辦法應付醫院的壓力和緊張，而且要開始當醫生的想法，讓我內心充滿恐懼。

現在離期末考還有一個月，我非常苦惱該怎麼辦。我一直試著告訴自己，只要通過期末考，之後隨時都可以中斷，用我的醫學學位去做其他的事。但是對於其他想做的事，我真的一點線索都沒有，而且如果中斷的話，我可能會後悔……

我只是不確定，我能不能繼續當醫生，而且我擔心，因為太過緊張、焦慮和憂鬱，最後，不是意外地傷害了別人，或者就是把自己推向瘋狂邊緣。如果這些話，有點情緒化的話，我很抱歉，但是我真的已經到了危機關頭，並且迫切需要一些明智的意見。

李奧（Leo）

我呆住了。這不是一封可以忽略的電子郵件，但是我在大西洋的另一邊，要怎麼提供「明智的意見」？在前往兒子家的計程車裡，我打了通電話給一個同事，想請她接手處理，但只聽到她的答錄機。我別無選擇，只好自己回覆李奧的電子郵件。

§

每個人偶爾會看醫生，有些人經常看醫生，有些人比較幸運地很少需要看醫生。但無論我們多頻繁地尋求醫療建議或接受治療，大多數的人往往只關注於自己的顧慮，並對於聽我們說話、記錄我們病史，或是在手術時切開我們身體的醫生有多種預設。要是我們有稍微想到他們的話。

我們直覺地相信，醫生能完成工作，而且不會感到身心交瘁，或不知所措。我們很少想過，醫生是否會擔心意外地傷害了我們，就像李奧一樣。我們通常單純地假設，如果他們比較年輕，那麼也會有資深的臨床醫生可以就近回答他們的問題，並確保他們準確地執行工作。我們往往不會擔心，他們是否聰明到足以勝任這份工作，畢竟，他們已經受過多年的訓練，從醫學院和更高的機構畢業，也必須通過無數的考試。當醫生在檢查我們身體的某些部位時，我們不想抱持一種可能性，認為醫生或許覺得有些病患很吸引人。我們一點也不想知道，醫生是否喜歡病人、是否覺得病人令人噁心，或是厭惡照顧病人的責任。我們反而會想像醫生喜愛他們的工作，而且治我們這樣的病人，帶給他們很大的滿足感。

對很多人來說，我們所知道的醫療專業大部分是從電視上看來的。但不論是醫療業的相關肥皂劇，或是暗中觀察的紀錄片，都沒有做出精確的描繪。我們看不見年輕醫生覺得工作如此難以承受，而恐懼到想逃跑。由於道德的原因，我們也不會看到醫生告訴父母，他們的嬰兒已經死了。然而，這只是醫生的必辦事項裡，眾多令人痛苦的任務的其中之一而已。另外還有讓妄想中的病人鎮定下來，或者嘗試搶救無效後，決定是不是要終止醫療行為。雖然電視情節可能扣人心弦，但受限於畫面和聲音，它無法傳遞腐爛屍體的氣味，或是如同一個醫生形容的：「人類皮膚燒成焦脆的感覺」。

醫生有很多事是保密進行的。有個醫生最近在《紐約時報》（*New York Times*）寫道：「我們不能對醫療人員以外的人說這些事，因為太痛苦、太具體、太難受了。」但作者接著強調，和同事談論並得到安慰的困難，因為醫療圈的文化，把這些困難任務看成「只不過是我們的工作，根本不值得評論」。這是一種保持緘默的祕密約定。

本書打破了這種緘默。過去二十年來，我在兩個不尋常的職務裡擔任職業心理學家（occupational psychologist），聽聞很多不為病患所知的事情。

我在無意中找到第一個職務；那時我無所事事地翻閱報紙的求職欄，發現了一項計畫的職缺，目標是讓醫院主治醫生（consultant）成為更有效能的老師。那是讓教育部門的教職員進入醫院，在臨床醫生（clinician）教導他們的學生和初級醫生（junior doctor，按：資格同台灣的住院醫生）時跟隨他們，而不是讓醫生離開門診工作，把他們全體送到教育部門受訓練。臨床醫生在受觀察的同時，他們每天的任務：巡病房、手術或門診，一樣正常地持續進行。而且，教育回饋會更精確：專門為每個臨床醫生特定工作內容而量身打造。

我申請了那份工作，最後在這項計畫中工作了十年。在這段時間裡，我跟隨超過一百個主治醫生；我看過嬰兒出生，病患收到臨終診斷，或是嚥下最後一口氣的時候。我的工作是幫助這些主治醫生在醫院的各種不同環境裡，成為更有效能的老師；在過程中，我見證了很多非比尋常的事。

除了這個以醫院為基地的職務，我還有一份職業心理醫生的典型工作：擔任職業諮詢師，幫助人們解決在職場中所經歷的困難。多年來，我的兩份工作是分開的：有幾天是觀察醫生，而其他日子則是對非關醫療的職業提供諮商服務。到了二〇〇六年，我的兩個工作合併起來了。英國醫生的學士後訓練被徹底地大改造，初級醫生必須在職涯早期就決定好選擇的專業，而英國國民健保署（National Health Service, NHS）也如夢初醒，了解到必須為醫生們建立支持的服務。[1]

二〇〇八年，我受聘於英國國民健保署，成立和管理職涯中心（Careers Unit），服務對象是首都七十幾所醫院的所有實習醫生。雖然我先前的觀察工作並不是為了這個新工作做準備，但很巧的，跟隨臨床醫生的那十年成為我極寶貴的經驗。例如，我看過麻醉師或腸胃科醫生的作業，也看過正在進行中的心臟手術，因此比起從書籍中所學，我更能了解每個專科的喜悅和挑戰的細微差異。

但是來職涯中心敲我房門的醫生，他們想談的話題不只是選擇合適的專科，其他的主題也一再地出現：應付從醫學院到職場的轉變；懷疑自己適不適合行醫；面對病患受苦時的衝擊；似乎無法調和家庭與事業的需求；離開或放棄醫療職涯的情緒糾結。這些將會是我在本書中探討的一些議題。

身為心理學家，我看見醫療訓練經常沒有認知到醫生也是人，有他們自己的思想、感覺、夢想和欲望。醫療訓練使他們得在國內到處搬遷，與家人和朋友分開。他們可能生病、離婚，或是找不到伴侶。有些人是一邊花時間照顧小孩或年長的父母，一邊辛苦地在職涯上求進步，其他人則是努力於通過專業考試。發生在其他職業領域的性別或種族歧視，在醫療工作裡，並沒有透過手術切除掉。有些醫生覺得自己選擇了錯誤的行業。這一切都造成重大的損失。

這些故事全部都必須被說出來。

§

一般人很容易以為，我遇見的醫生都是非典型的醫生，但這是錯的。二〇一六年八月，紐約一所醫學院有位讀到最後一年的學生爬出窗外，跳樓輕生，那所大學的院長在《新英格蘭醫學期刊》（*New England Journal of Medicine*）寫了一篇意見慷慨激昂的文章。[2]他引用梅約醫學中心（Mayo Clinic）的一份研究，描述一種「在全國醫學系學生之間流行的筋疲力盡、沮喪和自殺的風氣」[3]。他接著說，這種流行病的「根本原因」起源於：

> 大多數的學生在中學時期開始養成一種追求表現和成就的文化，並在他們接下來的成人生活裡不斷強化。每一次學生達成了我們其他人看起來像是成功的里程碑，例如進入很好的大學、他們選擇的醫學院，在競爭激烈的專科獲得住院醫生資格。但是，這對有些人來說，是打開進入鬼屋的另一扇門，背後藏著惡魔，充滿令人窒息的不確定性，以及無法想像的挑戰。

在這位紐約的醫學院學生自殺的幾個月前，英國的一個初級醫生蘿絲・波巨（Rose

Polge）走入海裡淹死自己，這個悲劇被報紙大幅報導，部分原因是因為當時發生了四十年來第一次，初級醫生發動史無前例的罷工行動，抗議強制施行的新工作契約。

「工時長、與工作相關的焦慮，以及對在醫學界的未來感到絕望，是致使她最後做下這個糟糕決定的明確因素。」蘿絲的父母在為了紀念她而設的慈善募款網頁上這麼寫道。[4]

但事情還沒結束。下一年，又有另一個初級醫生失蹤，和蘿絲一樣，她的車子被發現遺棄在海邊。沒有人知道接下來發生了什麼事。[5]

不只蘿絲的父母出面指責英國醫生所面對的工作環境。二〇一六年一項刊登在《刺胳針》（*The Lancet*，按：國際知名醫學期刊）的研究指出，全科醫生（GP，按：General Practitioner，又稱家庭醫生）的門診工作量到達了「飽和點」。[6]同樣地，智庫機構英皇基金（King's Fund）在二〇一七年初發表的每季監測報告提到，病患需求持續增加，特別是有複雜健康需求的年長病患，增加了把病患從醫院延遲轉到社會照護機構的情形，還有嚴重的財務壓力導致人力裁減。[7]這些發現也同樣出現在英國皇家內科醫學院（Royal College of Physicians）針對近五百名初級醫生所做的調查，報告顯示：

> 七十%的人長期在人力不足的狀況下輪值工作。每個月至少有四次一整天或是晚班工作，沒有時間用餐。
>
> 十八%的人必須執行他們尚未受過適當訓練的臨床任務。

八十%的人覺得他們的工作有時候或經常承受過多的壓力。

二十五%的人覺得工作對他們的心理健康有嚴重的影響。[8]

不過，因此受苦的人不只是醫生，而是我們全體所有的人。皇家內科醫學院的調查發現，有將近一半的醫生覺得，士氣不足對於病患安全會有嚴重、或是極端嚴重的影響。同樣地，二〇一六年英國醫學總會（General Medical Council）針對初級醫生的調查指出，急診醫療的實習醫生當中，每五個就有一個醫生擔心他們工作量對病患的影響。[9] 另一項哈佛醫學院研究人員進行的研究指出，患有憂鬱症的小兒科實習醫生與沒有憂鬱症的同僚相比，犯下的醫療過失高出六倍。這些研究員也發現，實習醫生之間患有憂鬱症的比率，是預期一般大眾罹病比率的兩倍。除了精神痛苦的比例很高，將近一半有憂鬱症的實習醫生似乎沒意識到自己生病，因此只有少數人正在接受治療。[10]

§

對於心理學家來說，近距離接觸醫療工作每天的實際狀況是相當難得的，我從各方面取得了醫學人士的觀點。但關鍵在於，我是以圈外人的角色從事這兩個工作，是一名心理學家而不是醫生。我沒有經過漫長和困難的訓練過程來適應醫學界，因此醫療同仁視為理所當然的事情，我會加以質疑。受過的訓練也讓我用心理學的眼光來詮釋我所看到和聽到的事；我經常對醫生做出某些決定背後的無意識理由感到興趣。

但是身為一名心理學家而不是醫生，其中的意義更加深遠。我猜想對醫生來說，向我承認他們面臨工作上的困難，比向另一個醫生訴說同樣的事情更加簡單。當工作讓他們不開心，醫生通常會猜想自己是唯一這麼覺得的人，並且小心不向指導自己的資深臨床醫生透露內心的擔憂。

當然，有一些優秀的醫生寫的書籍，以特殊的眼光讓讀者一窺醫學的世界。我閱讀了很多這類的書，它們大幅豐富了我對這個行業的了解。但是這本書不一樣：它不是描述一個醫生的個人經驗，而是取材自二十年間對幾百名醫生的觀察和對話。其他的書大多是醫生寫他們的病患，而這本書的鏡子則是相反的：像李奧這樣的醫生找上我這名心理醫生，我寫下他們的故事。

§

所以李奧發生了什麼事？

心裡惦記著學生和初級醫生自殺的悲劇案例，我小心翼翼地回覆李奧的電子郵件。試圖讓他知道，我了解他巨大的痛苦，同時也傳達希望。我告訴他，過去我也曾遇過其他有相同感覺的醫學生和初級醫生。我也告訴他，他們當中有些人繼續下去，並且在醫學界擁有成功的職業，而其他人則決定在這之外的專業建立他們的事業。但最重要的是，我強調他不應該在堅持下去的同時卻沒有尋求幫助。他的第一要務是去找他的全科醫生，把他的感覺說出來。除此之外，尋求大學諮商服務和醫學院教牧人員的支持也許會有用，我並知會他由英國醫學協會（British Medical Association, BMA）運作的二十四小時危機專線。

我向他解釋我不在國內，但是會回覆任何他寄給我的電子郵件，並且在下週返回英國後很樂意和他相談。幾天以後，李奧回信了，他已經和他的全科醫生以及私人家教聯絡。當知道我曾經協助過其他有相同感受的醫生後，他覺得很有幫助，也想要在我回英國後安排時間談一談。

隔週，我們在電話上談了超過一小時。李奧告訴我，比起第一次寫信給我的時候，他現在更好了；他已經聯繫了英國醫學協會求助專線，此外，他的全科醫生和私人家教幫了很多忙。我問起即將到來的考試時，李奧很清楚自己已經恢復良多，可以參加期末考。而且他已經準備充分，足以通過考試。但他擔心的並不是考試，而是接下來的事。這幾個月以來，他認定臨床醫學並不適合他。但當我們接著討論他對即將開始工作的感覺如何，他決心想試一試。

考試結束後，李奧計畫和女朋友去度假一個月，回來後將一起搬到一個新的城鎮，開始第一份醫生的工作。如果想要商討哪一個專科對他最好，或是考慮完全離開醫界，他會再和我聯絡，談及此，我們的對話便告一段落，因為期末考的前幾個星期，並不是討論這些議題的好時機。

在李奧開始第一份工作的那個月，我收到一封電子郵件，與第一封相當不同。

> 我很高興地告訴你，和你談過後我情況好了很多。我勉強通過期末考，度過了一個非常輕鬆的假期，現在已經搬去和我女朋友同住。現在我在大學教學醫院工作，比原本預期的情況好很多，而且我很喜愛醫療實務中緊急的那一面。無論如何，我採取緩慢而平穩的步伐，確保以自己的健康和快樂為第一優先，而且盡可能試著保持平衡。

要判斷李奧的醫學生涯長期發展如何，可能有點太早。但在本書稍後，我們將會看見，很多醫生在第一份工作才開始幾天就放棄；因此，李奧享受工作，無疑是一件令人鼓舞的事。

然而，對於醫學生和初級醫生如此頻繁地覺得瀕臨「邊緣」，依然令我震驚。難道就沒有比較好的方法來訓練我們未來的醫生嗎？像是讓他們不需要打給二十四小時求助專線，或是寄絕望的電子郵件給不認識的心理醫生，以期盼有人傾聽的一些方法。還有，我們不能設法完善地整頓從醫學生切換到初級醫生的過程嗎？

這就是這些故事開始的地方。

第一章

週三到職的孩子

我總是會問病患第一份醫生工作的經驗，我並不特別琢磨在第一天的情況，但聽到的故事經常與那天有關，像是希拉蕊（Hilary）的案例。

希拉蕊是一個合格的全科醫生，來看我是因為她想要離開醫界。

「我在全科診療已經沒路走了。」一開始的電話對談裡，她這樣對我說道。

「我唯一喜歡的就是它提供我一份穩定的收入。」她繼續說。

就像其他全科醫生客戶一樣，希拉蕊告訴我，她對於現代全科診療將醫生拉往對立面的感受。一方面，對於特定的症狀，她害怕向病患保證不需要找專科醫生做進一步檢查是錯的。另一方面，她也擔心，把病人轉診到其他專科的比例太高，會被門診經理挑毛病。如果你做了，該死，如果你沒有做，也該死，兩者之間沒有迴旋餘地。

希拉蕊成為合格的全科醫已經五年了，但是在完成全科醫生訓練之前，她就已經懷疑對她來說這是不是對的職業。

「我不是天生當醫生的料子。」她說：「我時常覺得格格不入。」

但是離開也不是一件容易的事。她的父母都沒有上過大學，而她外公是替當地醫生工作的園丁。

「我母親對我和每件我達成的事情如此感到驕傲，她真的不希望我轉行。」

我詢問希拉蕊當醫生後第一份工作的情況，她說第一天看見輪值班表，發現被放在待命小組時，心情是如何地往下沉。它代表著，除了外科病房的責任，她也必須協助新病患的入院手術，有點像是嘗試同個時間出現在兩個地方；沒有人會想要第一天上工，就得隨時待命。

當天上午，當她走到外科病房時，資深護士馬上告知她，有個病人手術後的情況變得很嚴重，急需看醫生。希拉蕊天真地問她，哪些醫生有空？

「外科主治醫生貝克（Baker）先生正在進行一個療程，專科住院醫生（registrar）沙阿（Shah）先生在休年假，葛洛佛（Glover）醫生因為連著工作好幾晚所以請假。現在就只有你了。」護士回應。

護士匆匆忙忙地帶希拉蕊到病患床邊。希拉蕊首先檢查病患不太尋常的灰白臉色，病患非常勉強地睜開眼睛，低聲說：「醫生，我要死了嗎？」一秒鐘之後，用幾乎聽不見的聲音要求：「醫生，請打電話給我的家人。」

對於病患是否病入膏肓，或者是否應該緊急召喚家屬前來，希拉蕊都毫無頭緒。更重要的是，她也不知道有哪些應該採取的醫療措施，可拯救病患的生命。為了和護士商談，希拉蕊離開病患的床邊，請求幫助。

護士告訴她：「你要開始習慣。貝克先生從來不拒絕開刀的機會，他對任何人都開刀。對這病房的一些病患來說，躲過手術刀可能會比較好，因為從手術室出來的時候，他們的狀況經常變得更嚴重。」

一位初級護士助理把資深護士叫過去，留希拉蕊一個人，不確定接下來要怎麼做。她決定再次檢查病患的病歷，但還是沒有任何線索。隨著焦慮升高，她不知道是否應該去找另個小組的專科住院醫生，或是請資深護士回到床邊來。她在醫學院並沒有學到怎麼應付這個狀況。

被分派到另一間病房的新手醫生費歐娜（Fiona）偶然經過走廊，眼角瞥見驚慌苦惱的希拉蕊。了解到她的同事狀況不好，費歐娜從自己的醫療小組溜走，來到希拉蕊的病房。

「你還好嗎？」費歐娜問道。

「不怎麼好。」希拉蕊回答：「我是這間病房唯一的醫生，今天其他人都不在。那裡有一個很嚴重的病患，看起來好像快死了。」

她帶費歐娜到病患床邊；盯著滿臉病容，再度入睡的患者，兩人都不發一語。

「我打電話給我媽媽。」費歐娜低聲說。

有那麼一剎那，希拉蕊以為費歐娜在開玩笑。雖然她也想用魔法讓媽媽來到病房，但她不了解費歐娜媽媽出現，會如何改變這個狀況。

「我媽是快速反應小組（Rapid Response Team）的護士。」費歐娜解釋道。「她知道要怎麼做，而且我很確定，如果我拜託她，她會過來的。」

她們便這麼做了。受到召喚的費歐娜媽媽，五分鐘之後出現。她看了一眼病患，明白病患極度地不舒服，便打給麻醉科主治醫生。幾分鐘之後，麻醉醫生出現了，他贊同護士同僚的意見，在不到十分鐘之內，病患被轉到加護病房（High Dependency Unit）做緊急醫療處置。

病患活下來了，而希拉蕊的第一天還要繼續下去。

當希拉蕊試圖面對病得極為嚴重的患者時，召喚她到手術評估單位（Surgical Assessment Unit, SAU）的呼叫器仍響個不停。病患一被轉診，她馬上衝到SAU，看見一個怒氣衝天的護士。

「那裡有九個病人在等待，你去哪裡了？」

在希拉蕊有機會解釋她在處理病房的緊急狀況之前，護士快速地描述在護理站白板上的九個病患狀況。對於蜂擁而至的資訊，希拉蕊幾乎沒有吸收進去。

她問道，「這裡還有別的醫生嗎？」難以置信的是，和在病房的時候一樣，她被要求在SAU單打獨鬥。

「三A緊急入院（Triple A emergency admission）[1]，每一位醫生都在手術室。」是個

令人討厭的答覆。

到了這個時候，白板上的九個名字在希拉蕊的眼前浮沉。在處理了一個臨床急診以後（雖然是打電話給費歐娜媽媽才解決的），她迫切地想知道哪一個名字的重要性高過其他人。

「你能幫我看看，我第一個應該看誰嗎？」希拉蕊問道。

護士的答案是：「你自己想辦法，藍眼睛。」接著就走開了，可能是繼續做她龐大的任務清單。

當希拉蕊告訴我這些事情時，離她的第一天已經超過十年了，但是她依然記得那位病況極度嚴重的病患的臉和她的名字，依然記得那個恐慌和害怕的感覺。我問她是否認為現在對工作的感覺，和可怕的第一天有關；她回答看不出任何關聯。隔天，希拉蕊寄了電子郵件給我：

> 我在想昨天你問第一天是否造成了後來我對工作的所有感覺，我說我並不認為。經過思考後，一開始的大量經驗（我自己和別人的），讓我對在國民健保署醫療體系工作產生了現在的信念。
>
> 國民健保署完全漠不關心，將醫生消耗殆盡之後，就丟掉他們，然後再找其他心

存善意的傻瓜來取代他們。假如這聽起來很難聽，我很抱歉，真的很傷心寫出這些，但這百分之百是真的。

至少對希拉蕊來說，第一天可能就埋下了這十年一路走來，她對工作極度不滿情緒的根源。希拉蕊的故事讓我印象最強烈的是，整個體制看起來是如此的危險。在英國，所有醫生的第一年都是在同一天開始，也就是八月的第一個星期三。考量到第一天是全國一致的，為什麼督導的主治醫生會離開去做療程？為什麼專科住院醫生被允許在這段時間休年假？萬一病人過世了，要承擔責任的是希拉蕊嗎？假使有經驗的人力都趕到手術室去處理緊急情況，為什麼手術評估單位沒有後備的人員？

我們真的想要病患的生命得仰賴某人媽媽及時抵達的這種制度嗎？

§

如果希拉蕊的經驗是個例外，會令人放心一點，可惜情況並不是如此。其實這樣的經驗很平常，希拉蕊的結論讓我大為震驚。「我很多第一年基礎訓練（F1，Foundation Year 1）的同事都有相同的經驗。」她告訴我：「而且隔年在一所完全不同的醫院，一樣的事情也發生在我新小組的F1身上。那一天上午，我有晉升到F2入門課程的新任務，只能在午後到病房，但是小組裡新的F1，整個上午被留下來一個人救火。這種事經常發生。」

一些關於醫生第一年基礎訓練的研究也證實了希拉蕊的結論。事實上，英國醫學總會二〇一四年委託的一項研究計畫達成以下的結論：

我們面談和錄音日誌資料的重點是八月的轉變，F1覺得尚未準備好，尤其是調整責任的步伐、工作量、多重任務的程度，以及了解要去哪裡尋求幫助等……實習醫生對病史採集和完整理學檢查的準備相當充分，但是對病患全面的了解，涉及對病人的照護，安全且合法的開立處方，診斷和處理複雜的臨床狀況，並且在醫療急救提供立即的照護等方面，大部分都還沒有準備好。

這份研究也強調健康照護體系的壓力，對剛畢業的醫學生產生什麼影響：

當狀況都按照計畫進行時，實習醫生可能覺得已經做好準備，但若面臨大量需要確定優先順序和多重任務的工作、有不確定性（不知道什麼時候向資深醫生求助）、團隊工作不夠充分、或是不容易找到資深醫生的時候，就會覺得沒有準備好。[2]

這可謂相當準確地描述出希拉蕊的第一天。以目前國民健保署的壓力，大量需要確定優先順序和多重任務的工作，也已經變成常態。

§

英國的醫院在八月的第一個星期三可能會「完全的改變」，但是一個醫生申請第一份工作的過程，得耗掉一年當中最好的時光。在前年十月，也就是九個月之前，最後一年的醫學院學生要上網填寫申請表，依照喜好排列全英國二十一個不同醫療區域的志願。工作將依照分數高低來分派，所以你的分數越高，就越可能被分派到你的第一或第二志願區域。

每一個申請者的整體分數來自兩個不同的來源。第一，醫學院學習分數得到的教育績效評量（Educational Performance Measure），以及額外學位和學術發表的附加分數。第二，權重相同，即所謂的「情境判斷測驗」（Situational Judgement Test, SJT）分數。這是持續兩小時的紙筆測驗，學生必須回答七十個問題。題目不考測試臨床知識（那是由醫學院期末考來評估），而是評估申請者是否擁有專業素質可以應付他們第一年執業時每天可能會面對的狀況。例如，給申請者下列的簡短情境：

法默先生在病房裡已經六個月了；在外傷性腦損傷後，他要依靠人工呼吸器來幫助呼吸。你巡房的時候，發現法默先生或許有呼吸的問題，而你的小組主治醫生和專科住院醫生（更資深的實習醫生）正在隔壁病房處理病患。這是你的第一個星期，而且你從來沒有自己護理過情況可能非常嚴重的病人。[3]

然後申請者必須從下列針對這個情境的應變行為裡，排列出適當的順序（1＝最合適；5＝最不合適）。

A　把它當成緊急事件，找緊急應變小組來照顧法默先生。
B　尋求正在病房裡，而且具有處理法默先生案例經驗的物理治療小組的建議。
C　聯繫另一個專科住院醫生，討論法默先生的症狀。
D　要求病房護士立即與你一起針對法默先生的狀況做完整的評估。
E　要求主治醫生直接回到病房照護法默先生。

英國基礎訓練辦公室（UK Foundation Programme Office）網站上範例的答案是DCBEA，採取的原理是：

這個問題是評估你在壓力下做適當決定的能力。立即評估法默先生的狀況很重要，病房護士是最可能提供協助的醫療專業人員，如果有必要，也擁有協助的技術、知識和能力。重要的是不要「單打獨鬥」，因為有可能需要協助（D）。評估病患的狀況應該是你的立即優先事項，並且和資深同事討論（C），有助於改善病患的狀況。更廣泛的小組參與，和通知他們病患的進展是重要的（B）。然而，這可能不是立即的行動，而且與選項D和C相比，比較不直接。在好好評估病患之前，請主治醫生回來可能不合適（E）。只有在心跳休止和緊急狀況下才應該找應變小組，否則可能會讓其他病患冒著生命危險，因此是最不合適的選項（A）。

（範例的答案強調詢問護士的重要性，這不是很諷刺嗎？這完全就是希拉蕊在手術評估單位所做的事，得到的回答是她需要自己「想辦法」。因為護士太忙了，根本無法幫助希拉蕊。）

SJT分數極低的申請者必須要參加面對面的面談，評估他們是否具備開始當初級醫生的能力。二〇一六年，二十二個英國醫學生以及十四個來自英國以外的學生被要求參加，他們當中只有三個稍後復職，拿到F1的職位。[4]

很難相信，就讀五六年醫學系拿到學位，且通過期末考的任何一個人，因缺乏專業理解，無法在SJT拿到足夠的分數。一旦抓住一些基本的原則（病患安全永遠優先、尊重其他醫護專家的專門知識、誠實最重要），就可能回答得了這些問題，且拿到合理的分數。然而，在國內一所最具學術聲望的大學，為醫學院資深教職員舉辦的一場研討會上，一個有經驗的臨床醫生告訴我，有一個醫學系最後一年的學生，學科表現傑出，但似乎缺乏健全的專業判斷。有一次在急診室實習的時候，這個學生需要指導主治醫生在出席表格上簽名，但是主治醫生正被別的事情纏身，事實上是正在搶救一個急症病患。這個學生卻完全不受影響，為了要拿到表格的簽名，竟然企圖打斷搶救，在主治醫生的鼻子下揮舞著表格。

「我應該擔心這個學生嗎？」一個資深的教職員發問。

我無言以對。怎麼會有人不擔心這個學生的行為呢？任何認定簽名的優先順序高過緊急搶救的人，都會覺得臨床實務的日常要求是無理的，這不是相當明顯嗎？幾年前，淘汰這樣的學生是指導主治醫生的責任，但他可能會很不情願這麼做，尤其是如果學生在學術上具有天分的話。如今，這個任務由 SJT 來輔助。

學生在最後一年的十二月參加 SJT 的評量，整體分數的計算是 SJT 分數加上教育績效評量。隔年三月，他們會被告知分派到哪一個區域，或者是被放在候補名單。四月，他們將會被通知在區域裡的哪一間醫院工作。但是，那些在候補名單的人，直到決定性的八月的第一個星期三之前，可能都不會被告知是不是有他們可以去的地方。在三月到八月之間，候補名單上的醫學生必須枯坐等待。

實際上這代表的意義是，最後一年表現最差的學生（那些一項或兩項評量分數都很差的人）會被分派到其他排名較高的學生想避免的地方。從醫學總會對實習醫生的調查結果以及其他相關的網站上，最後一年的醫學生可以輕易地找出哪些職位比較不受歡迎。因此，醫學生可以找到基礎訓練醫生對每個不同區域支持度的感覺，或是對訓練品質的評分。排名比較高的學生可能會選擇那些支持度較好和訓練較佳的計畫，而比較弱的學生只能接受剩下來的。

還有，醫學生可以被送到國內任何地方的醫院，從康瓦爾（Cornwall）到北蘇格蘭，或北愛爾蘭。因為候補名單上較弱勢的學生會被放到剩餘的職位，最後可能在什麼人都不認識的地方工作，並且缺少支持體系。這個教育變數被全科醫生朱利安．圖多－哈特（Julian Tudor-Hart）命名為「逆向照顧法則」（inverse care law）而知名，指那些最需要照顧的人，最後接受到的卻最少。[5]只是，在這個情況下，並不是脆弱的病人得到最差的醫療照護，而是弱勢的醫學生在他們的第一份工作得到最少的支持。

理論上至少有個系統，讓最後一年的醫學生基於他們的「特殊環境」，申請分發到特定的基礎訓練計畫。例如，如果你家裡有個學齡兒童，或者身為某個殘障人士的主要照顧者，你可以要求不要被分發到任何一個地方，而是事先安排到一個特定的職位。理論上這樣很好，但在實際上，由於心理健康問題的汙名化，以及不願意被別人看見自己遭逢困頓，很少學生以心理健康或教育為由申請這個選項。

過去幾年來，在三月宣布分發的時候，被放在候補名單上的少部分學生，總是會占據許多醫療新聞版面。二〇一六年，候補名單上總共有三十六個英國學生。數量不多，而且到了計畫開始的八月，三十六個學生全部都分派到工作。[6]在英國，如果最後一年的醫學生通過了期末考（絕大多數都會通過），而且SJT的分數不會太極端（只有極少數的學生），他們最後都會拿到某個地方的F1工作。可能會離家很遠，也可能不是他們想要的，但總歸是個工作。

§

和英國一樣，美國絕大多數最後一年的醫學生會拿到一份第一年的工作，也就是住院醫生。例如，在二〇一六年，只有不到七%的美國醫學生未能透過全國住院醫生配對計畫（National Resident Matching Program, NRMP）取得職位。[7]但是美國和英國之間也有一些主要的不同之處。

第一，許多與醫學相關的比較議題當中，最大的是關於金錢的議題。英國醫學生不用付費申請基礎訓練計畫，而在美國申請住院醫生的話，大小事都需要費用。我朋友的女兒蘇菲（Sophie）二〇一六年成功申請到婦產科住院醫生計畫，我請她提供一些費用的概念，以下是她告訴我的：

五十五個計畫的申請費用：一千九百美元

成績單費用：一千美元

全國住院醫生配對計畫費用：六十五美元

參加二十三個面試的旅費和飯店費用：六千美元

蘇菲估計她總共花了約九千美元，這一大筆數字還要再加上就讀醫學院時就已經欠下的龐大貸款。

另個英國和美國的主要不同是企業規模。二〇一六年，美國有超過三萬個住院醫生的缺額可供申請，這個數字比英國可以提供的職位還要多出四倍。全國住院醫生配對計畫利用複雜的數學演算法為申請者與數量龐大的職位配對，它為兩位發明者羅伊德·夏普利（Lloyd Shapley）和艾文·羅斯（Alvin E. Roth）贏得二〇一二年諾貝爾經濟學獎。[8]

在運用這個演算法以前，醫學生要向醫院申請，而他們的喜好會被遴選委員會看見。遴選者首先會考慮那些把醫院列為第一志願的申請者。如果還有空缺，遴選者會考慮那些把他們列為第二志願的申請者，以此類推，直到所有的空缺都填滿為止。這個系統的問題是，當申請者的排名被遴選者看見，那些目標設得太高的申請者會被狠狠地懲罰。這些可憐的醫學生最後經常會被分到他們的最後一個選擇。

如今，申請者到醫院面談，但醫院不知道申請者排列的排名高低。然後，所有申請者和全部的醫院喜好會同時輸入電腦裡，再用演算法來為幾千名的申請者和幾千個工作同步配對，理論上，這樣比較不會受到舊式配對方法蘊含的賽局策略（games strategies）所影響。儘管如此，很多申請者還是討厭這個系統，因為每個人最後依然只有一個工作。而且未來是依賴一個複雜的數學演算法的運作，他們討厭這種感覺，即使它為某些人贏得了諾貝爾獎。

這就是蘇菲的經驗。她認為，依照全國住院醫生配對計畫的程序，申請者不可能（就像發生在英國的那樣）落在某個完全不在他們掌握中的地方，因為他們只會被排序好的特定計畫所考慮。但是她仍然表示有些許遺憾。

「我希望最後有超過一個以上的計畫提供我們工作機會，然後讓我們像一般大人一樣做選擇嗎？是。」

英國和美國在金錢以及運作規模上或許截然不同，但是兩個國家最後一年的醫學生最終都只有一個工作機會。他們環視周遭，看到其他的專業（法律、商業和會計）並不是用這種方式分派工作，而且像蘇菲一樣，他們也討厭缺乏選擇機會。初級醫生一旦開始工作，就被期待要擔負責任重擔，而兩個國家的申請系統卻把最後一年的醫學生當做小孩子，這不是很矛盾嗎？

在T.S. 艾略特（T.S. Eliot）的敘事詩《荒原》（*The Waste Land*）裡，四月是一年當中最殘酷的月份。[9]但是四月在「病房世界」（Wardland）裡並沒有那麼糟，在這個世界裡，月曆上的幾個月份轉眼流逝，然後你得擔心七月和八月。這是從醫學生蛻變成為初級醫生的月份，並且要開始從事他們的第一份工作，這是他們花費前一年最好的時光所申請來的工作。

「為什麼七月很重要？」是最近美國期刊《學術醫學》（*Academic Medicine*）一篇評論的標題。作者引用一則三十九篇個別研究的系統性評論並得出結論：「在醫院停留的時間長短、手術持續的時間，以及醫院的花費都在七月達到高峰。重點是，病患死亡率在這段期間也提高了。」

但不只是美國如此。《學術醫學》論文的作者繼續描述一項國際研究的發現，「那些有教學醫院的國家，七月份致命的醫療疏失比率增加了十%……一個區域的教學醫院比例越高，醫療疏失導致的死亡率就越高。」[10]

英國也沒有倖免，由於醫生轉換是在下一個月份，因此高峰是在八月，而不是七月。在二〇〇九年，一群倫敦帝國學院（Imperial College）的研究員運用全英格蘭八年期間入院人數的數據，發表一份回顧的研究。[11]他們主要問題是，八月第一個星期三的那週的醫院裡的死亡率，是不是比前一週還要高。而且，只有每年八月第一個星期三有接收實習醫生的醫院才會列入。

由於全國性資料是從全英格蘭各地收集來的，因此有足夠的樣本數來調整可能影響病患死亡風險的干擾因子（confounding factor，按：指兩個沒有因果關係的事件）的計算，包括年齡、性別、社經地位，以及其他的嚴重疾病。從二〇〇〇年到二〇〇八年，只有不到三十萬個病人在那兩天入院。其中，有十五萬一千八百四十四人是在七月的最後一個星期三入院，有十四萬七千八百九十七人是在八月的第一個星期三入院。這兩組人總共有四千四百零九人死亡，兩千一百八十二人是七月的最後一個星期三入院的病人，兩千兩百二十七人是在一週以後入院。當研究人員調整潛在的干擾因子後，他們發現，比起七月入院的那組人，八月入院的那組人死亡率高出六％。

兩年以後，二〇一一年英國的一份線上調查指出，九十％的內科醫生認為，八月的轉換對病患照護和病患安全有顯著的負面影響。[12]應答者強調，地方醫院支援資淺人員就任新職和確保病患安全的措施不足。這篇報告的標題是「八月永遠是個惡夢」（August is always a nightmare），取自調查當中一個內科醫生的評語。八月似乎是最殘酷的月份，至少對英國教學醫院的病患來說，確實如此。

§

我第一次見到貝拉（Bella）時，對她並沒有好感。因為在描述諮商服務的方式時，有一個很深刻的印象，那就是她完全蔑視我所說的事。第一次會面結束後，我發現對她的第一印象完全不正確。一開始以為的輕蔑，實際上是害羞和謹慎的結合。

當時應治療貝拉憂鬱症的精神科醫生要求見她。幾個月前，貝拉的情況很不好，無法執行第一份初級醫生的工作。經過幾個月的治療（精神療法和藥物治療），精神科醫生認為，她已經好轉，並可以考慮是否恢復她的醫學生涯。於是他和我聯繫，問我是不是能夠和貝拉進行會談。

她的精神科醫生告訴我，貝拉特別能幹，曾在醫學院獲得醫學和手術的獎項。她不是那種因為考試一再失敗，或是健康不佳，而需要在醫學院重念幾年的醫學生，因此理論上，極少跡象顯示，她會在醫學生到F1醫生的轉換過程中，被完全打敗。但在第一次會面，與貝拉本人談過以後，很明顯地，隨著八月第一個星期三到來，她感受到越來越強烈的恐懼。她沒有自信去負擔治療病患的責任。

這些年來，我看過許多初級醫生因為第一份工作感到非常痛苦，而必須停止工作，或至少中斷一段時間。探索醫學院的歷史就會發現，這些醫生幾乎毫無例外地都曾有過憂鬱和焦慮的狀況。但最後可能沒有轉診至精神科，而是由全科醫生處理，或是與大學諮商服務的心理諮商師面談。這就是貝拉的情況；早在幾年前進行大學的研究計畫時，她即掉了相當多的體重，而且開始有睡眠問題。雖然那時沒有被轉診到精神科，但是她的全科醫生有開給她簡短療程的抗憂鬱劑。

貝拉告訴我，大學的研究指導老師覺得她很煩人，所以沒得到多少支持。做研究計畫期間，貝拉第一次在人生中經歷到，不知道該如何在學業上表現出色。不幸的是，貝拉的指導老師之前沒有指導過醫學生的研究計畫，而且她感興趣的是利用貝拉在實驗室的免費勞力，而不是幫助貝拉撰寫研究報告。面對一個不太理睬她的指導老師，貝拉完全不確定要做什麼。她告訴我，「我覺得瀕臨失敗的邊緣。」

對於撰寫研究計畫缺乏自信是一回事；缺乏自信地面對病患又完全是另一回事。如果你的文章出了錯，最糟糕頂多是拿不到高分。如果你照顧一個病患出了差錯，最糟糕的就是病人可能會死掉。當一個醫學生撰寫研究報告，因為缺乏自信而變得極度憂鬱時，我們應能推測，她在治療病患時，很可能會被未知給打敗。然而，貝拉在學業上的表現如此優異，她的弱點一直沒有被發現。（她最後的論文成績是優等。）

最後一年的醫學生必須完成健康聲明表格，這個聲明會送到他們第一年工作的醫院。貝拉告訴我，她還記得面對表格時的不安；然而她在做研究計畫時所經歷的憂鬱症，從來沒有被精神科醫生正式的診斷過（雖然她的全科醫生開過抗憂鬱處方給她），她說服自己並沒有義務提及這件事。她不想被認為異於他人，是比同僚更容易受傷的弱者。同時，她又知道表格上的資料不大誠實，隨著八月第一個星期三接近，又加強了她不好的預感。

在基礎訓練之前，還有另一件打擊貝拉自信的事，她 SJT 的分數比預期低很多。「假如這些問題可以評估出候選人面對每天F1醫生會遇到的典型狀況時的專業能力，那麼考得不好就表示了我的能力？」貝拉這樣問自己。比預期的成績還低（雖然是在平均分數內），讓她的恐懼感直線攀升。一個比較敏感的（和負責任的）醫學院體系，可能會挑剔她學業表現（成績優異）和SJT分數之間的顯著差異。SJT測試出來的比較接近每日臨床職業的複雜性，但是除了貝拉以外，沒有人預知會發生困難。就實際面來說，她的SJT成績代表著她並不能被安排到她基礎訓練計畫的第一志願，而是被分發到國內另一處她誰也不認識的地方。這就是逆向照顧法則的作用。

當然，最後一年的醫學生並不是在沒有任何正式支持的情況下，就被期待蛻變成第一年的醫生。在過去幾年的八月前幾天，英國會支出一部分預算，讓醫學生見習他們即將接手的醫生工作。很多醫學院也開了「邁向執業的過渡期」課程，貝拉的醫學院有開這一門課，但是負責計畫的經理告訴我實際的出席率很差。認真的貝拉去上了這門課，但是她發現主要是以講課為基礎，和準備面對當醫生的現實有明顯「脫節」。

除此之外，醫院也為菜鳥醫生開辦入門課程。但是，二〇一四年英國醫學總會做的一項研究發現，入門課程的品質不一。[13] 貝拉覺得，她的醫院的入門課程花太多時間處理執行面的問題，例如火災警鈴和徒手移動病患；上到最後，無法使她更確信有足夠的能力去照顧病患。而且在見習F1醫生工作的那一天中，因為那個醫生請病假，時間也被縮短了。

從某方面來說，貝拉是她先前成功經驗的受害者。她告訴我：「我是個從來沒有真正在課業上遇到困難的人，我自我認同的一大部分，是來自我的學業成績和職業。」她接著說：「對我來說，感覺到自己正面臨困境，特別煎熬。」

貝拉掏心掏肺地說，要信任別人或是信任自己都是非常困難的，她聯想到小時候的創傷經驗。甚至在第一份工作開始之前，她就已經知道，臨床工作對心理層面的需求會是一個問題。雖然知道口中的醫學院「口號」，也就是在不確定的時候永遠要尋求幫助，但實際上，儘管她的臨床知識和技術都很優秀，但是即使是很小的臨床決定都會引起相當大的焦慮。上班後的第二個星期，她晚上要待命，並且必須負責醫院裡所有的內科病人；她努力地想弄清楚，到底什麼時候應該呼叫她的前輩（在醫院的另一個地方），以及什麼時候應該自己處理。

第一份工作開始差不多一個月左右，那時候貝拉正在急診部門工作，一個病人在輪班十三個小時快要結束時入院。其他實習醫生在輪班結束前可能會忙著文書作業，但貝拉卻照顧這個病患，持續醫治他，直到他的狀況穩定，以及一一完成所有必要的檢查。接下來，如同入門時被教導的那樣，為了要確保安全的「交接」病患，她去找了前輩，遵循規章手冊上說明的，不應該工作超過十三個小時。

但這位前輩可能因為工作量太大，已經壓力破表，當場暴怒，在整個小組面前對著貝拉吼叫，並責備她不負責任。貝拉被要求留下來，直到病患的治療完成，最後她值班了整整十四個小時。

「最讓我震驚的是，我工作如此努力，並且遵守所有的規定，但最後還是被責備。」貝拉說。

那天因為太疲累而無法開車，於是躲到廁所裡，但被另一個同事發現她在角落啜泣。貝拉告訴我：「我無法忍受被她發現我在哭。」在這個事件之後，她要求取消晚班輪值，不過隨著信心摧毀，隱伏的憂鬱症也快速地失去控制。

如同在醫學院所教導的那樣，貝拉尋求指導主治醫生的協助。不過，他的反應是什麼呢？

「你當然會有這種感覺，正在接受F1訓練而且你又是個女孩子，當然會覺得沮喪。」對於一個像貝拉這樣自傲又有毅力的人，向前輩承認她正陷入困境，不只是坦率這麼簡單的事。「求助是很大的一件事，」她說：「但是被隨便敷衍打發……」貝拉的聲音逐漸變弱。

連續工作十個星期後，貝拉因為嚴重憂鬱而請病假，並且被轉診求助於後來與我聯繫的精神科醫生。接下來六個月的療程，我慢慢了解貝拉，對她的毅力、勇氣和坦誠逐漸產生尊敬，她是個讓人印象非常深刻的年輕女性。我也了解到，她完全不是傲慢，而是嚴重缺乏自信。

貝拉後來沒有繼續她的醫學生涯，就像常見的例子一樣，她的家人一開始對於她不再當醫生感到失望，不過他們更關心她的健康，於是接受了她的選擇。從貝拉第一次被轉診到我這裡，已經過了好幾年。儘管在一開始的面談裡，貝拉認為她永遠無法保有一個負責任的工作，但是過去十八個月以來，她受聘於製藥業，從事一個費心費力的工作。從我們最近的電話交談來看，她不再是那個覺得自己沒有未來，並且把時間用來拼兩千片拼圖的年輕重度憂鬱症女性患者。

但是貝拉的情形讓我感到憤怒。努力攻讀六年的醫學學位，期末考試表現出色的她，怎麼可能第一份工作只做了十個星期就撐不下去？使人隱瞞心理病史的這件事實，可以顯見這是什麼樣的醫學院文化？她的學業和情境判斷分數之間的差異，或者更早期的體重驟減事件，為什麼沒有被視為潛在的「示警紅旗」？為什麼比較脆弱的實習醫生被送往離家更遠的地方，結果增加他們精神崩潰的機會？

而她的指導主任醫生怎麼可以拿這麼顯而易見的痛苦來開玩笑呢？

§

貝拉絕對不會是唯一一個從醫學院到醫院初級醫生的轉換過程中引發憂鬱症的人。甚至，這也不是新的現象；有關初級醫生罹患憂鬱症和自殺的文章，超過三十年以來都被埋沒在醫學期刊裡，偶爾一件特別的自殺事件引起大眾的想像，報導就會從醫學期刊轉移到主流媒體。例如發生在二〇一六年初，英國初級醫生罷工事件的高峰之時，蘿絲·波巨走到海裡自盡的悲劇新聞。有那麼幾天，初級醫生的心理健康問題登上了頭條新聞，[14]但是過不了多久，新聞過去了，再一次地整個議題被完全埋沒了。

情況沒有什麼改變。

一九八三年，有兩個初級醫生請教心理學家珍妮・佛斯－科琴斯（Jenny Firth-Cozens），針對他們在周遭所見的壓力和憂鬱，是不是可以採取什麼辦法？光是前一個月，就有兩個第一年的醫生自殺，但是資深主治醫生沒有在小組裡討論這件事，因為這根本是一件說不出口的事，這促使佛斯－科琴斯著手進行一系列的醫學生和初級醫生縱向研究。[15]

四年之後，也就是一九八七年，佛斯－科琴斯將針對一百七十名第一年的初級醫生所做的縱向研究結果發表在《英國醫學期刊》（*British Medical Journal, BMJ*）：二十八%的樣本在標準問卷的分數顯示患有憂鬱症，而且有十個人表示有自殺的想法。佛斯－科琴斯的結論是：「初級醫生憂鬱症發病率之高令人難以接受，他們和醫院雙方都需要處理憂鬱的原因。」[16]第一個研究計畫二十年以後，佛斯－科琴斯在《英國醫學期刊》的另一篇文章感嘆，相關單位做得仍然不夠，她寫道：「我們需要的是用系統性的方法來解決這個問題。」[17]

又過了另一個十二年，二〇一五年，紐約市兩名第一年的住院醫生自殺以後，一篇刊登在主要醫學期刊的評論指出，一些醫學訓練增加心理疾病風險的狀況：「角色轉換、睡眠減少、調職造成支援系統變少，以及孤立的感覺。」[18]

令人驚訝的是，這篇文章的作者並沒有評論這個要求年輕醫生執行工作的性質，以及為什麼這可能造成他們的痛苦。同一年，《美國醫學學會期刊》（*Journal of the American Medical Association*）刊登了一份重要的國際評論，它針對先前所做的涵蓋超過一萬七千個訓練中的內科醫生的五十四個研究。[19]它的主要發現是：實習醫生憂鬱症發作的程度非常高；有四分之一到三分之一的樣本描述曾經歷過重大的症狀。這項研究的作者也強調，某個時期的憂鬱症發展，會增加未來憂鬱症發作的風險，因此他們的發現可能會影響這些醫生長期的健康。附帶的一篇評論還做以下的結論：「這個症狀可能衍生的自殺率就不要提了，個人和專業上的失能應該值得這個行業擔憂；這些發現可以解釋住院醫生之間的憂鬱症流行病。」[20]

這可不是誇張的小報頭條新聞；它可是《美國醫學學會期刊》。評論的作者接著指出，醫生的訓練體系與目前的醫療實務之間，有根本上的「不協調」。過去五十年或六十年來，我們訓練醫生的方式沒有什麼改變，但是醫療照護實務方面的改變已經超越了所有的認知。他舉出的一些醫療實務的改變，包括：延長壽命和創造生命的科技導致無法解決的道德困境；電子病歷和文件要求增加了不正確性，有時候只是複製和貼上，而這種捷徑是有危險的；不當醫療的揭露，有些專科的住院醫生很高比例在完成訓練以前就身陷法律官司；停留在醫院的短暫時間裡，要求的是以規範為導向的程序，很少有機會去思考和學習；醫生表現的線上評分作業；臨床生產力對職員產生的壓力，削弱了住院醫生之間穩固的師徒關係。這不是一份完整詳盡的清單，也不是每一個健康照護體系都有這些改變，但是基本的重點似乎無可爭論：在很多國家，訓練醫生的方式已經不再符合醫療照護的實務了。

然而，也有一些例外，醫學生的訓練已經進行激烈的轉變。例如紐西蘭從一九七〇年代開始，醫學生的第六年與最後一年要當「受訓實習醫生」（trainee intern），這一年的明確目的是要讓醫學生到開始當執業醫生之間能夠無縫接軌。實際上，受訓實習醫生是第一年的學徒醫生。在醫學院的頭五年，學生的臨床知識和能力會受到評估；最後一年是工作地點為主的表現。關鍵是，相對於服務的需求，這些職務的重點是教育性質。在紐西蘭，受訓實習醫生不會像希拉蕊第一天上班那樣，覺得自己要用盡全力應付照顧病患的責任。另外，貝拉在我們會談的時候說到，她多麼希望有人可以檢查她的工作，並且給她回饋，這樣她才知道自己做得正不正確，而紐西蘭的受訓實習醫生就可以得到這些回饋。

一九九〇年代中期，有一篇刊登在《英國醫學期刊》的文章指出，紐西蘭的訓練模式對英國的訓練體系可能「很有用」。[21]這個體系很可能幫助和貝拉一樣的醫生，可惜的是，這篇文章的建議似乎沒有被注意到。受訓實習醫生拿的是第一年初級醫生薪水的六十%，但英國最後一年的醫學生連一毛錢都拿不到，事實上，在目前健康照護預算的壓力下，這是別無選擇的事。

這樣做真的有用嗎？有一份調查的結果是，紐西蘭受訓實習醫生的一年結束時，有九十二%的學生覺得，自己已經準備好要當醫生了。調查的作者指出，比起美國最後一年的醫學生調查比例，這個數字高了很多。[22]更重要的是，紐西蘭的另一項研究發現，第一年當醫生的憂鬱、焦慮和筋疲力竭狀況，測量分數是在正常範圍裡。[23]不可否認的是，這是一個小規模的研究，但是這和英國、美國研究中的「憂鬱症流行病」，呈現出驚人的對照。

§

改善醫學教育經常讓我聯想到魔術方塊（Rubik' s cube）。如果你為了讓顏色與頂層表面的顏色一樣，而朝一個方向旋轉方塊，其他看不見的那五面大概會發生各種事與願違的改變。有關初級醫生的工時爭議是魔術方塊原則的一個典型例子，過勞的醫生對病患和同事肯定是個問題，當然，對他們自己也是。但是，限制初級醫生的工時，並不是完美的解決方案。當工時縮短，即使有些明顯的好處，但醫學教育魔術方塊的其他面，像是訓練機會，或是小組凝聚力，也會被扭曲變形。

在英國，歐盟工時指示（European Working Time Directive）限制平均每週工作為四十八個小時。在一九九八年，這個指示最初適用於資深醫生，在二〇〇九年則全面適用於初級醫生。五年以後，也就是二〇一四年，一項根據現有證據的評論總結，限制醫生的工時會降低醫生被針刺傷（為病患注射時，醫生不慎刺到自己），以及在長時間值班後，醫生因為疲勞駕駛，在返家途中造成的道路交通意外。[24]

在讀到道路交通意外的降低時，我想到一個討人喜歡的F1醫生，有一天的清晨，他在長時間值班之後，在醫院外面被撞，頭部受到非常大的創傷，幸好存活了下來。經過了一年的復健，回到他非全職的工作，還遭遇了很大的困難才勉強完成基礎訓練。但是訓練計畫主任向我透露，由於他的專注力不佳和記憶力短暫，她不認為他可以通過學士後考試。事實上，他的醫學生涯大概已經結束了。

任何降低與疲勞相關的傷害的措施都應該受到支持，然而，降低工時和憂鬱症之間的關聯更為複雜，而且整體來說，二〇一四年這篇評論的作者在結論中指出，這樣的關聯尚待證明。這意味著，降低工時本身並不足以保護醫生免於罹患憂鬱症。事實上，二〇一四年針對實習醫生所做的一份電話調查發現，降低工時甚至不能消除疲憊。如同一位實習醫生所表示的：「一切都變化莫測……假設實施的是八個周期輪班制，你便有八個星期要撐過去，但是，這八個星期裡，沒有一個星期是完全一樣的……我認為這是造成疲憊的原因。」[25]

§

二〇一七年，諾貝爾生理學或醫學獎頒給了傑佛瑞・霍爾（Jeffrey Hall）、麥可・羅斯巴許（Michael Rosbash）和麥可．楊（Michael Young）。以倫敦為駐點的睡眠醫學專家麥可．法夸爾（Michael Farquhar）在刊登於《英國醫學期刊》的一篇評論裡祝賀這些得獎研究者的成就：

> 霍爾、羅斯巴許和楊出色地證明了生理驅力（circadian drive）對身體和大腦的運作有多麼重要。我們應該感激那些在晚上工作的人，因為他們奉獻自己的健康，以及他們達成的工作品質，我們要了解努力對抗那個驅力是很困難的。[26]

法夸爾不只撰寫文章，也帶頭在自己的醫院集團實施一項新措施，並推廣到首都的其他醫院。法夸爾與醫療主管和護理長合作，把基本睡眠生理學和改善睡眠的簡單策略，作為強制性入門訓練的一部分。其中有一些策略相當簡單，例如為了提高返家後順利入睡的機會，晚班輪值結束時可以戴太陽眼鏡和避免使用手機。其他也有比較違反直覺的方法；例如晚上工作的時候，如果想喝咖啡，就要在小睡十五到二十分鐘之前喝，而不是睡眠之後。因為咖啡因需要十五到二十分鐘之後才會起作用，如果在小睡之前喝，就會剛好在你小睡醒來的時候開始作用。

除了專為個人進行的強制性訓練，法夸爾還與醫院的董事會合作，帶領改變整個組織的文化。他們推動 HALT 宣導活動（按：暫停之意，由 Hungry, Angry, Late, Tired 的字首組成），強調休息是有效能的人力規畫中不可或缺的一環。經理人員被賦予帶頭示範的任務；鼓勵以小組為單位，以確保工作人員連續工作超過五小時的話就必須休息十五到二十分鐘。同時找出合適的休息區，並在小組內宣導「休息一下」的文化。[27]

HALT宣導活動的一個主軸是有效的輪值規畫，也就是將日班和夜班的改變降到最少。法夸爾在入門教學裡建議，初級醫生要盡可能減少每天的作息變化，也就是每天的睡覺與起床時間盡量固定下來。在二〇一四年的那份調查中，那位表示八週的輪值缺少可預測性的實習醫生，就是個很好的例子，睡眠專家建議應該要避免這種性質的輪值表。法夸爾的宣導活動是以證據為基礎的訓練導入，是一個很少見的例子；他從睡眠醫療專家的臨床角色所得到的知識，不只是應用到病患身上，也應用在負責治療這些病患的醫生和護士身上。

§

當然，降低每個實習醫生被允許的工作時間，並且宣導工作人員要有規律的休息，並不會神奇地降低實際需要完成的臨床任務，病房裡或是在急診部等待的病患數目依然相同。通常限制工時是存在於書面上，而不是在現實裡；二〇一六年，英國醫學總會針對實習醫生所做的年度調查發現，有超過五十%的受訓醫生每週工作超過他們的輪值時間。[28]這正是貝拉所經歷過的事。理論上，她那天不應該工作十五個小時，而讓事情變得無法承受。不過她並沒有辦法在合理工時內完成所有分配給她的任務，她只是一直撐下去而已。

先不管政府對工時的規定，不只是病患的需求仍然相同，初級醫生也得在不增加訓練長度的情況下，達到相同標準的熟練度。特別是所謂的「技術」專長，例如手術的熟練度，實際動手的程序需要時間的累積才能精通，把相同的學習內容壓縮到大幅縮減的時間裡，可能會造成問題。

英國衛生部長（Secretary of State for Health）委託進行的一項政府評估報告，企圖探討這個議題。[29]但是有點諷刺且相當荒謬的是，評估的範圍受限於它本身短暫的時間期限。（評估發表於二〇一〇年，是全面實施限制初級醫生工時為四十八小時的一年後。由於離開醫學院以後，專長訓練至少要八年，在限制工時命令實施一年之後，這份評估報告並沒有辦法就減少訓練時間對未來主治醫生能力的影響做出結論。）

然而，這份評估報告真正的發現是，限制工時代表實習醫生經常臨時被叫去填補輪值的空檔，特別是下午和晚班。在這些時段裡，主治醫生經常不在現場，因此減少了學習機會。此外，實習醫生經常覺得晚上的支援不足，這正是貝拉、希拉蕊，以及其他一百個實習醫生所告訴我的事情。這份評估的結論是，如果主治醫生能夠更直接參與正常工作時間以外的工作，就可能在壓縮的時間內維持高品質的訓練。但那是個很大的「如果」。

有一些證據顯示，較為近期的實習醫生族群是歡迎限制工時的，[30]而且女性實習醫生比起男性同儕，更歡迎這個新的規定。[31]但降低工時並不能解決初級醫生的疲憊、憂鬱和過勞。而且不可避免地，甚至可能會被迫放棄掉一些專業訓練。

從心理學的觀點來看，或許降低工時最重大的效果是對所謂的「工作小組」（firm）的影響。這是舊式的階層工作安排，初出茅廬的醫生會隸屬於不同的臨床單位（clinical unit），由一個主治醫生帶領，並且受到一些其他資深程度不同的實習醫生的支持。當然這個安排不是完美的；如果你被霸凌，或是遇到不討人喜歡的主治醫生或資深專科住院醫生，你的人生可能會是悲慘的。但是最佳的情況是，它為小組裡最資淺的成員提供了一定程度且始終如一的心理支持。精神科醫生關恩．阿謝德（Gwen Adshead）曾提到，被用來描述這些體系的特殊語言（稱為「依附」〔attachments〕或「工作小組」）讓我們想到它們提供心理支持的可能性。[32]

可惜，輪調制度的措施（由於降低工時所引起）打斷了工作小組的延續性。現在資淺人員是由不同的資深醫生所督導，而不是穩定的小組成員。此外，二〇〇五年開始共計三次、每四個月一次的調職（相對於兩次調職、每次六個月），讓接受基礎訓練的醫生更辛苦；比起每年在兩個小組裡面找到自己的位子，現在他們得適應三次。

§

一九八四年，一個名為莉比．蔡恩（Libby Zion）的年輕女性在紐約市一家醫院入院，主訴是發燒和耳朵痛。由於入院後的投藥和入院前所服用的藥物之間出現罕見的相互作用，她在入院六小時後死亡。莉比過世之後，她在《紐約時報》（*New York Times*）擔任過記者的父親發動全面調查事情經過。大陪審團認定，相關的兩個初級醫生沒有刑事責任，但他們控告讓這個錯誤發生的醫療教育系統。[33]

從莉比．蔡恩之死，美國花了十九年的時間才讓限制住院醫生值勤的時間生效。最後，在二〇〇三年強制實施每週工時以八十小時為上限。二〇一一年執行更進一步的限制，限制第一年住院醫生一天工作不得超過十六個小時。

丹麥的實習醫生通常一週工作三十七個小時，還不到美國二〇〇三年實施限制實習醫生工時之後的一半。[34]針對一百三十五份所謂「降低」工時（因為對我來說，一週八十小時似乎仍然是過高的數字）對美國外科實習醫生影響之研究的系統性評估發現，憂鬱和過勞的程度確實已經下降。[35]然而，當每日工時上限降到十六小時的時候，並沒有發現類似的好處。事實上，有一些證據顯示，十六小時的限制可能增加了病患手術後的抱怨比率。乍看之下似乎違反直覺，但這個發現說明了，當醫生工時比較短時，病人被「交接」的頻率會增加。

還有一件類似的情況。當醫學生變成新手醫生時，他們從醫學院被轉移（移交）到醫院，當轉移時，初級醫生可會出現不確定性、困惑和困難。對病人來說也是一樣，醫生工作時數較短代表每個病患的照顧，必須更頻繁地在不同的臨床小組之間「移交」；這是體制的缺點，是可能在不知不覺中發生疏失的環節。

轉換似乎會造成麻煩。

眾所周知，棉布的特性並不是隔音，但是在一些醫院病房裡，那是將病人和鄰床病友分開的唯一東西。一片輕薄的棉布簾。

我曾經聽過簾子的另一頭在討論很糟糕的事情。這有點像是在玩捉迷藏的幼兒，他們相信，如果把眼睛遮住，他們就看不見你，你也看不見他們。有一些看不見病人的巡房醫生（因為他們在簾子拉起來的另一邊），表現得像病人聽不見他們，或是對病人的存在完全不以為意一樣。實際上，在另一邊的病人和他們的家人，以及任何其他鄰近的病人，全都聽得見臨床小組大部分的討論內容。

我還記得一位已經九十幾歲的老先生，在老年病房裡看起來像他立正站在床邊。他衣著正式的程度讓我很困惑：燙得平整的襯衫，領帶，運動夾克，胸前口袋放著摺疊得很整齊的手帕，以及時髦的長褲，幾乎像是要去上班一樣。主治醫生就他前一天白天和晚上的情況，問了幾個問題，接著小組離開了床邊，拉上簾子，等待主治醫生說話。

「那個病患威廉醫生（Dr. William）曾經是地方上的全科醫生，我認為他腦袋已經有點不清楚了。護士說他晚上尿失禁，但他似乎一點記憶也沒有。」

整個病房都可以聽見這段討論。

我不相信威廉醫生的腦袋不清楚。我聽見這段對話時，第一個感覺是，在病房裡其他人都聽得見的狀況下，威廉醫生最不想談的事就是他的尿失禁，他的穿著與舉止說明了他極度渴望抓住最後一點點的尊嚴。而且除非他比跟主治醫生談話時還要耳背，不然小組在布簾另一端的討論，絕大部分他都聽得見。

觀察這類巡房的時候，我的一個主要目標是鼓勵主治醫生先在病房外面進行巡房前的會議。用這種方式開始有相當多的好處：可以在病人或家人聽力範圍之外討論敏感的話題，主治醫生可以測試醫學生和初級醫生的知識，而不會有在病人面前削弱他們信心的風險；初級醫生可以提問，但不會讓病患覺得照顧他們的醫生（通常是資淺的小組成員）不知道自己在做什麼。在會前會議之後，如果有必要檢查病患的話，小組可以到病患床邊，然後專注回答病人或他們親戚有關目前或未來醫療計畫的問題。

我觀察醫生巡房超過十年以來，病床旁的討論有逐漸降到最少，小組需要避免在可能被聽到的地方進行敏感會話的意識也提升了。人們開始明白到床邊的簾子只是一片簾子而已。

有個早上，我來到另一所地區綜合醫院，第一次觀察一位小兒科主治醫生。小組進入病房查看病患之前，先在旁邊的房間集合進行會前會。會前會的目的是讓初級小兒科醫生討論，從前一天主治醫生最後一次看過病患後，每個病患的進展如何。除了領導的主治醫生艾倫（Ellen）以外，小組還有三個成員：還有幾年才能完成小兒科訓練的資深專科醫生蘇西（Suzy），有兩年或三年醫學院學士後經驗的資深住院醫生（senior house officer, SHO）班（Ben），以及信託基金醫院層級醫生（trust grade doctor，按：指國民健保署所屬醫院裡非訓練職位的醫生）瓦蒂卡（Vartika），她才剛從印度來到英國。瓦蒂卡和其他兩個初級小組成員之間最重大的不同是，信託層級的職位並不會讓她從訓練的階梯往上晉升。信託層級醫生是為了提供臨床服務，這個職位累積的訓練機會微乎其微。就臨床的階層來說，信託層級職位的醫生是位於最底層。

「我們開始吧。」艾倫說，「我們從兒童病房的第一個隔間開始。」

手上拿著筆記的班開始描述克斯蒂（Kirsty），一名患有糖尿病的八歲病人，前幾個晚上因為糖尿病酮酸中毒（diabetic ketoacidosis, DKA）入院。患有糖尿病的人DKA發作時，因為嚴重缺乏胰島素，葡萄糖無法自血液輸送到身體細胞。欠缺葡萄糖的狀況下，身體細胞會開始利用脂肪作為替代能量的來源，酮（改變血液的酸鹼度）是這個過程的副產品。DKA可能會危及生命，對兒童來說尤其迅速，需要立即治療，在密切監視下混合使用胰島素、葡萄糖和靜脈點滴。克斯蒂入院時已經失去意識，但是三天以後，她的血液葡萄糖指數穩定下來了，已經康復到可以出院。

「很好。」主治醫生說。「相當簡潔扼要。下一個是誰？」

班打開第二份筆記，開始摘要傑克（Jack）的病歷，一個六個月大的嬰兒，因為嚴重的呼吸困難入院幾天了。傑克被診斷患有細支氣管炎，是肺部小氣道的急性感染。三天前他的父母覺得他們的寶貝看起來好像完全停止呼吸，慌亂的他們叫了救護車，救護車把他送到急診部，很快地入住小兒科病房。在入院前幾天，他似乎因為乾咳、鼻子嚴重阻塞和餵食困難而非常痛苦。

「他前一天晚上怎麼樣？」艾倫問道。

「好很多，他現在的含氧數據還不錯。」

「嗯，讓我們把氧氣機拿掉，看他情況怎樣，只要一點好運氣，應該幾天內他就可以回家。我們還需要討論哪一個？」

班敘述一個十歲的病患茉莉（Jasmine），她前一天晚上因為高燒入院。檢體已經送到病理實驗室，但結果還沒出來，所以尚未確定感染源。

「我懷疑是不是扁桃腺炎。」艾倫評論道。

「我們在急診部嘗試檢查她的喉嚨，但是茉莉不願意配合。」

「好，我們現在來看看。」

會前會就這樣繼續進行了二十五分鐘。班報告病房裡別的小孩的紀錄，主治醫生簡短地評論她對病患進展的想法，並進行其他需要執行的臨床檢查，還有小孩何時可以安全出院。一個讓人印象不深的會前會，發生在同樣讓人印象不深的小型地區綜合醫院。而接下來發生的事情，完全讓我出乎意料之外。

班一路報告完他所有的筆記之後，艾倫立即告訴小組，那天早上五點，救護車被呼叫到當地小鎮的一戶人家。有對夫妻前天晚上十點把四個月大的兒子放到床上睡覺，但嬰兒清晨時沒有在規律的餵食時間醒來，於是媽媽進入他臥房裡，卻叫不醒他。救護車迅速抵達現場，但很悲慘的是，嬰兒被宣告死亡。這對父母還有嬰兒的屍體一起被帶到醫院，護士人員正和父母在一起，牧師已經被找來，但是小兒科小組需要有人過去，並且正式證明這起死亡。

艾倫轉向蘇西，她立刻回答說負責緊急狀況待命的不是她。然後她們一起轉向班，按等級排序，他是下一個最有經驗的醫生。

「輪到待命的也不是我。」

然後他們三個全部盯著房裡唯一剩下的人，瓦蒂卡，醫療層級的最底層。

「我不知道要如何證明嬰兒死亡。」瓦蒂卡回答。「我在英國從來沒有做過，而且我來這個國家才幾個星期而已。」

這個任務在指揮鏈裡快速傳遞下去（從主治醫生，到專科醫生，到資深住院，到信託醫生），又往上傳回去。似乎沒有人聽見瓦蒂卡在說什麼，反而快速地向她保證。

「檔案裡有規程。」班說。

「檔案在護士站那裡。」蘇西說。

「它非常簡單。」艾倫說。

「我真的不知道要怎麼做。」瓦蒂卡重複說道。「在這邊，死亡證明可能完全不同，跟我在印度做的不一樣。」

再一次的，相同的保證在食物鏈裡傳遞下去，另外三個醫生重複地說，這件事真的不難，反正所有的指示說明都在檔案裡。

「如果你有任何疑問，打電話到病房。」艾倫說。「這不會花你太久的時間，你結束的時候，再回來加入我們。」

艾倫語畢，便與蘇西和班離開了。瓦蒂卡仍然站在房間正中央，幾乎一動也不動，臉上還帶著恐懼的表情。我將此記錄在我的觀察表上，企圖給她一個放心的微笑，然後跟隨小組其他人繞過轉角，朝小兒科病房走去。

巡房的第一站是克斯蒂，那個前幾天因為糖尿病酮酸中毒入院的八歲女孩。她正坐在床上玩電動遊戲，似乎一點也沒有因為三個醫生走進來而分心。

「你今天覺得怎麼樣呢？」艾倫問。

克斯蒂的視線不情願地離開螢幕，「我有一點無聊，現在可以回家了嗎？」

「我只需要先跟你媽媽說幾句話。」艾倫回答：「然後你就可以回去了。」

艾倫解釋已經請專科糖尿病護士在克斯蒂出院前過來看看她，護士也會給他們安排門診的時間。

「拜拜，克斯蒂。」三個醫生齊聲說，然後他們繼續往前進。

三人小組才剛拉開簾子，正要進去下一個病人的隔間，就被病房護士打斷。

「一個印度腔調的醫生在電話上，急迫地要跟你說話。」護士告訴艾倫。

「在這邊等一下，我馬上回來。」艾倫隨護士出去接電話時說道。

艾倫幾分鐘之後回來了，一邊嘀咕著。

「好，我們可以繼續了嗎？」

下一位病人比較複雜。傑克是幾天前因為呼吸困難入院的六個月大嬰兒，或許是嬰兒死亡的記憶還在每個人的腦海裡，或者不論什麼原因，傑克被小心翼翼地從頭檢查到腳。最後小組查看床尾氧飽和濃度的最近紀錄，看起來傑克正在康復中。

「我們試著把氧氣拿掉看看。」艾倫告訴傑克的媽媽：「我們要看看他的進展，但是在我們讓他回家之前，今天我想要密切觀察他。他進食的情況怎麼樣？」

「好多了。」媽媽回答。「他似乎比較像平常的樣子了。」

艾倫微笑。「我們看看他今天呼吸的狀況，然後我們會考慮讓他明天出院。」

班和蘇西往幼兒床裡盯著看，朝傑克揮手再見，他緩緩地露出害羞的微笑。

第三個病患茉莉是前一晚高燒入院的十歲女孩。小組圍繞在茉莉床邊，當主治醫生要開始檢查她的時候，同一個護士又出現了。

「瓦蒂卡又打電話找你了。」護士說。

主治醫生表情惱怒地抬眼望向天花板，她要專科醫生繼續巡房。

「我不確定什麼時候會回來，但很顯然，瓦蒂卡沒有辦法獨自作業。」

蘇西挺直了身體姿勢，對於暫時代理主治醫生似乎感到愉悅。剩下兩個人的小組把注意力轉回茉莉身上，在巡房前的會前會討論之後，蘇西知道她必須先探看茉莉的嘴巴，檢查她的喉嚨。她從口袋裡拿出一根壓舌板，這個工具看起來有點像過大的冰棒棍，舌頭被這東西壓住會不大舒服，小孩和大人都討厭這個過程。小兒科醫生被教導檢查喉嚨應該放到最後，如此若小孩變得焦慮，也可以馬上被安撫，而不是還必須被檢查身體的其他部位。

蘇西所做的每件事順序都正確，留待最後檢查喉嚨。然而，當她把壓舌板伸入茉莉嘴巴裡時，沒有要求茉莉的媽媽把女兒抱緊，反而用了點力把它推進去。茉莉使勁全力咬緊下巴，把壓舌板含住。

「快點，茉莉，幫我個忙，打開你的嘴巴。」蘇西命令她。

茉莉的下巴連一毫米都沒有鬆開。

「我得看看你的喉嚨，我們要找出你為什麼不舒服的原因。」

茉莉的嘴巴一樣緊閉。她瞪著蘇西。

或許這麼說不公平，但我有點不喜歡這個專科醫生，她沒有給予瓦蒂卡支持，對茉莉也不特別溫柔。我可以看得出來，茉莉沒有配合她的指令，讓她感到不開心，還讓她在病人、病人母親，以及一個更資淺的醫生面前顯得不夠稱職。當然，還有在我面前。

有那麼片刻，我以為蘇西就要使用蠻力打開茱莉的嘴巴。不過她有了別的想法，並拿開壓舌板。

「我們晚一點回來再試試看。」她說。

話一說完，我們三個就離開了病房。

我的工作是觀察主治醫生如何訓練她的初級醫生，因此主治醫生不在，我就沒有清楚的角色。兩個初級醫生前往另一個病房去查看病患，而我則等待艾倫回來。

當我坐在辦公室裡，疑惑艾倫和瓦蒂卡進行得如何時，我的心思轉到了幾年前我所觀察的另一個兒童病房巡房。那個時候的主治醫生拉吉（Raj）和艾倫完全不一樣，他溫暖、溫和且仁慈。我記得有個大約兩歲或三歲的小男孩，在拉吉走進他病房隔間的時候，從母親大腿掙脫逃走的情形。男孩的父母感到窘迫而對他大吼，但拉吉就只是跟著男孩走到病房中間，那裡有一大堆玩具。拉吉在正在玩耍的男孩旁邊蹲了下來，拿出他的聽診器，在男孩全神貫注於那些玩具的時候進行檢查。

那個下午，在同一趟巡房稍晚的時候，拉吉被一件緊急狀況召喚到急診部。直升機被請求救援一個被車撞到的十一歲男孩；這個男孩預期無法存活。拉吉的專科醫生希望他到急診部，和男孩的父母談一談。那個下午我等了相當久，因為觀察比預期花了更長的時間，為了趕回我自己小孩的身邊，我漸漸地感到焦慮。我同時強烈地意識到，和拉吉必須傳達給家屬的噩耗相比，我自己對照顧小孩的擔心有多麼的微不足道。

就在我決定要留字條給拉吉然後返家時，他回來了，而且看起來筋疲力竭。我猜想他最不想做的事就是聽到我對他巡房教學的回饋，但是我錯了。或許消除那天的強烈情緒負荷的一個方法，他想從告知男孩父母小孩死亡的注意力抽離，轉移到傾聽我的回饋這個比較有益的任務。我確定他對喪兒的父母已經盡可能表達出同情和憐憫了，因為他緊繃的表情已經透露出這個會面的影響。

和拉吉那次一樣，我花了很久的時間等待艾倫回到病房。但是和拉吉不一樣的是，她不想得到我對巡房的回饋，並且提議說，或許我們可以晚幾天在電話上談。對於這個要求，我不願意妥協，因為我覺得指出她並沒有回應瓦蒂卡迫切需要協助的請求，是我的責任。

如何給予重要回饋有許多不同的方法，沒有一種方法要求直截了當地攻擊，但那卻是我對艾倫所做的事。我並不企圖重新建立和諧關係，或是讓她知道巡房前的會前會做得很好。我反而給她我的觀察筆記影本，並且提出我注意到瓦蒂卡的焦慮，並且從瓦蒂卡說出沒有辦法證明嬰兒死亡的那刻起，我便注意到了她的焦慮。我對瓦蒂卡被遺棄的憤怒，蔓延到我給艾倫回饋的方式。我本身做了一個不好的教學方法，而且浪費了一個寶貴機會，去示範一個比較支持的態度。雖然它的代價比較低，但我未能滿足艾倫的需要，就如同她不能注意到瓦蒂卡的需要是一樣的。

艾倫讓我回去進行接下來的觀察，但是我們的關係再也沒有修復過。雖然我經常提醒她，但她花了九個月才同意下一次會談的日期。死去的嬰孩、沒有受到支持的信託層級醫生，還有憤怒的心理學家的幽靈，從來沒有真的離開過。

§

是什麼因素讓一些醫生懷有同理心，可以強烈回應周遭人們的情感需求，但其他醫生卻依然忽略別人的痛苦？為什麼艾倫不能支持瓦蒂卡，而拉吉則仁慈對待身邊的每一個人？為什麼我繼續用漠然的方式，放棄給予艾倫支持？

如果從自己開始檢視，我認為是我的憤怒擋在中間，或許還帶有一點羞愧的元素。我的角色是觀察艾倫如何訓練她的小組，而不是干涉每一天巡房的運作。但是當我們拋棄瓦蒂卡的時候，我原本可以在私底下找艾倫講幾句話。雖然注意到瓦蒂卡的苦惱，卻沒有採取更積極的作為，讓她得到需要的幫助。

艾倫的情況又是如何呢？或許她前一天晚上待命，因此睡眠不足。又或者她家裡可能有年紀還小的小孩，讓她整晚沒睡。當一個人很疲憊的時候，很難會有同理心；這就是為什麼降低初級醫生的工時，可以讓他們增加同理的能力。

不過影響成人同理心能力的不是只有疲憊。通常成年人對於發生在三歲以前的事記得的很少，但是在一生中，嬰兒期的經驗無時無刻影響著我們的心理運作。特別是，我們與主要照顧者（不一定是母親）早期關係的品質與一致性，會影響我們受到分離或失去等威脅時的反應。

這些並不是新的概念。在第二次世界大戰之後，小兒科醫生和心理分析學家約翰・鮑比（John Bowlby）研究變成孤兒的小孩，並注意到失去雙親對他們後來心理發展造成的有害影響。鮑比接著對嬰兒和照顧者之間的心理聯繫（他稱為「依附」）如何發展感到興趣，這些聯繫為什麼會發展下去，以及當依附的正常過程被打斷時會發生什麼事。藉由研究動物的行為，鮑比認為，嬰兒進化的優勢是，當他們感覺受到威脅時，可以把痛苦的訊息傳達給他們的照顧者，藉此將照顧者拉到比較近的範圍裡。[1]

後來，鮑比的學生瑪麗・安斯沃斯博士（Dr. Mary Ainsworth）為了評估一歲到兩歲的嬰兒依附父母的差異性，進行了一系列的觀察實驗（以「陌生情境」為人所知）。[2]實驗在對嬰兒是全新環境的遊戲室裡進行，裡面全部都是玩具，實驗過程會用單向鏡觀察嬰兒。實驗設計了一系列的事件，期間父母會離開房間，幾分鐘以後再回來。有時候，房間裡會有一個陌生人，有時候則沒有。事件的設計是要產生夠大的壓力，以引發嬰兒對依附的反應。

鏡子後面的觀察者密切注意嬰兒對陌生人、母親的離開、然後稍後與母親重聚等會做出什麼樣的反應。藉由研究幾百個在這個實驗情境下的嬰兒，安斯沃斯結論指出嬰兒對母親的「依附」有三種不同的方式。當母親在場的時候，「安全」依附母親的嬰兒會很快地探索他們的新環境，陌生人在場的時候則顯現出焦慮，母親短暫的不在場會讓他們憂慮，並很快地尋求接觸，而在母親返回時迅速地放下心來。大約有六十%的嬰兒屬於這一類。

其餘四十%的嬰兒被歸類為「不安全」依附，在實驗情境中會表現出一種或兩種不同的行為模式。不安全依附當中被歸類為「逃避型」的嬰兒，分離時較不會顯現出沮喪感，母親回來時較不會尋求碰觸，並且對母親和對陌生人的喜好差不多。相較之下，不安全依附中，被歸類為「抗拒型」的嬰兒，一開始表現出的活動很少，分離讓他們變得高度焦慮，而且在母親回來後也不容易被安撫。後來有一組研究員指出，第三類不安全依附的嬰兒屬於「紊亂型」，特徵是母親回來後首先會尋求接觸，但一旦和母親接近，又會變得非常害怕。[3]此外，這些研究員也發展出評估成人依附的方法，被稱為成人依附訪談（Adult Attachment Interview, AAI）。這種半結構式的訪談包含二十個問題，需要大概一個小時來進行。在面談時，參與者被要求描述孩童早期與主要依附人物的經驗，並評估這些經驗對他們發展的影響。[4]

表面上看起來，嬰兒對母親（或主要照顧者）如何反應，或許和醫生沒有什麼相關。但是研究顯示，我們早期的依附關係對成人生活的各個層面有持續的影響，這與醫療專業有直接的關聯。首先想想身為醫療照護的接受者，病人早期依附經驗的特質，將影響到他們對疾病如何反應。例如，二〇一二年的一項研究發現，沒有清楚的身體病況，而且從來沒有被確診罹病，卻經常去看全科醫生的病人，傾向是不安全依附型。這項研究的作者認為，這些病人的高度診察率可以被想成是一種尋求照顧的行為，這與他們的不安全依附有關。[5]相同地，另一份關於晚期癌症病患的研究發現，那些安全依附型的病患，比較能夠和醫生建立緊密的合作關係。[6]

或許比較令人驚訝的是，一個人的早期依附經驗，不只會影響當我們身為照顧接受者時會如何反應，也蘊含我們照顧他人的能力。司法精神科醫生阿謝德（Gwen Adshead）對於它如何運作有精闢的描述：

> 早期依附經驗成為大腦裡認知的「內部工作模式」，一個對依附關係的印象、信念和態度的複雜輪廓……當個體有需求，或是必須提供照顧時，「照顧者的圖像」會進行心理上的運作。[7]

因此，當他人也很脆弱的時候，我們在嬰兒時期被照顧的方式會影響到我們照顧他人的能力。

一個生病或瀕臨死亡的嬰兒，或許是人類需要照顧最明顯的例子。從心理學的觀點來看，一個死去的嬰兒表示在照顧上的失敗。不可否認的事實是，處理此狀況下的感情反應，是一項吃力的任務。我觀察巡房的那個上午，艾倫和另外兩個實習醫生不願意想那死去的嬰兒或是他的父母，反而把他們的責任丟給在那個房間裡最沒有力量的醫生身上。

不只是嬰兒死亡的悲劇會對醫療照護人員造成心理上的負擔，照顧嬰兒早期的生命，特別是假如他們是早產兒，對一些醫生也會帶來強烈的心理壓力。當然，從實際層面來看，當患者只有一丁點大的時候，醫療照護相關的體能工作（抽取血液樣本，把它放在套管裡）會更難處理。但是當實習醫生告訴我，他們對新生兒病房的強烈恐懼時，這大概和他們個人對極度脆弱的反應有關。有一位名叫蘿拉（Laura）的醫學生來諮詢，讓我明白這件事。蘿拉有很長的厭食症病史，醫學院相當關心她是不是能夠開始擔任基礎訓練醫生的工作。蘿拉傾向於把在醫學院最後一年的選修時間花在小兒科病房工作。雖然她能夠應付小兒科病房裡年紀大一點的小孩，而且他們當中有一些人承受到相當大的痛苦，但讓她覺得最不安的是新生兒，我不認為這是偶然的。細小、骨瘦如柴的早產嬰兒代表著一個極度脆弱的形象，在某個方面反射了她自己的身體和心理狀態。我永遠不會忘記蘿拉對新生兒的強烈感覺，這也明顯可以說明，病人的需要為何能投射出醫生本身的心理狀況。

我們也必須記住，我們要求年輕（有時候是脆弱的）醫生執行非常困難的事情，像是證明一個嬰兒突然意外的死亡。我請教過一個小兒科主治醫生同僚，這牽涉到哪些事情：

只有醫生能夠證明死亡，因此這個任務不能委派給護士做。醫生大概也不會是單獨一人，要讓父母選擇是否參與，假如他們選擇參與，大概會由一個資深護士來陪伴與支持他們。另外，小孩突然死亡，也必須通知警察，如果有任何方面讓他們擔心是否發生了非意外的傷害，他們可能也會參加。

首先，醫生會確認沒有生命跡象，然後他們會除去嬰兒的衣服，檢查身體所有部位，小心地記錄任何發現。如果有任何的急救器材，他們也會記下來。為了確定死亡原因，醫生會從身體不同的部位、血液和尿液採樣，或許還有腦脊液蛋白。

如果父母提出要求，可能會剪下額髮讓他們保存，或是按壓腳印和手印，或拍照。然後嬰兒的身體會被包裹起來。

接下來，醫生會和驗屍官交談，討論他們的發現，醫院內指定的人也會接到通知。「快速審查」（Rapid Review）會議將在幾天內召開，父母、主治醫生、警察和社工都要出席。

對於這項任務被委派給一個才剛到這個國家的信託層級醫生，我的小兒科同事感到震驚。別的事不說，整個非意外傷害問題在英國可能與印度完全不同。這個同事還說，她的專科醫生並不是從檔案裡學習作業程序，在被要求證明嬰兒死亡之前，他們必須去上一整天的訓練課程。而且，即使他們已經被傳授需要做些什麼，你永遠不可能逃避這項任務帶來的情感衝擊。身為主治醫生，她在事後會想和實習醫生安靜地說幾句話，讓實習醫生感受到整個過程都是受到支持的。

死亡、瀕死、痛苦和疾病，是醫生的工作內容不可避免的事，很難再有其他的。雖然無法用外科手術把這些極其困難的任務，從健康照護人員的每日「待辦」清單裡移除，然而，可以轉變的是，我們理解執行這份工作時必須承擔的心理需求。

因此當醫生（或其他任何人）聽見病人痛苦尖叫，或是看見疾病或創傷摧殘某個人的身體，他們要如何反應。當他們必須告訴一個父親，他們的小孩已經死亡，要如何做呢？在這些情況下，有什麼資源是醫生可以利用的？

就像身體有一整套防衛感染的系統（免疫系統），會在偵測到病原體時開始行動，它在面對難以忍受的心理壓力時，也有保護自己免於情感崩潰的方法。免疫系統的組成要素，像是B細胞（B Cells），以及它們產生的抗體，是存在於身體裡的具體物質，可以在血液裡分析和測量出，但是心理防衛系統並不存在於人體構造的特定部位。相反的，精神科醫生和心理分析學家喬治．華倫特（George Vaillant）指出，防衛機制是「隱喻……，並不是一種發條裝置」。華倫特接著強調重要的是，防衛機制是「對不正常環境的正常反應」。8

拿逃避來說，這就是一種相當常見的防衛機制。不論出於什麼原因，艾倫的自動反應看起來是要逃避證明嬰兒的死亡，或是幫助小組的其他人做這件事、關於艾倫對待瓦蒂卡的方式，我想要逃避與她的衝突，蘿拉想要逃避與新生兒有關的任何事。逃避反應時常是自動發生的，並且超越我們的自覺意識。

在訓練醫院主治醫生如何提供實習醫生最佳支持的時候，我經常問他們，假如小組的資淺人員遇到困難，他們要如何知道。他們通常毫不猶豫，可以滔滔不絕地講出警示徵兆，例如經常因為生病缺席、晚到、早退，或是對呼叫沒有反應。這些答案都正確，並且完整的記錄在文獻裡。然而，主治醫生通常沒有看見的是，每一種行為都代表初級醫生的逃避反應。如果你待在家裡，或是縮短工作時間，你就可以降低處在讓你覺得厭惡的工作經驗裡。如果你害怕被要求執行超過你能力水準的臨床任務，你就不會衝去回應對你的召喚。這些逃避反應可能對病患或其他小組成員沒有幫助，但是從心理學的觀點來看，是完全可以理解的行為。

另一個防衛策略是理智化（intellectualisation），也就是專注在情境的枯燥、事實和理性的細節，而忽略它對一個人的感覺造成衝擊的可能性。瓦蒂卡被告知，每一樣她需要知道的事都清楚寫在例行文件裡，但這種建議完全失去重點。組合一件自我組裝的家具，或是指導一個人做一道新菜時，操作指南的確很有用，但操作指南完全無法處理證明嬰兒死亡的複雜情結。

已故的精神科醫生暨社會人類學家西蒙・辛克萊（Simon Sinclair）在觀察醫學訓練的

研究裡，針對經常存在的理智化拉力，提出另一個有力的例子。辛克萊敘述在胚胎學課程展示人類各階段的胚胎幻燈片後，一個成熟的學生評論道：「我只看見它們（幻燈片）是某個人的個人悲劇」。但辛克萊接著指出，為了通過年底的考試，這個學生必須再概念化（reconceptualise）這些幻燈片所代表的意義，並且利用它們學習器官發展的各個階段。[9]

此外，還有潛抑（suppression）和壓抑（repression）的雙防衛策略。前者代表為了應付當下的現實，而有意識地決定延遲注意人的感覺。當醫生對病患實施一項痛苦或令人不快的治療時，必須隨時潛抑他們的感情。在這個情境下，他們必須專注於提供安全照顧，而潛抑他們想停止在病人身上施加痛苦的欲望。

相對於潛抑，壓抑的防衛策略則是把難以承受的情感從意識裡完全排除。這發生在進行醫療行為的時候，當醫生面臨工作的各個不同面向，而情緒變得難以負荷時，他們會完全停止感受。內科醫生丹妮艾爾·歐弗利（Danielle Ofri）敘述，有一位小兒科實習醫生在處理面對瀕死兒童或哀傷父母時產生的情緒，卻沒有得到支持。她在訓練計畫的最後階段，面對了一個在加護病房裡的四歲男孩，他跌落湖裡後，受到嚴重的腦傷。實習醫生告訴歐弗利：「在照顧他的那整整兩個星期，我對那個男孩和他的家人，完全沒有任何感覺……我幾乎快完成住院醫生的訓練了，幾乎要脫離這種總是在處理死亡，或快要過世的小孩的混亂狀態。我下定決心，不會被它擊倒。」[10]

這個住院醫生在這裡所描述的，是同理心嚴重受到影響的現象；她最後改變了專科，因為她不想用這種方式對待病人。如果這個住院醫生是單一個案，這會是那個醫生和病人的個人問題，但是，情況比「只是個人問題」更令人擔心。最近的一個系統性評估的結論指出，十一個醫學生當中有九個，七個內科住院醫生當中有六個，隨著訓練的進行，漸漸地降低了同理心。這個發現的一些理由包括睡眠不足、工作量過大、受到上級不合理的對待，以及缺少正面的模範。換句話說，醫生的工作環境對於他們以同理心對待病患的能力影響甚鉅。[11]很遺憾地，艾倫給瓦蒂卡的回應，或是蘇西對病房裡一些病人毫無憐憫的對待方式，完全不是特殊的狀況。

我們在後面的章節會看到，醫生也可能同理心太強，而過於強烈感受到病患的痛苦。持平來說，醫生需要有想像病人經歷身體或心理痛苦的能力，但也不能被病人的痛苦淹沒。這要如何做到呢？

一百多年前，加拿大醫生威廉·奧斯勒（William Osler）在他的論文〈寧靜〉（Aequanimitas）中寫道，醫生應該渴望一種超然（detachment）的情感，如此「當他看見可怕的景象時，他的血管不會緊縮，心臟仍然會維持穩定」。[12]這是二十世紀初的黃金準則。到了更為近期的一九六〇年代，社會學家瑞妮·福克斯（Renée Fox）和精神科醫生哈羅德·利夫（Harold Leif）認為，學生應該將解剖室的大體視為他們的「第一個病患」，而且以這種超然態度處理人體解剖任務，應該形成未來與活生生的病人互動的模式。根據這些作者所說的，理想狀況是要發展出一種「超然的關懷」（detached concern）的態度。[13]到了晚近的一九九九年，一般內科醫學會（Society for General Internal Medicine）所做的一份報告指出，「同理心是正確地認知另一個人感情狀態的行為，雖然他沒有親身經歷過那個狀態」。[14]

但是超脫所有人類的情感，真的會增加醫生的效能嗎？研究這個議題多年的精神科醫生茱蒂・哈本（Jodi Halpern）總結出，「超然的關懷」的原則已經不再禁得起批判：情感協調的醫生比較能了解病患，而且病患也比較可能透露敏感的資訊，並遵守醫囑的治療計畫。[15]

另外，並沒有證據顯示，與病患產生情感的連結，將會導致醫生的情緒崩潰。例如，最近一項針對超過七千名醫生所做的研究發現，比起那些努力控制自己的感覺，並且用情感分離方式應對病患的醫生，那些對病患有比較多同理心的醫生，會比較滿意他們的工作；前者更可能感到筋疲力竭。因此，似乎會造成醫生問題的並不是擁有感覺，而是不能夠控制這些感覺。（不令人意外地，這份研究的作者也指出，值班三十六到四十八個小時而沒有休息，會大幅降低醫生情感控制的能力。）[16]

另一個已故作家麥克・克萊頓（Michael Crichton）對於情感控制的過程有生動的描述。克萊頓原本受的是醫生訓練，是《侏儸紀公園》（*Jurassic Park*）的作者和電視連續劇《急診室春天》（*ER*）的創作人。他在〈醫學院的日子〉（Medical Days）一文當中，描述一九六〇年代在哈佛醫學院人體解剖課上的經驗：

我體內某處有種咔嗒聲，一個關掉的機關，拒絕以普通人類的詞彙去承認我正在做的事情。在那個咔嗒聲之後，我就沒事了。我切割得很好，我的部分是班上切得最好的……

我後來知道，那個關掉的咔嗒聲對於成為醫生是不可或缺的機制。如果你被所發生的事情擊倒，你將無法運作……我必須找到一個方法去對抗我所感覺到的事。

我後來還學到，最好的醫生會找到一個既不會被感覺淹沒，也不會從中疏離的中間位子。那是所有位子當中最困難的，而且是一種精確的平衡——不是過於超然，也不是過於在乎，但很少人學得會。[17]

§

一九九五年夏天，在克萊頓離開哈佛醫學院差不多三十年以後，一個罹患末期肺癌的四十歲男子肯尼斯．史瓦茲（Kenneth Schwartz），被送進醫學院附設的麻州綜合醫院（Massachusetts General Hospital, MGH）。史瓦茲是專長健康照護法的律師，在過世前不久，他為《波士頓環球雜誌》（*Boston Globe Magazine*）寫下身為病人的經歷：

我了解大量的工作和高壓的環境，容易扼殺一名照顧者與生俱來的同情心和人性。但是在瘋狂的速度當中得到短暫的休息，可以讓照顧者表現出優秀的本質，而且對一個嚇壞的病人也很有好處。對我和我的家人來說，那是一個悲慘的經驗。然而，這個苦難被美好的同情時刻所打斷。對於我的困境，我曾經得到非常多富有同情心和仁慈的對待。這些來自於我照顧者的仁慈行為的簡單觸動，讓無法忍受的事變得可以忍受。

由於他的法律工作，他注意到預算裁減對執行健康照顧帶來的壓力，他知道要工作人員保有同理心有多麼的困難：

在這個成本意識抬頭的世界，還有哪一家醫院可以繼續培養病患和照顧者之間珍貴的互動時刻，而能在治療過程給予病患希望，並提供重要的支持？[18]

在他過世之後，他的家人成立一個非營利組織，致力在加強病患和照顧者之間的關係。這個組織策劃最成功的一個創新措施是「史瓦茲中心會談」（Schwartz Center Rounds），一九九七年在麻州綜合醫院開始時還是實驗性質的計畫，但是二十年以後，在北美、英國、愛爾蘭和紐西蘭，已經被超過四百家醫院採用。[19]

什麼是史瓦茲中心會談？

基本上它提供整間醫院醫療和非醫療職員一小時的機會，聚集在一起討論他們每天在工作上發生的困難的情緒和道德問題。換句話說，史瓦茲中心會談提供了一個機會，讓職員討論照護的人性面向。題目包括工作上要面對難應付的病患或家屬；醫療疏失；溝通破裂；環繞肥胖的偏執；輔助和另類療法；精神上的事物。實際上，就是所有以及任何醫院職員在工作上面臨的真正困難。

史瓦茲中心會談與其他以醫院為基礎的教育措施不同的是，它涉及多門學科，橫跨醫療和非醫療人員；思想、感覺和參與者的困境都受到凸顯，而不是集中在照顧的醫療面向；會談由有經驗的協調人主導，將出現的議題整理清楚，並且確保每一個想表達的人有機會說話。[20]

那麼史瓦茲中心會談有用嗎？他們對醫病關係或職員的身心健康真的能產生影響嗎？

不可否認地，很多有關史瓦茲會談影響的證據都是傳聞；就像最近《英國醫學期刊》所做的一項研究指出：「我們不知道有多少比例的職員，或是哪一個職員（或是在什麼期間），可能需要參加會談，才能達到這種創新措施的影響成果。」[21]

好吧。但是有職員在二〇一七年的一項研究做了如下的評論，「傳聞的」證據確實是令人鼓舞的：

「非常人性的情緒議題得到了討論的機會，也許是我們不太常表達出來，……但在公開的論壇裡被聽見，而且每個人都能產生共鳴，是很有意思的事。」

「實際看到前輩坦白說出受到他們治療過的人的影響，真的非常寶貴。」

「我認為和其他圈子、其他學科、其他人接觸是非常健康的，喔，他們和我們一樣，都有相同的壓力……」[22]

已經公布的研究並未顯示出史瓦茲會談有不利的一面。（我推測一個不利的因素可能是，如果他們變成「一體適用」的簡單解決方法。一個月一小時並不會解決過勞或是整個組織內缺乏同理心的問題。）二〇一七年的研究也強調，要成功執行這個創新措施，還需要來自上面的「強力領導」。

§

史瓦茲會談當然不是唯一一個讓醫院職員在工作上的情感需求獲得支持的方法。最佳的臨床醫生本來就會在他們一對一和團體課程裡進行這件事。像是貝納德·海勒（Bernard Heller）這樣的臨床醫生。

我第一次見到貝納德是在倫敦郊區的一家醫院，為了觀察他在午餐時段的初級醫生的教學課程。中午教學課程可以很具挑戰性；講者可能不知道他們要教導的對象是誰，而且房間裡可能是以前從未見過的醫學生或初級醫生。更糟的是，他們可能也幾乎不知道應該要教什麼。有時候，可能沒有可以用來當作參照點（reference point）的課程，另外，參與者的訓練階段可能差異極大，不可能滿足在場每一個人的教育需求。

然後還有干擾的問題。午餐時段的教學理應是「被保護」的時間，初級醫生在課程進行期間要把呼叫器交接出去，但是這個保護經常起不了太大的作用。身為老師和觀察者，我曾經參與過一些課程，一小時的時間裡，就被超過二十個呼叫打斷。當每隔幾分鐘就被打斷一次，你很難專注在教學上。

初級醫生上午完成巡房的時間也不一樣。有些人可能課程一開始就到了，而其他人則是在接下來的一小時中漫步進來，而且口頭上再三地道歉。還有午餐的問題，有時候會提供午餐。我曾經非常驚訝，初級醫生有多麼感激院方提供午餐。不過他們通常是從其他地方帶午餐進來。但不論來源是什麼地方，教學課程可能是漫長的一天當中，初級醫生唯一可以坐下來吃東西的時間。嘎嘎作響的小包酥脆餅乾，和打開三明治包裝的聲響，經常伴隨著講者的聲音。

貝納德一開始介紹他自己，解釋他駐守在當地的臨終醫院。然後他介紹了我，提到我是在觀察他而不是他們，他們不需要擔心我的存在。這些年以來，我很驚訝的是，主治醫生經常忘記告訴學生或實習醫生，我在那裡並不是為了評斷他們；主治醫生願意花時間這麼做，通常表示他具有思考能力，能從學習者觀點來看待房間裡發生的事情。

貝納德放了第一張投影片，顯示他的名字和演講題目：「面對臨終照護呼吸中止的時候」。就在他要放第二張投影片的時候，被一個初級醫生打斷：

「海勒醫生，我可以問一個問題嗎？」

「當然，你說。」貝納德回答。

「嗯，這不是跟呼吸結束特別有關，而是和臨終有關，對嗎？」

貝納德點頭回應。

「上個週末，我們藍色病房（Blue Ward）有個病人腸癌死亡。令人沮喪的是，他們遭受很大的痛苦，持續尖叫和求助，而我問過的人似乎沒有人知道要做什麼。我打給專科醫生，但在病患過世之前她都沒有來到病房。後來我問護士這是不是經常發生，然後他們說這絕對不是只有一次。」

貝納德在開口之前先確認初級醫生的話已經說完。

「看見那樣的事對你來說一定很痛苦，我很高興你向我提到這件事。」

「這個病人入院時是哪一個小組負責呢？」他問。

初級醫生回答他，貝納德把它寫了下來，但沒有做評論。

「醫院裡其他病房情況如何？你們其他人見過瀕死的病患經歷未受控制的疼痛嗎？」

房間裡大概有二十個初級醫生，至少有三分之一舉手示意，他們也看過痛苦的死亡。

「我想要確認，在這裡的人如果有意願，都能分享自己的經驗。雖然這些病患可能是從急診部入院，減輕臨終的痛苦是緩和醫療團隊的責任。我需要了解發生了什麼事。」

環繞在房裡的不同醫生，一一訴說他們的故事。有些人講述醫院裡的臨終照護，其他人則談到他們以前的醫院做的臨終照護比較好（有些例子甚至更糟）。在每個初級醫生描述他們的見聞時，貝納德詳細寫下筆記。有時候，為了確認他記錄正確，他會要求初級醫生重複剛剛所說的話。

「這個討論還有人想要再補充的嗎？」貝納德問。

圍坐桌子四周的初級醫生搖頭。

「謝謝你的聆聽。」一個初級醫生說：「能夠一吐為快真好。」

「這不只是讓你們傾吐心聲。」貝納德回答：「很明顯有需要改進的地方。我會找基礎計畫主任、安排醫學專科醫生教學課程的人，以及護理長談一談。我也想替醫療待命小組安排一些教學課程。這可能會花一些時間，但我要把這些事情設定為優先任務。我們現在最好回到呼吸中止這件事，因為這應該是我們這次午餐時間要關注的議題。」

「海勒醫生，我們有很多人兩點要準時離開，這樣還值得開始演講嗎？」

現在還有十五分鐘就兩點了。貝納德醫生的表情顯示，他是如此地專心聆聽初級醫生的話，詳細地記筆記，並確認每一個想表達的人都有機會輪到，以至於完全忘了時間。他停了下來。

「或許這時候不要開啟一個全新的話題，我們今天就到此為止吧。」初級醫生謝謝他的傾聽，離開教學室時還三三兩兩地持續討論。

當所有人都離開了，貝納德轉向我。

「現在你大概會把我當掉了，是不是？我沒有發表任何的演講。」

「你是沒有。」我說：「但是如果你堅持執行計畫A，並且繼續你的演講，那就會是教育的失敗。我剛剛觀察到的是一個臨床教學的精采例子，你保有彈性，明瞭原先不打算和這個團體討論的事情（控制疼痛），比你的計畫更重要。你注意到這個房間裡的人的苦惱，且讓團體裡的每個人，在有意願時都能分享自己的經驗。你認真看待他們的擔憂，而不是對他們置之不理。對於你下一步要怎麼做，你給了他們一個清楚的說明。」

貝納德看起來鬆了一口氣。

我們在課程後回饋的討論範圍很廣泛，從醫學院到基礎訓練的轉換，要如何幫助初級醫生處理面對病人死亡的感覺，身為醫療專科醫生的壓力，以及大學課程相對缺少了接觸緩和醫療的機會。

「接下來你想要我看什麼？」我問。

「我對大學部醫學生的教學。」貝納德說。「你要不要來看一堂在安寧病房裡的大學教學課程？」

8

幾個星期以後，我到了安寧病房。當我穿越大門時，對於安寧病房與一般病房之間的明顯差異大感意外；牆壁溫和的顏色、藝術品，為了病人和訪客的手推餐車，最重要的是，完全看不見普遍籠罩在醫院的狂亂匆忙。我們為什麼要等到病患到了生命的最後階段，才提供比較親切的環境呢？

但即使貝納德之前的課程讓我留下深刻的印象，對於觀察安寧病房，我並沒有期待。貝納德邀請我來看他教授大學生之後，接著向我解釋他在這些課程裡運用的「金魚缽」（goldfish bowl）技巧。他讓二十位左右的醫學生在房間四周圍成一個大圓圈，自己與安寧病房的一個日間病人（day patient，按：白天留在醫院治療的病人）則坐在圓圈的中央，學生會觀察他和病患談論他們的疾病。

由於受過心理醫生的養成訓練，金魚缽技巧是我所熟悉的，我知道它提供外圈觀察者獨特的機會，去觀看在他們面前展開的內圈會話。不過乍聽之下，把末期病患放在圓圈中央，四周還圍坐一大群醫學生盯著他們看，這樣的想法似乎是怪異的。我覺得它有點像是怪物秀，而中間展示的是瀕死的病患。

換成是別的主治醫生，我可能會質疑這個作法，並會鼓勵他們考慮用別的方法教導醫學生。但我看過貝納德對初級醫生的需求展現過超凡的敏感度，基於那堂午餐時間的課程，我想姑且相信他。

結果，我的存疑大錯特錯。貝納德小心翼翼地挑選了他的病患，他相當了解這三個病患，並且已經治療他們好幾個月了。芭芭拉（Barbara）四十幾歲，因乳癌而瀕臨死亡；雪莉（Shirley）則年長二十歲，罹患晚期卵巢癌；艾德華（Edward）七十幾歲，患有肺癌。三個人都被醫生告知，未來任何的治療都只是減緩症狀，而不是治療疾病。雖然三個人被診斷為末期疾病，但他們都還住在家裡，以日間病人的身分來安寧病房接受治療。

貝納德逐一訪談他們；圓圈中央的對談很熱切。芭芭拉說，她對於兩個兒子即將失去母親而感到恐懼，言語令人動容，我注意到外圍很多醫學生忍不住拭淚。她也談到在治療的不同階段時遇到態度漠然的醫生，主要是指某一個癌症專科醫生，她覺得帶回家的一些藥物包裝上印著疾病末期轉移用語，讓她感到非常難受，但醫生卻無法了解。主治醫生告訴芭芭拉：「我們討論過你的預後，你知道你得的是末期的癌症，這些印在盒子外面的用語，又有什麼關係？」

芭芭拉說這個放在她梳妝臺上的藥物盒子，就在那張她最喜歡的兩個兒子照片、一些屬於她祖母的耳環，和她先生送她的香水旁邊。貝納德明白，知道和不知道是可以同時並存的，他領悟到，雖然在某個層面上，芭芭拉理智上了解她的癌症已經是末期，但在另外一個層面上，當她每天早上坐在梳妝臺前，迎面而來的這個事實卻讓她感到痛苦。對芭芭拉來說，盒子上的用語沒有醫療上的目的，反而侵犯了她家庭生活的平凡樂趣，也就是照片、耳環和香水。

雪莉抱怨她的全科醫生，直到她的疾病擴散到全身，才注意到卵巢癌症狀。雖然看了外科好幾次，一開始卻被一再保證是大腸激躁症。後來，因為她對於健康很焦慮，全科醫生還建議她，或許應該轉診去做諮商。雪莉環視醫學生，說道：「如果你們任何人當了全科醫生，要記得我。不要隨便對一個胃脹氣的中年婦女，說她是大腸激躁症。要傾聽她所說的話，並且為她做徹底的檢查。」

外圍的圓圈一片寂靜。

最後一個病患艾德華呼吸困難，說話很小聲。外圍的學生自然探頭往前，以聽清楚他所說的話。

「我從十六歲開始，抽了一輩子的菸。我們都一樣，我猜想你們從來不認為，這會發生在你身上。」

貝納德點頭。

「我曾經擁有美好的生活。」艾德華繼續：「我結婚將近五十年，有三個小孩和五個孫子。我只希望你們這些醫生，要盡全力阻止人們抽菸。」

艾德華停了下來，臉上的表情充滿悔恨，然後說：「我希望有人曾經更賣力地讓我停止抽菸。」

我在醫學院的課程和座談會裡，經常見到學生上課不專心，包括玩行動電話，傳紙條，甚至偷偷摸摸玩畫圈打叉的遊戲。但那個早上，在安寧病房的學生，是我見過最投入的學生。我可以確信，他們從觀察金魚缽中央的會話所學到的事，將會一輩子保存在很多人的工作生涯裡。雖然我的安寧病房訪視提早了十年，但後來英皇基金所做的研究指出，讓學生聽取病患談個人的照護經驗，是增加他們同情心最有效的一個方法。[23]

對於邀請病患參加課程對他們的影響，我也完全判斷錯誤。我的擔心是可能會存有窺視症的成分，他們可能感覺像身處焦點的展示物。但我大錯特錯，我完全沒有預期到的是，有些病患擁有不可壓抑的欲望，想給治療他們的醫生一些回饋。

貝納德雖然沒能治癒芭芭拉、雪莉和艾德華，但是可以給他們每個人機會，與擁有大好前程的新手醫生分享他們的經驗。如此，他們三個人會清楚地感覺到，他們過世以後，從他們個人的痛苦，可能會產生一些有建設性的事。芭芭拉要求腫瘤學家了解，病患在家裡進行他們每天的日常生活時，並不想被提醒他們的預後。雪莉強烈覺得，卵巢癌的早期症狀經常被誤診，艾德華則希望能有更多的作法阻止年輕人抽菸。

就這三名病患而言，被允許訴說他們個人故事的經驗，讓一開始的焦慮有了轉變，每個人的表情都產生變化。事實上，我可以明顯察覺到，在金魚缽課程當中，給予這些病患參與的機會，產生了相當大的療癒效果。

我並不會天真地以為，所有緩和醫療的醫生都像貝納德一樣富有同情心。過去這些年來，其他客戶告訴過我高度失能的醫生在醫院裡工作的故事。由於每天必須見到死亡和瀕死的人，醫生已經完全失去了仁慈的心。

但在最好的狀況是，緩和醫療在某些方面可以變成照顧病患的特殊形式。因為緩和醫療醫生不能訴求一種全能的臨床模式，也不能給病人治癒的承諾。儘管這種專業的醫療層面，也就是應付症狀和控制疼痛，顯然非常重要，但假如沒有結合處理病患的痛苦的能力，單靠藥物是不夠的。

聆聽病患的故事並不簡單，也就是去傾聽他們所經歷的身體和心理的痛苦，貝納德沒有閃躲這樣的任務。他以同理心對待他人的能力，並不只侷限於他的病人，而且延伸到那些他當老師時所遇到的人。不論為了什麼原因，艾倫沒有以開放的心態面對瓦蒂卡的煩惱，而貝納德卻直覺地回應初級醫生所提的第一個問題，並把他計畫好的演講擱置一旁。

事實是，在所有其他的專長上，最佳的緩和醫療醫生都能夠提供良好的教育。

第三章

哪一科的醫生

蘿拉（Lola）走進病房的那一刻，就想要逃跑。她想離開醫院的欲望是如此的強烈，以至於無法專心或做任何決定，然而她也知道，要是犯了錯，可能會產生可怕的後果。病房的各方面，包括人們、聲音和味道，都令人難以忍受。工作三個星期後，由於迫切想要逃離醫院，導致她在員工停車場撞上別的車輛。三星期後，在開車回家的路上，她在交通號誌前撞到一輛靜止的車輛。這兩起意外都是她自己的過失，到底發生了什麼事？

蘿拉是個毫無困難完成醫學院訓練和早期臨床執業的醫生。當她開始腫瘤醫生專科訓練時，她的人生才剛開始展開。第二次車禍休息幾天後，返回工作崗位時，提出離職。她告訴我，「辭職後，我立刻覺得自己是不一樣的人。」

幾個月後，強烈的焦慮消退，她來找我，對於接下來要做什麼，她感到相當困惑。

假如當了全科醫生，治療更廣泛的病患，她會應付得比較好嗎，或者她應該完全地放棄醫學生涯？為什麼她沒有辦法應付超過六個星期以上的腫瘤專科工作？

在我們第一次會談開始不久，我詢問蘿拉有關她父母的事情，他們做過什麼樣的工作？蘿拉告訴我，她母親是校長，是家裡的「動力」。她父親曾經是工程師，是安靜又溫和的人，在蘿拉十歲的時候過世了。蘿拉的母親覺得難以適應新的生活；除了有份要求很高的工作，她還得獨自照顧四個小孩，因此得了憂鬱症。蘿拉大部分的近親都住在香港，有些住在倫敦的堂兄姊伸出了援手，她母親後來才能夠承擔起照顧家庭的責任。然而，蘿拉和母親之間卻形成了一種緊繃的關係。

要猜出蘿拉父親的過世原因並不困難。從她父親過世之後，蘿拉就下定決心要當醫生。但是由於她父親過世，家庭生活變調，她形容自己是個「狂野而不受拘束」的第六學級學生（sixth-former）[1]，沒什麼興趣繼續念書。不意外地，她的成績不夠好到可以去念醫學院，因此她念了生物化學。她搬離開家裡後，感覺像是得到了解放，在三年的期間，她漸漸專注在學術課業上，最後以一級學位（first-class degree）[2]畢業。那時，她重新申請醫學院，並被接受了。

在比較傳統的醫學院受訓的前兩年，學生只看過幾個病患，但是從第三年開始，他們會有比較多的時間在病房裡。蘿拉描述她在一些不同專科的經驗；產科是「到處閒晃等待某些事情的發生」，而整形外科是「有一點好笑」。那麼腫瘤科呢？

蘿拉停了下來。然後想起在腫瘤科病房看到的第一個病患是一位中年的中國男子，他因為化療而禿頭，就像她記憶中父親曾經有過的樣子，她昏倒在他的床腳邊。這事發生在五年前，那時候她還不認為這件事有什麼重要性。不過在整個醫學院訓練期間，這是她唯一昏倒的一次。

蘿拉取得資格以後，很煩惱她要選擇什麼專業。她花了一些時間在急診部，然後在紐西蘭當了幾年的醫生，但是她還是不確定。同時，她的手足也逐漸對她施加壓力，要她回到英國家裡。最後，她照做了。

回到英國以後，她在腫瘤科接了一份臨時代班的職位，她覺得非常痛苦。我問她感到特別困難的部分是什麼，她告訴我，一些子宮頸癌的病患是如此的年輕，以及預後是如此的不好，讓她感到震驚。

「那些治療很可怕。」她說：「還有各種併發症。我討厭必須告訴那些婦女，她們將無法有小孩。」

然而，儘管腫瘤科的臨時工作讓蘿拉感到苦惱，她還是申請了六年的專科訓練計畫，結束時（如果她有完成的話），可以被分發到腫瘤科主治醫生的職位。不過在漫長的腫瘤訓練計畫挑選過程中，她同時也申請了醫學以外的管理諮商工作。即使已經得到了腫瘤科的職位，她依然要求管理諮商公司保留她的工作資格六個月。腫瘤科的訓練一開始，蘿拉就強烈懷疑自己是不是做了正確的選擇。

蘿拉初次來見我之前，已經從腫瘤科離職。在治療癌症病患的那六個星期，她感受到強烈的痛苦，與父親的過世有點相關。她說，當下定決心不再繼續這個專科時，明顯鬆了一口氣。她當時的話是「我覺得我好像不斷地再劃開一個傷口」。

蘿拉或許已經發現，治療癌症病患異常地困難，但更令人困惑的是，她卻忽視了所有早期的線索。在醫學院只昏倒過一次，那是在看見接受化療的病患時，讓她想起了她父親。她嘗試過腫瘤科的代班工作，也覺得非常沮喪。腫瘤科訓練開始的幾個星期內，因為急著離開醫院而發生撞車事件。然而她依然持續下去，直到第二次撞車，並且終於明白，她不能再繼續下去了。

蘿拉不是因為喪親之痛而來找我諮商（雖然我提出建議，這對她可能會有幫助）。因此我們沒有把焦點放在她小時候父親過世時，她的感受如何。我不知道她十歲時情緒反應的特徵，是因為被拋棄而覺得憤怒，還是認為她應該要做更多來幫助父母，而感到罪惡，或是任何其他的情緒。但是蘿拉的故事說明了，人們迫切需要透過他們的工作來了解他們的世界。雖然她最後下的結論是，任務過於艱難的部分原因是有一部分的她受到強烈地拉扯，因為她要幫助的病患所罹患的疾病和害死她父親的病一樣。

在我們早期的會談中，蘿拉猶豫是否完全放棄醫療工作，大部分是因為在腫瘤病房工作的六週受到很大的精神創傷。但是到了會談的最後，她明白醫療工作有很多方面是她所喜愛的，只有被癌症病患包圍是她無法面對的事。蘿拉決定改變方向，並且成功地申請到全科醫生的訓練。

泰莎（Tessa）告訴我，她母親在四十一歲的時候過世，當時她十一歲。家中有四個小孩，她年紀最長。談及她早期的家庭生活時，泰莎記得在她母親生病前，她其實想要受訓當醫生。她的祖父是全科醫生，在她還是小女孩時，假日經常和祖父母在一起，看著他的病患步上花園小徑，到房子隔壁的診療室。但是母親過世後，她不再追隨祖父的腳步，目標轉變成想治療受癌症之苦的病患。

「我全力投入我的工作。」泰莎說。

雖然她贏得了獎項和喝采，但是對工作投入強烈的感情，卻付出了代價。快三十歲之前，她被診斷出患有克隆氏症（Crohn's Disease），也就是腸道的自我免疫失調。症狀包括嚴重的腹瀉，吸收食物困難，劇烈的疼痛和極度的疲憊，是個棘手的病症。雖然基因易感性（genetic predisposition）和孩童時期的感染，會導致這種狀況，但是情緒壓力也會影響這個疾病發生的進程。

泰莎被這個疾病嚴重折磨超過二十年以上，特徵是經常住院，以及接受不同的手術，覺得好轉且舒緩的時期越來越少。泰莎曾經嘗試降低工作時間，改為兼職性質，但是最後她明白，她已經病得太嚴重而不能繼續下去。

她如此說道：「為了活下去，我必須放棄工作。」

泰莎承認，對病患的熱烈承諾讓她生病了。但是當工作搾取了如此高的個人成本，為什麼一個醫生還能持續工作超過四分之一個世紀？如果不訴諸精神分析的概念，將難以理解泰莎的情形，人們通常不自覺地尋求眼前的各種方法，來處理過去沒有解決的情緒問題，特別是嬰兒與孩童時期的問題。

約翰．巴拉特（John Ballatt）和潘娜洛普．康普林（Penelope Campling）對此有清楚的描述：

> 無意識的動機通常是想治癒一個生病或已逝的家人，而失敗的罪惡感和恐懼可能會被引導為不懈的動力，而更加努力工作。可惜的是，選擇工作帶來的不只是彌補和治癒，也重複了無法治癒的失敗經驗，結果又提供了相關的感情動力，讓自己更加投入這個不可能的任務。[3]

這正是發生在泰莎身上的情況。她努力投入「不可能的任務」，直到自己的健康出了問題。

除了對癌症病患有熱烈承諾，以及對必須提早退休感到悲傷，泰莎對生命仍然擁有強烈的熱情。當我們談到她現在要如何善用醫療知識和技術時，了解到她想要從疾病轉換到身心的健康。身為腫瘤科醫生，她對應用正念冥想（mindfulness meditation）來幫助病人面對苦惱和痛苦的症狀，開始感到興趣。與直接面對病患相反，現在她想要受訓當正念老師，提供正念冥想課程給健康照護的職員。或許最重要的是，在她的生命中，這是她第一次沒有考慮到病患，而是優先考慮到自己的健康。

§

不難理解蘿拉的父親和泰莎的母親之死，對她們選擇的專業產生了什麼樣的影響。但是在家人當中，父母的疾病或死亡並不是唯一會影響到醫生選擇職業的人。對其他醫生來說，兄弟姊妹的經驗也是重要因素。

我第一次意識到這件事，是在觀察一個主治醫生講課的時候，當時她正在對一群非常漫不經心的醫學生教授氣喘。

「你們可能認為氣喘是非常微不足道的疾病。」她開始說：「用人工呼吸器吸個幾口，就沒什麼好擔心的。但你可能錯了。」

她停了下來，等待整個群體的注意。

「氣喘奪走了我十二歲弟弟的生命。」

這件事發生在二十年前，我永遠都忘不掉，但是我懷疑，在場是否有很多學生和我一樣還記得。那個主治醫生的專科是什麼呢？呼吸醫學。這個專科就是治療呼吸困難的問題，包括氣喘。

我見過一些神經學實習醫生，他們與罹患多發性硬化症的兄弟姊妹一同成長；以及兄弟姊妹有學習障礙，因此專長是學習障礙的精神病學實習醫生。彌補的動力不只是由父母的疾病所引起，也不只是由癌症所引發。發生在任何親密家庭成員的疾病，都可能影響一個人所做的職業決定。通常這個反應（如同蘿拉、泰莎和呼吸醫學主治醫生一樣）是想治療和摯愛家人患有相同疾病的病患。然而，有時候像醫生凱文（Kevin）這樣的例子，情況則有點不同，他在姐姐死於白血病之後，從工程轉換到醫學。

但凱文不想接受血液學的訓練，這個專科會治療白血病病患。從開始接受醫學院的訓練那一刻起，他考慮過的專科反而只有婦產科一個。當他來看我時，他已經完成醫學院，並且在產科受訓了五年。然而，他醫學生涯的進展卻因為沒有通過專科最後的考試，而陷入了停頓。由於他一直從他臨床工作的指導老師得到很好的回饋，而且也在首屈一指的學術研究中心完成了博士學位，所以考試不合格令人費解。他的臨床或學術能力都無庸置疑，卻無法通過最後這個考試。

從我們的會談中浮現的問題是，他被吸引來產科是因為，產科會讓他被新生命環繞，而不是死亡。不過，如果一個醫生是為了這個原因選擇產科，注定會是一個失敗的事業。嬰兒可能會胎死腹中，或是出生不久之後死亡。另外非常少有的情形是，母親可能也會死亡。假如你是產科醫生，與腫瘤科醫生相比，雖然死亡和瀕死情形在每日的工作內容中會減少許多，但還是無法完全避開死亡。

隨著我們的交談而逐漸明朗的是，凱文並不是真的想要承擔產科主治醫生的責任。他見過可能會發生在產科急診的戲劇性場面，因此他不想當那個領導整個團隊的人。然而，如果他通過最後的專科考試，就注定這會是他要擔任的角色。凱文告訴我，他害怕要為一個母親或是嬰兒的死亡負責任。或許對他來說這個責任讓他難以承受，是因為從他的家庭經驗便知道，面對一個年輕人死亡是什麼樣的感覺。我暗示凱文，或許考試的一再失敗，對於要負起無法承受的責任重擔問題，是他無意識下的一個解決辦法。只要他考試持續過不了關，他就永遠不用成為主治醫生。

到了會談的尾聲，凱文達成了結論，他覺得可以放棄臨床執業。雖然以前他把考試一再不及格歸因於愚笨和懶惰，但他現在明白，它或許起了重要的心理作用。他也做了決定，在醫院以外的環境工作會更快樂。最後，他接受了一份製藥公司的工作，在幾個月之後，他和我聯絡，並告訴我他有多麼喜歡那個工作。雖然他想念診治病患的日子，但改變職涯解除了他相當大的心理負擔。

§

每一個新的服務都會有第一個請求幫助的人，也就是客戶001。凱莉（Kelly）就是我二〇〇八年秋天開辦服務的第一個客戶。

第一年醫生基礎訓練的第一份工作才剛開始一個月，凱莉就走進醫院教育中心的辦公室，並宣告她不想幹了。她是那麼的痛苦，以至於在凱莉離開辦公室回家之前，負責實習醫生基礎訓練的資深醫生還對她做了自殺風險評估。和職業健康中心預約的幾天以後，凱莉繼續延長病假。她也被建議，應該尋求職涯中心的支持，當然她並不知道，她成了我的客戶 001。

我們第一次會談時，凱莉很堅定地說，她再也不會回去從事醫療工作。醫生工作讓她生病了，每天進醫院之前她都會嘔吐。她更想做的是和小孩相關的非醫療工作。幾個星期以後，她理解到，她可能沒有給臨床醫學太多的機會。畢竟，為了受訓當醫生，她已經念了五年的書，而今工作不到五個星期，就想放棄這個職業。雖然對於回到醫院的前景仍然感到害怕，但如果在這個階段跳船，她可能會後悔。以後會不會一直問自己，醫學生涯是否適合她？

在離開工作後一個月左右，她想起了在醫學院的時候，她很喜歡被分配在社區小兒科小組的工作。讓她特別著迷的是，看著小兒科醫生嘗試了解一個小孩行為問題的心理原因。或許她可以當一個社區小兒科醫生？

當凱莉這麼提議時，我沒有貶抑這個想法。事實上，我鼓勵她去找出更多這個工作所要承擔的工作內容。但是我也知道，沒有花個幾年在醫院當過處理緊急狀況的小兒科醫生，包括治療新生嬰兒，就不可能被培訓成社區的小兒科醫生。由於她害怕在成人身上執行技術性程序（注射針筒，抽取血液樣本），我也懷疑在未成熟的小小嬰兒身上進行相同的任務，她是否能夠應付得來。

「那麼孩童和成人精神病學呢？」我問。

凱莉在醫學院時對這個專科一無所知，她同意值得進一步探索，所以我讓她和一個主治醫生聯繫。

到了我們下一次的會談，凱莉告訴我，她覺得糟透了。她花了一些時間在孩童和成人精神科診所工作，也認同自己可能會喜歡這個工作。但這是個令人討厭的領悟，如果她想在這個專科受訓，就必須回去當基礎訓練醫生的可能性把她嚇壞了。

事情在我們的會談當中漸漸明朗，凱莉對於變動特別敏感。從小學到中學，從中學到第六學級學院，從學院到醫學院，以及最重要的是，從醫學院到第一份工作的變動，都曾經發生過問題。這並不是罕見的事。在人生中一再遇到挫折，或經常被打擊自信的人，面臨轉變的時刻，就更可能遇到困難。這就是凱莉的狀況。

第一份工作開始時的強烈痛苦，是長期以來一再重複的模式，這個發現對凱莉相當有幫助。早期的每一次轉變，一開始她會覺得無法承受，但是過了一段時間安頓下來以後，就會適應新學校、學院，或大學課程。她的第一份工作位在一個她誰也不認識的城鎮，這對她的痛苦有絕對的影響。第二份工作，她帶著些許的不情願，提出她的憂鬱和沮喪，以透過「特殊狀況」的途徑去申請。這讓她回到了醫院，並在那完成了大學的訓練，而且是住在朋友環繞的城鎮，一個有強烈連結的地方。

我熟識這間醫院負責實習醫生基礎訓練的主治醫生，也是一個特別敏感的醫生，我確信凱莉獲得了妥善的照顧。但即使得到了所有的支持，凱莉的焦慮依然是個問題。我們在前兩次基礎訓練工作期間的對談裡，她不確定是否能夠撐過那一整年。

被分發到第三個工作一個月以後，凱莉寄了一封電子郵件給我：

> 我想快點寫封信給你，讓你知道事情的進展。
>
> 我剛開始精神病學的工作，到目前為止都很喜歡。我在醫學工作裡第一次覺得終於有了喜歡的事，我想要再次感謝你幫我了解，醫學工作裡有我喜歡的領域。如果沒有你的幫助，我可能會放棄，而且永遠看不見這一切。

故事結束了？並不然。

或許可以預測得到，到了基礎訓練計畫第二年的時候，凱莉遇到了另一個小危機。她極為焦慮擔憂是否能達成第二年醫生必須承擔的額外責任。隨後她平安度過了內心的風暴，但開始申請精神專科訓練時，她很擔心是否又得調動。不是留在原地不動，就是要改變專科，但她不想調動。結果，她的申請成功了，於是開始接受精神科醫生的培訓，而且仍然待在同一個城鎮。

我最近和凱莉聯絡，並徵求她的同意，讓我把她的故事說出來。她現在結婚了，有兩個幼子。凱莉告訴我，她很高興堅持了她的訓練，因為她明白自己有當主治醫生的潛力。但是她也了解到，堅持守住的代價很大。每一次工作轉換時，強烈焦慮的期間變短了，但這種焦慮感並沒有消失。

凱莉在產假結束回去上班後，想改做兼任就好，這是她幾年前就想做的事，但她在生小孩之前，基於健康理由提出兼任的要求卻被拒絕了。身體不夠健康的理由，並沒有被認可。

「為什麼要等到情況危急的時候，制度才會有彈性？」她問。

我沒有好的答案。但是我從她的問題看見了諷刺的事：醫生告訴病患預防甚於治療，然而在醫學訓練當中卻經常欠缺預防性的想法。

§

凱莉並不是唯一的例子；我們知道，個人心理疾病的經驗，可能是一個醫生選擇精神醫學作為職業的原因。例如，世界精神醫學會（World Psychiatric Association，WPA）在二〇一四年一項橫跨二十一個國家的研究發現，強烈的實證顯示，個人（和家庭）心理疾病的經驗與選擇精神醫學專科之間的關聯。[4]當然，這不是唯一的理由，而且不能概括適用於每一個精神科醫生。但是如果拿一群精神科醫生和選擇其他專科的醫生做比較，精神科醫生個人或家人發生心理健康問題的機率可能比較高。

前英國皇家精神醫學院（Royal College of Psychiatrists）院長麥克·舒特（Mike Shooter）博士曾經公開談論自己與憂鬱症奮戰的經歷。他在一段相當坦白的訪談中敘述，由於知道內在的感受是什麼，個人心理疾病的經驗也有助於照顧病患。有時候他會告訴病患，對他來說憂鬱是什麼樣的感覺，然後問病患，這會不會也是他們所經歷的疾病。用這樣的方法，對話就展開了。透過自身對自己憂鬱症時期的坦白，使得他與病患更接近，並知道一些有關他們的有用資訊。舒特也知道，在治療一個患有和自己相同疾病的病患時，經常會有將自己與病患的經驗混淆的危險。但是總的來看，他覺得這讓他特別了解心理疾病患者所忍受的痛苦。[5]

所謂「受傷的醫者」（wounded healer），也就是醫生的治療能力來自於自己所受的痛苦的概念，有其古老的淵源。例如柏拉圖（Plato）以下寫於西元前三八〇年的《理想國》（*Republic*）的詩句：

> 技術最好的醫生，是那些從年輕開始就結合了疾病經驗的知識……而且他們自己應該曾經有過各式各樣的疾病。[6]

§

在現代精神療法的實務裡，「受傷的醫者」的概念與卡爾・榮格（Carl Jung）的著作有緊密的關聯，他認為藉由個人受苦的經驗，醫者可以得到更深刻的智慧，有益於病患。但是榮格也知道，這些醫者常常會過度認同病患，過於深入感受他們的痛苦，並有喚醒自身痛苦經驗的可能性。[7]

過去這些年來，我看過很多實習醫生，因為個人心理疾病的經驗，而被牽引到精神醫學領域，他們的決心和提升同理心的方式，就如舒特的描述。但令人悲傷的是，在後面的章節中，我們將看到我一些我遇過的醫生，由於嚴重心理疾病復發，讓他們在精神醫學訓練的進展中脫離常軌。這件事並不是永遠都有最好的結果。

§

個人心理疾病的經驗，以及想幫助其他遭遇相同疾病的人之間有非常清楚的關聯，這並不是只有精神科醫生才有，這個關聯也適用於心理醫生和心理治療師。[8]而且，這個關聯對我也適用。

我哥哥有自閉症，我還記得他小時候非常激動和痛苦的樣子。我六歲的時候，我母親在她摯愛的姊姊因癌症過世後，受到嚴重的憂鬱症打擊。我十幾歲在寄宿學校的時候，因為憂鬱症的狀況很差，而必須回家半個學期，並接受門診精神治療。成人時期，在一次喪親之痛以及生下兩個小孩之後，我也承受了一連串的憂鬱症之苦。

我確信個人和家人的心理痛苦經驗，對於我決定要受訓成為心理醫生，有部分的影響。如果一個人從來沒有近距離觀看過心理問題，或是自己曾經經歷過，將很難（雖然不是不可能）對他人的內心世界產生興趣。通常是從很小的時候開始，這些個人或家庭經驗會告訴你，理智是重要的。但一個人要公開談論自己的心理健康困境，對他的職業產生什麼樣的影響，不見得是容易的。在醫生之間，承認任何的心理問題（這使得舒特的坦白更顯得非凡）會被加上極大的汙名。我們可以看見研究重複地證明，醫學生和初級醫生都認為，精神醫學與其他所有的專科不同，汙名幾乎就像是從個人往外蔓延，進而影響了整個精神醫學的行業。

§

蘿拉、泰莎、凱文和凱莉四個人的職涯故事顯示，家庭生活背景對於人們決定工作時，起了相當的漣漪反應。但是這幾個故事還沒有呈現出，每一個醫生可以選擇的專科數量到底有多少。當然，選擇其他專業的年輕人，例如法律或會計，也面臨了抉擇，但是和醫生面臨的選擇數量完全無法相比。因此到底有多少專科呢？

這個簡單的問題並沒有簡單的答案。

醫學知識和任務被區分為專科和次專科沒有辦法反映出具體的現實狀況。例如，在化學裡是用原子結構定義一個元素，因此只要碳原子存在於世界上，而且在元素週期表占據相同的位子，它就仍然是碳原子。然而，就醫學專科來說，不同國家對醫學劃分有很多不同的方式。英國的醫生必須在六十六個專科之間做選擇，然後又進一步分支成三十二個次專科。[9]美國有三十七個專科，然後分支成八十六個次專科，[10]而澳洲有八十五個專科，但沒有次專科。[11]把這些國家連結起來的一件事就是，到了二〇一〇年代，醫生必須在龐大的選項中找出自己的路。因此有些醫生也做出後來讓他們感到後悔的選擇。

在各研究中，不斷顯示出有少數醫生覺得自己選錯了專科。例如，二〇一三年一份針對美國七千名醫生所做的調查指出，有三分之一到四分之一的人對他們選擇的專科不滿意，職業生涯中期的醫生不滿意的程度尤其強烈。[12]其他調查特別專科的研究，也出現了類似的形態；美國有將近二十%的腫瘤科和外科實習醫生不會再選擇他們執業的專科。[13]雖然這是英國一項小規模的研究，但是有高達三十四%的產科實習醫生後悔他們的專科選擇。[14]這有個例外是麻醉師，美國最近的一項研究發現，超過九十四%的人很滿意他們選擇了正確的職業。[15]可惜的是，如此高的滿意度在整體的趨勢中只是少數。

很明顯的是，有很多醫生對他們的專科決定感到失望。這代表在醫學專業裡，醫生的個人不滿意度很普遍，對病患也有延伸性的影響。不意外地，當醫生對工作不滿意時，往往也有比較不滿意的病患。而對工作不滿意的醫生所治療的病患，也比較不可能遵守醫生給他們的治療計畫。不滿意是有傳染性的。[16]

因此，我們對於決定專科的過程，究竟知道了多少？我們要如何運用這個知識去幫助醫生做更好的決定？

調查醫生為什麼會選擇特定專科的研究其實不少。一九五〇年代以來，有數以千計醫學期刊的文章在探討各種你想得到的專科，包括從地球偏遠角落做的報告。有些研究者指出，專科的選擇歸結於人格，有一類針對微產業（micro-industry）的研究，檢視了外科醫生是否為具有特殊「外科」人格的類型。例如，四十多年前有一群哈佛的研究員運用羅夏克墨漬測驗（Rorschach inkblot test）[17]來比較內科和外科實習醫生的人格。這個方法是讓接受實驗者觀看墨漬圖像；再把回答的數字和每個回答的性質記錄下來，然後分析。[18]羅夏克是一種有爭議性的方法，可以想像得到，接受實驗者（所有的年輕哈佛醫生）對於用這種方式評估他們的人格，多少會持懷疑態度。

這個研究的目的是探討外科醫生是否比較「有衝勁的、嚴格的、不敏感的、冷淡的、有敵意的、外向的、暴躁的，以及可能比較有活力和野心」。結論是什麼？

普遍被認為是冷酷、冷漠和有衝勁的外科醫生刻板印象，並沒有獲得證實。

以羅夏克測驗為基礎的結論可能容易被忽視，因為這種測驗方法不過是偽科學。然而，最近對羅夏克墨漬測驗的關注又再度出現，刊登在主流心理學期刊的一個評論指出，這個方法是可信的。[19]而且，也有其他的研究利用標準化的人格問卷，認同哈佛的發現。[20]不過仍然有些研究不認同，他們的結論是，外科醫生比起其他的專科醫生，確實比較外向，[21]而且對別人也比較不溫暖和體貼。[22]從比較顯著的外科人格這點來看，目前尚無定論。但是在半個世紀的研究之後，對於人格和決定選擇一個特定專科之間的直接關聯，還是沒有令人信服的證據。

然而，有三個發現難以反駁，因為它們相當頻繁地出現在三個不同的專科，且超越了國家和區域。雖然閱讀選擇專科的學術文獻是我的工作，而不是我客戶的工作，但這三個議題是會談中，醫生們未經任何鼓勵而主動找我談論的。

§

我問札克（Zac）：「所以是什麼理由讓你決定受訓成為一名全科醫生？」

經過短暫的停頓，札克開始了一段冗長又詳細的答案：

「我在受基礎訓練當實習醫生的地方，受到一個資深夥伴的啟發。她是一個很好的醫生；有健全的知識基礎，而且堅守全科醫療的某個願景。她的核心價值是道德的。她是當地的一個關鍵人物，非常卓越，行事謹慎，也夠精明世故。另外，她會照顧小組裡所有的醫生。」

在論及為何選擇某項專科的原因時，雖然札克並不知道，但他給出了一個教科書最常出現的答案，那就是模範角色。[23]一個人在醫學院和學士後訓練的課程，在課堂上、研討會、諮商室、巡房和手術室裡，會遇到幾百個合格的醫生。當被問到他們為什麼選擇特定的專科，初級醫生幾乎都會回溯一個或兩個他們非常尊敬的模範角色。吸引初級醫生到特定專科的原因，往往是某個較資深醫生的熱忱、承諾、知識和專業。

可惜的是，相反的情形也是如此。當醫學生或初級醫生遇到憤世嫉俗、知識不足、冷漠無情的資深醫生時，也會澆熄他們對特定專科的熱忱。這也發生在札克身上。除了全科醫療，他也考慮過緩和醫療。但最後因當地臨終安養院的一個資深醫生而打消念頭。

「她愛賣弄，又尖酸。」札克告訴我：「堅持細節、好挖苦人，又按規矩辦事。我下定決心，最後不想要變成她那樣。」

或許，如果札克遇到了一個像貝納德一樣的緩和醫療醫生，他可能會做出不一樣的職業選擇。

學術醫療教育文章有一篇關於模範角色的題目，回應了札克的經驗：「嘗試做可能的自己」。[24]像札克一樣的初級醫生仰賴他們的前輩，視其為他們未來渴望成為的那種醫生的代表。

§

第二個對選擇專科的影響與模範角色的議題，就是先前與特定專科相關的經驗。醫學生和初級醫生傾向於選擇在醫學院和早期臨床執業的那幾年，他們所喜歡的專科。[25]就很多方面而言，這是決定職業的明智方法，而蘿拉的經驗（她忽略了腫瘤科的短期工作讓她覺得相當痛苦的事實）說明了醫生在選擇長期的專科前，謹慎思考他們先前的經驗才是明智的。

但是，先前的經驗不一定永遠都是完美的測試。有人可能運氣不好，被分配到特定的部門，因此對於在那個專科工作，產生了非常偏頗的觀念。例如，有一個來見我的醫生起初低估了精神醫學，因為她在醫學院時被分發到精神科，在一個有暴力傾向的男性冒犯者的法醫病房，讓她覺得沒有得到充分的支持。這個經驗讓她感到驚恐，但是在我們的會談當中，她理解到那次的分發對一位醫學生可能是不合適的，因此基於這一次的經驗就排除所有的精神專科，將會是個錯誤。她最後選擇專攻老年精神醫學。

在選擇個人專科時參考先前的經驗還有另一個問題是，由於專科和次專科的數量龐大，有很多是醫學生或初級醫生在常規上未曾遇過的；他們甚至不知道這些專科的存在。美國醫學生是在第四年的選修課時選擇他們的專科，因此他們的課程表當中他們還有選擇的空間。在英國，選修課和專科選擇的連結則完全不同，因為在幾年之後才會決定自己的專科。要尋找一些適合自己、但醫學院常規沒有涵蓋到小型專科，這樣的過程通常只能交給機會。

偶爾我覺得自己有點像是醫生的媒人；我曾經向一些人建議過一些他們甚至不知道的專科作為替代選擇，然後他們就愛上了這份新工作。這發生在凱特（Kate）身上，她是苦於嚴重憂鬱症一再復發的小兒科實習醫生。就像很多對這個專科有疑慮的小兒科實習醫生一樣，小兒科的緊急面向，以及病得特別嚴重的新生嬰兒，是她覺得最難應付的事。我不確定凱特是否喜歡醫院小兒科緊急的要求，我也認為在社區從事兒童保護方面的工作會讓她不好過；如果他們經常性的工作還包括評估受虐兒童，醫生就需要有特別的韌性。

凱特在中學的時候，認真考慮過申請語言治療，那是個非醫療的職業。不過由於她在所有科目都拿到優秀的成績，老師說服她應該申請醫學系。她在醫學院的那幾年，自願在當地的一間社區中心教難民說英語，她非常喜歡這份工作。凱特溫柔、有同理心，又有特殊的溝通技巧。雖然照顧病情嚴重的兒童讓她感到難以承受，還是經常從病患和他們的父母得到很棒的回饋。

基於凱特長期以來對語言的興趣，且是能和父母討論改變人生資訊的敏感醫生，例如他們的嬰兒完全聽不見等議題。我建議她或許可以探索聽覺前庭醫學（audio-vestibular），這個專科是治療聽力和平衡障礙的病患，是以門診病人為主的工作，醫生很少需要面對急性的臨床急診。但是這工作需要耐心和注意細節，還有同理心，必須能想像耳聾可能造成心理上的孤立。凱特接受了我的建議。

不同的專科對執業者的心理要求有極大的不同。身為一名心理醫生，當我幫助像凱特這樣一位專科適應失敗的醫生，去找出另一個他們能夠成功的專科的時候，這讓我覺得自己非常有價值。凱特現在幾乎就要完成聽覺前庭醫學的專科訓練，她雖然仍然很容易受到憂鬱症的影響，但離開急性小兒科已經改變了她的工作生活。

§

醫生遇到的模範角色和先前在特定專科的經驗，這兩個議題，對決定專科一向都有重要的影響。我們是基於自己的經驗來學習這個世界和做決定，不然，我們還能怎麼做呢？不過，有證據顯示，第三個因素在最近幾年日益重要，雖然對女性來說，以前比較有這方面的顧慮，但現在對兩性的醫生同等重要。那是什麼呢？

工作和生活之間的平衡。

與前輩們相比，現今剛合格的醫生比較不願意犧牲他們自己的家庭生活，而把整個生活奉獻給病患。和過去相比，工作與生活平衡的議題，對醫生選擇專科有更重要的影響。例如牛津（Oxford）大學研究員在二〇一五年所做的一項研究指出：

> 與一九九九年到二〇〇二年的畢業生相比，二〇〇八年到二〇一二年的畢業生在選擇專科時，家庭環境是一項比較重要的考慮。這群人當中，比起男性醫生，女性醫生將家庭環境評為更重要的因素。但是這些年來觀察到，它的重要性對男性和女性來說都急遽增加。[26]

不僅在英國是如此，美國的報告也有類似的轉變，美國醫學院協會（Association of American Medical Colleges）醫學教育主任觀察到，「比起以前世代的醫生，為了更能掌控自己的時間，千禧世代似乎更願意拿收入的一部分來交換。」[27]

澳洲和加拿大的研究也得到相同的結論。[28]

實際上這代表著，學士後訓練的長度、縮減晚上或假日工作的可能性，以及非全職職務等這類因素，是現代很多初級醫生在選擇專科時會擔憂的因素。

在本質上，一個人選擇專科是個複雜的心理決定。因此，全世界的研究都提到了模範角色、先前經驗和工作與生活的平衡這三個主要因素，這並不讓人意外。為什麼比起英國伯明罕的醫生，在美國阿拉巴馬州伯明罕的醫生，比較不會被專科訓練時的正向經驗影響？為什麼一個國家的醫生，比起另一個國家的醫生，會願意花比較少的時間和家人在一起？很多影響是超越國界的。

不過，其他超越國界的影響則不太一樣。二〇一五年，英國一項針對超過一萬五千名醫生所做的研究指出，學生債務對二・八%的男性醫生和二・一%的女性醫生的專科選擇有所影響。[29]在英國，償還債務的顧慮似乎還不是主要的因素。然而這項研究追蹤二〇〇八年到二〇一二年之間自英國醫學院畢業的醫生，當二〇一二年學費增加三倍時，所有研究對象的醫生都已經畢業。學費增加對專科選擇的影響，最快可能得調查二〇一六年從四年學士後課程畢業，並在下一年的十二月選擇專科的醫生。時間會讓事情明朗化。

二〇一二年，美國醫學生畢業時，債務的中位數是十七萬美元，有超過四分之一的學生畢業時負債超過二十萬美元。[30]不令人意外的，這些數目龐大的債務對專科選擇產生了重大的影響。雖然懷著各種利他的抱負就讀醫學院，但隨著財務現實開始出現，學生被迫做出一些困難的選擇。二〇一四年，美國的一項研究發現，有較高債務的學生，更可能選擇平均年收入較高的專科，比較不可能在貧窮、沒有受到政府足夠關注的地區執業，也比較不可能選擇基層醫療。[31]更令人擔心的是，金錢債務的增加，與住院醫生自述的憂鬱症的增加、甚至是自殺的想法有關。[32]

在歷史上，由於英國的大學教育接受國家資助，以及大多數的醫生是在國民健保署工作，金錢不是專科選擇的主要因素。但就和很多事情一樣，大多數發生在美國的事情遲早會跨越大西洋。隨著學生債務增加的長期影響在體制裡發生作用，學生債務在美國對專科選擇的影響，可能是事情發生的前兆。

§

醫生不僅要面對選擇正確專科的挑戰，也要在對的時間做出對的選擇。就像尼爾（Neil），對很多醫生來說，時機就是他們的難題核心。

從表面上來看，尼爾的故事很簡單。到了第二年基礎訓練，醫生被期待要選擇專科的時候，他決定申請以實驗室為基礎的病理學專科。從初級病理學家晉升到有資格被指派為主治醫生的階段，最少要花五年的時間。要在這個階層裡有順序的爬升，得在專科訓練計畫取得一個職位。

尼爾寄了一封求助的電子郵件給我，因為下個星期有病理學訓練計畫的面談，他覺得很緊張。他焦慮的點是，十八個月前，他因為憂鬱症而休息了一段時間，現在他擔心，履歷裡面的工作間斷會導致自己被減分。

由於距離面談只剩幾天，我立刻回信給尼爾，約他見面的時間。在我們的郵件往返之間，尼爾對我的立即回信表達了感激。然而，他在見面當天遲到了大約十五分鐘，因此我們只剩下四十五分鐘，而不是正常的六十分鐘。由於時間緊繃，我很快開始幫他準備面談的指定任務。到了會談結束的時候，我們沒有能夠完成，因此尼爾詢問是否可能在下個星期初再安排一次會面。他還在會談室裡面的時候，我打電話給一個同事重新安排我的日程，以便擠進和他的面談。

尼爾在第二次會面時遲到二十五分鐘，我生氣了，特別是我為了配合他，而重新安排了日程。我花了點功夫把我的怒氣放到一旁，開始思考他遲到的心理意涵。

「我有點疑惑，你遲到是不是你與我溝通的一種方式，其實你這個星期並不想去病理學訓練計畫面談？」我評論道。

一個立即放鬆的表情閃過尼爾的面龐。他告訴我，他覺得還沒有準備好承擔專科的責任，希望在做最後的決定前，能夠有多一點的臨床經驗。他真正想做的是讓時鐘停擺，並且從申請的過程中抽身。就我來說，我覺得他好像是利用第一次會面的遲到，無意識地試圖讓我理解這些疑惑，但是我為了幫助他準備面談的實際任務而把它排除了。因此為了要讓這位愚鈍的心理醫生理解，他必須要非常、非常晚到，而幸運地，第二次我就收到了這個信息。

面對客戶的時候，有時候你會進行幾次的面談，但是永遠不知道後來會發生什麼事。但是在其他時候，醫生會保持聯絡，告訴你他們故事的下個章節。尼爾就是如此。一旦理解他其實想從面談過程抽身，我們便同意將談話焦點放寬，不只準備面談，並安排更多會談來檢視他未來的職業選擇。到了這些會談的尾聲，尼爾決定，他的確是想要投入病理學，但是在開始進實驗室之前，他想在綜合醫學有更多經驗。在開始五年的病理學訓練之前，由於迫切需要休息，他也想花三個月旅行。

這些就是他所做的事。他保持聯繫，大約一年以後，他寄了電子郵件給我，說他這次成功通過面談過程，期待開始受訓成為病理學家。

尼爾很難表達（或甚至很難知道）他在工作生活中想要什麼，因此在基礎訓練之後，還需要再一年才能下定決心。這在過去很普遍，因為在初級醫生決定最後的專科之前，讓他們在不同的專科做幾年的短期工作很常見。雖然不是完美的，但先前的專科經驗或許是找出一個人是否適合那份工作最可靠的方式。現在，世界各地把醫學訓練打包成一體適用的體系，基本的想法是希望所有的醫生在通過不同的階段晉升時，都花費相同的時間。我們都知道人生發展的里程碑（成長、性成熟、尋找長期伴侶），並不是根據死板的時間表，不是每個人都在三十一歲結婚。但是在英國和美國的醫學訓練，人們選擇專科都在固定的時間點。因此若希望花更多的時間下決定，通常不太能被接受，所以實習醫生也害怕開口詢問。

然而，至少在英國，初級醫生似乎強迫這個體系允許他們能有更多的時間。二〇〇五年採用新的訓練制度時，原本的預期是，所有初級醫生會直接從基礎訓練晉升到專科訓練。但是如同我們將在後面章節所看到的，一年接著一年，有更多的實習醫生在公開宣布他們的想法和繼續專科訓練之前，選擇再多花一年的時間。如果這樣可以增加醫生找到適合專科的可能性，這將是一個好消息。

§

有些醫生在準備好投入一個專科之前，需要更多的時間，這並不令人意外。醫生要將很多不同的因素納入考慮，才能做出周全的選擇：不同專科的先前經驗，訓練的長度、金錢，尋找一個與家庭需求相符的選擇，減少先前發現醫療工作特別有壓力的部份，個人和家人疾病，喪親之痛。這當然不是一份完整的清單，只是一小部分這些年來醫生與我談過的最普遍議題。

但是，對於這項任務中更多心理因素的重視，尚未盛行於醫學訓練裡。雖然所有的研究都顯示，有數量相當多的醫生對選擇的專科感到後悔，但是很多主治醫生認為，這整個過程是沒有問題的。因此有的時候，為資深醫生舉辦如何支持實習醫生的訓練研討會時，我的心理學方法會被當場否決。

在一個令人難忘的場合中，有個坐在研討會議室後排的婦產科主治醫生舉手發言：「如果我的實習醫生來找我談他們的職業，我會很尷尬。我本身並不合格，因為我看不出來他們可以從我身上學到什麼，我沒有辦法教他們。」

「是謙虛？」我暗示。

（我實際上並沒有這麼說出口，這是我騎腳踏車時想到的。當時其實非常憤怒，以至於我的下巴僵住，什麼話都說不出來。）這個主治醫生的問題是基於一個簡單的想法，一個人要怎麼幫助別人做出一個堅定的決定。毫無疑問的，他對不同訓練計畫風評的比較，或者要怎樣建立最好的履歷，知道更多。但是他在意其他任何事情嗎？專科的決定是需要沉澱的：個人和家庭影響的因素會層層堆疊，再加上他遇到的機會因素，可能是啟發他的模範角色，或是讓他一輩子放棄某個專科的角色。就像岩石的形成一樣，它的堆積成層要經過一段漫長的時間。

所以我們應該如何幫助下一代的醫生做出比較好的選擇，他們才不必來敲我的門尋求幫助？

我不是在提倡長期的心理治療或羅夏克墨漬測驗，或甚至是深度的職業諮商。有些醫生在做專科選擇時需要專門的心理支持，但是大部分的人並不需要。

然而，所有的醫生在面對這項任務時都需要張大眼睛，對自己和所有的選項都要保持好奇心。只有在重新架構整個專科選擇時才能做到，尤其是從醫學院開始，到整個訓練過程當中，一定要持續討論關於專科的選擇，以及醫療工作上的一般情感需求。

一個學生進醫學院時並不是白紙一張，我們應該教導所有的學生，在進醫學院之前，人生當中發生的事情（追隨父母腳步的壓力、家人或個人疾病、離婚）可能會影響他們對不同專科的體驗。鼓勵學生和合格的醫生對反常的反應有所警覺（昏倒／撞車／無法解釋的考試失敗），並不是為了要達成快速、簡單的結論，而是要開始懷疑，這些是否可能是工作難以負荷的重要線索。他們需要仔細思索喜愛治療的病患，也就是他們喜歡解決的臨床難題，以及那些他們覺得太痛苦，或者可能不是那麼有趣的任務。

我提倡「張大眼睛」的方法，是因為過去十年來，醫生講述了無數選錯職業的故事，而且這也是一種完全與當代職業心理學模式同步的方法。美國頂尖的心理學家湯姆・柯萊舒克（Tom Kreishok）指出，雖然用一個有意識的、理性的方法來決定職業有其重要的作用，但理性有其侷限。他認為，如果我們真的想要幫助人做出比較好的職業決定，我們需要鼓勵他們去思考，去感受，那些日常工作經驗相關的感覺。[33]

如果在醫學訓練的那幾年曾經大力強調這個簡單的訊息，蘿拉以及其他的很多人，也許就能有更明智的選擇。

第四章

短暫的相遇

他一開始的電子郵件相當簡單扼要，要求我盡快安排會面。除了彼得（Peter）這個名字，還有他會旅行相當長的距離來見我以外，沒有更多的細節。我回信建議了一些日期，然後在最短的時間內順利安排好了時間。

約定見面的那一天，我一打開門，就見到一位高挑英俊的非裔男子，臉上似乎堆滿愁容。進到我的辦公室以後，他坐下前停頓了一會兒，彷彿不確定他想要留下來或是離開。最後我們兩個都坐了下來，然後我等待他開口。

不用我催促，彼得就開始告訴我他的故事。雖然他的雙親出生在西非，但是他是在倫敦長大。他之前在英格蘭北邊就讀醫學院，但是搬回南邊完成學士後訓練。他現在三十五歲，過去兩年在倫敦當產科醫生。雖然有資格申請主治醫生的職位，但仍猶豫著真的想在接下來的三十年接生嬰兒嗎？

最近他的壓力變得更大，因為現在工作的醫院出現一個產科主治醫生的缺，而且每個人都渴望他去申請，申請的期限只剩兩個星期。這是他想要和我見面的主要原因，他不確定是否想要這份工作。

「我是個容易焦慮的人，」他告訴我：「產房的急迫性讓我很掙扎。」

「這是最近出現的事嗎？」我問。

「不是，一直都是如此。我一直希望事情會有所轉變，但是我已經完成了訓練，事情沒有任何改變。」

「我非常內向。」他補充說：「我不是真的喜歡在產房裡，負責一個大型的小組，包括麻醉師、助產士和護士。我比較喜歡一對一。待命和必須負責急診案例很費力。如果我是主治醫生的話，這一切只會變得更糟糕。」

彼得解釋，他認真考慮過替代方案，轉換軌道改申請受訓當全科醫生。事實上，產科訓練的時候，他在四個不同的時間申請了全科醫生訓練，每一次都被接受，但每一次又都把工作回絕了，然後繼續待在產科。即使總是覺得產房讓他在心情上很掙扎，但還是在這個專科繼續待了下來。

「未來我想要在工作和生活上有比較好的平衡。」彼得告訴我，然後他稍作停頓。「我把私生活和工作分得很清楚，當我回到家的時候，我不想要被工作壓垮，讓我沒有力氣去過自己的生活。」

又是一個比較長的暫停。

「還有一個問題是我的性傾向，我是同性戀。工作的地方有幾個人知道，但是大部分的人不知道，還有我的家人也是。」

我回想過去幾年曾經聽過的一些恐同的嘲笑：不那麼低調地嘲諷一位優秀醫生是「單身王老五」，或是當同性戀病患離開診療室時朝門診揚起眉毛的表情。另外，針對醫學專業圈子裡的性傾向研究，則描繪出令人不安的景象。例如，加州史丹福大學（Stanford University）研究員在二〇一五年公布的一份研究發現，美國和加拿大有超過四分之一指出自己的性傾向屬於少數的醫學生，在醫學院中隱瞞他們的性傾向。[1]因此，不只有彼得覺得不出櫃有其必要性，看來要在醫學這行業裡公開同性戀身分不是一件容易的事。

彼得繼續陳述他的故事。每一次申請全科醫生訓練後，那可以離開產房的未來，都讓他鬆了一大口氣。但是他的家人和朋友都認為，如果改變方向，這些年來他花在產科的時間就浪費了。越接近必須完成訓練的時間，他就越想要離開，然後身邊每個人就更加說服他應該留下來。現在必須決定是否要申請現在信託醫院主治醫生的職位，逼得他得好好思考。

「上個星期寄電子郵件給你的時候，我真的很不確定。但是這個週末我整個想了一遍，我的直覺是不要去申請。這個工作在產房的臨床工作量很重，很少有時間做別的事，我就是不想要這份工作。」

我覺得彼得已經做了決定，實際上他可能不需要進一步的會談。「如果你回家後決定不想做更多的會談，也沒有關係。」我告訴他：「有時候準備一個像今天一樣的會談可能就夠了，因為人會領悟，不需要更深入探索他們的職涯。」

彼得感謝我付出的時間，堅定地握了手以後離開。

那個下午，我的思緒回到了我們的會談：雖然他已經下定決定不要申請那個工作，卻急迫地要求來見我，為了會談跑了半個國家；過大的身體坐在過小的椅子上，幾乎像是他已經長得比一直坐著的東西更大了；四次申請受訓當全科醫生，但從來沒有真正轉換過；並在他從來沒有真正喜歡過的專科持續待了八年。

我開始懷疑他的性傾向對他的專科選擇可能有影響。在他那個社群長大年輕人，二十年前，幾乎不可能公開同志身分。當他檢查一些男性病患時，可能會糾結於他感受到的一些感覺。我不認為他曾經有過不恰當的行為，而且可能也沒有意識到自己不自在的原因，但或許他想要降低和男性病患接觸的機會。即使發現產房的壓力很大，卻仍然被吸引到婦產科，是不是因為他知道，這是個病患都是女人的專科？

這個問題適用於所有的醫生，無論是異性戀、同性戀或是其他性向。所有醫生都必須能自在面對可能會被某個病患激起的欲望，才能夠認清吸引力，同時抗拒想要回應的誘惑。相同的，如果意識到病患的吸引力而造成全面的自我迫害反應，也是沒有助益的。

在產房工作，你永遠無法逃避面對大出血的女人，這個急診可能很快地升高成臨床災難，再加上併發症，和必須考慮母親和嬰兒兩人的安危。身為一個討厭急性臨床急診的人，彼得其實比較適合全科診療室。我懷疑彼得是不是花了很長的時間去自在地面對自己的性向，而讓治療男性病患的想法不再成為問題。雖然他仍然對家人和大部分工作上的人保密他的性向，或許來看我，並且能夠告訴我他是同志，是拼湊起全貌的最後一塊拼圖？不過顯然地，他的性向和專科選擇已經沒有關聯，而且他全科醫生的訓練也不會有問題。

把整件事仔細想過一遍以後，我的預測是他不需要再來看我。

而他再也沒有來過。

§

雖然我只見過彼得一次，但是他引發了我的好奇心。醫學訓練要如何讓年輕人做足準備對另一個人的身體進行私密檢查？畢竟，一些學生可能從來沒有見過異性的生殖器，更何況是觸摸他們。

我想到我的同事海蓮娜（Helena）。她是快退休的老婦產科醫生，在專科裡擔任資深的訓練職位，指導醫學生和初級醫生。海蓮娜也是一位友善而開明的人，和她討論性和感情問題，令人覺得自在。我寄電子郵件詢問她，新手醫生在執行私密檢查時，她如何幫助他們面對自己的感覺，以及她怎樣處理在過程中他們出現情欲的可能性，這是她的回覆：

這是個從來沒有出現過的問題，當然也未曾在任何訓練論壇上被討論過。這不是說，它永遠不會是個問題，但是我們連討論可能性，以及要怎麼處理都沒有。或許，我們是把評估病患的臨床面向，和醫生本人的情感做了切割。

她的回答讓我很震驚。身為心理醫生，我不用檢查身體的任何部位，除了第一次或最後一次會面時握手以外，我不必碰觸他們。我傾聽和說話（當然我還留意非語言的符號，例如臉紅、在椅子裡轉動身體、或避開我的視線）。從性質上來講，形成我專業匯率基礎的語言貨幣，和被醫生看見與碰觸那些日常看不見的身體部位，是不一樣的。然而，心理醫生基礎訓練的一個關鍵是，讓我能覺察到與客戶之間的任何語言交換所包含的情感動力。

我對於到客戶在任何相遇時所帶來的「移情」（transference）力量相當警覺。這個概念源自於佛洛伊德（Freud）的著作，是指人會無意識地把來自人生初期重要關係人的感覺或想法，轉移到心理治療師身上。[2]換句話說，客戶對我的反應就好像我是他們的父親或母親，或他們人生中的其他主要人物。這是我每天工作時和客戶的互動會發生的事。全科實習醫生娜塔莉（Natalie）告訴我，最近發生在工作上的一個事件。她的手術時間延遲了，而她知道病患聚集在等候室裡。匆促之間，為了完成某個診察，她不假思索地按了一個電腦上的鍵，調出下一個在等候名單上的病患紀錄，而不是那位坐在她面前的病患的紀錄，結果把處方箋開給不對的病患。雖然在病患離開房間前，她就發現了錯誤，但這讓她相當的焦慮。

娜塔莉敘述完這個事件以後，我疑惑著要從故事的哪一個部分開始。我應該問她，那個病患是不是有什麼可能會分散她注意力的地方，或是我可能應該針對她的焦慮來處理？在沉思該用哪一種方式來探討是可能最有幫助之時，我停頓了一下。

娜塔莉打斷了我的思考：

「你大概認為我太笨，不能當醫生，因為我爸爸總是這麼說。」

娜塔莉感受到我的停頓「好像」充滿了某些意涵。

不過，移情並不是一條單行道，不是只有客戶會把一個人當成「好像」別人。類似的過程也發生在執業人員身上，在這個行業裡，這被稱為「反移情作用」（Counter-transference）。這個特徵在心理學工作中，也同樣普遍存在。

和極度不快樂的醫學生法蘭西斯（Frances）進行過一次會談之後，我心中充滿了焦慮的感覺。部分原因是由於她有過自我傷害的歷史和她的孤立，但我抱持一個幻想（雖然我並沒有說口），或許她應該過來和我住一段時間，直到她覺得比較能夠照顧自己為止。雖然我看過很多痛苦程度相當的案例，而且我通常可以處理自己的焦慮，此刻卻覺得，我迫切需要和我的臨床指導者討論我的擔憂。法蘭西斯一離開，我立刻打電話給她，在討論當中我得知，法蘭西斯和我女兒相同年紀。法蘭西斯的脆弱，有某部分讓我短暫湧現一股強烈的欲望，我想要抱住她，想成為她的母親，因此產生了沒有說出口的幻想，我想給她一個家。這就是反移情作用。

幾個星期以後，我和兩個也支持法蘭西斯的同事見面。我發現他們兩個也感受到不尋常的焦慮，但是這兩個同事沒有和法蘭西斯年紀相同的女兒，因此不會因為她在某方面讓他們想起女兒，而想要照顧她。法蘭西斯也有某些狀況，讓那些支持她的人注意到她極端的脆弱性。法蘭西斯後來告訴我，她在孩童時期受到繼父的虐待。

換句話說，我對每個客戶的反移情作用，一部分是我個人歷史的產品（法蘭西斯讓我想起我的女兒），但也是由於客戶獨特的歷史（法蘭西斯受到虐待，並且無意識地將強烈的焦慮，投射到那些負責提供她支持的人身上）。

移情和反移情是心理工作的經緯，我們訓練的一個主要部分是學習如何退後一步，並分辨客戶無意識地回應你的形態（移情），以及你是怎樣無意識地回應客戶（反移情）。但這些程序不僅限於診療室裡，我們和其他人互動時，它隨時發生，無所不在。

我在中等學校當老師的時候，還記得有學生會舉起他們的手說「媽咪」，而不是「艾爾頓小姐」（Ms. Elton）。有那麼一秒鐘，他們好像無意識地把我當成他們的母親，然後他們總是會非常尷尬。而且，不只是小孩子才會如此，有一些我們在工作上的爭吵（以及我們的結盟），可能源自於我們和兄弟姊妹的關係。我們如何應對權威，通常可以回溯到早期我們與父母的關係。移情和反移情作用發生在醫生和病患、治療師和客戶、老師和學生、牧師和教徒、老闆和基層員工之間。這種心理作用無所不在。心理醫生異於其他人的地方是，我們不只教導這種作用，也被允許（在一些理論界裡，甚至是被期待）談論這種作用。其他醫生很少被容許有這樣的機會，只有精神科醫生和全科醫生例外。

不過，即使是心理醫生，討論移情和反移情作用，也有非常棘手的時候，那就是有人開始離題進入性領域的時候。客戶可能會感受到你的吹毛求疵（像娜塔莉一樣），或是不感興趣、混亂、全神貫注等等任何的情緒狀態，這要依據他們自己的成長史而定。因此對心理醫生的情欲感受，絕對是繁雜的糾結情緒的一部分。而心理醫生也是一樣，情欲部分可能會變成反移情作用。

我和醫生的面談著重在幫助他們深入思考他們的工作，雖然在諮商室裡面可能會出現各種情緒，但這些討論一般不會激起情欲上的波動。但在我接受的諮商心理醫生訓練當中，我曾經為遭受各種性議題之苦的客戶做過諮商。我知道這感覺像是在一段治療的關係當中，你發現自己被當成欲望的目標（或是性別化的仇恨目標）。如果回溯到更早期的職涯，二十歲出頭的時候，我記得曾經注意到某個A級程度的學生，下課後似乎特別熱衷於在我旁邊閒晃，找我聊天。空氣中明顯瀰漫著性的興奮感；我從來沒有越過任何專業界線，但是有一小部分的我卻感覺相當受寵若驚。

§

情欲的可能性並非那麼隱而不見，但是當我詢問資深的婦產科同事，她是如何幫助醫學生作好準備，去執行私密檢查時，她的反應顯示，整個醫療專業周遭放置了一個防衛性的盾牌。普遍的想法似乎是，和性相關的事已經滲透到其他的行業，但醫生是免疫的。雖然有大量的文獻在探討，訓練學生執行婦科檢查時，是不是要使用人體模型、麻醉的病患，或是自願的教學助理比較好，但是幫助學生處理他們自己性欲的著作，則幾乎沒有。就像是身體的私密部位一樣，完全看不到這個題目。

一九九七年，美國文化評論家和健康教育者泰瑞・卡薩里斯（Terri Kapsalis）寫了一本標題下得很妙的書籍《公開的私處》（*Public Privates*），是一本關於如何傳授醫生婦科醫學的詳細研究。卡薩里斯在書中評論道，在醫學教育的準則中，對於「骨盆檢查和性行為之間的危險關係」，期刊一貫不予討論。在一九七〇年代早期學習婦科時，美國很多醫學院雇用妓女當「模擬病患」，以供醫學生練習，而這個去性欲化的假設就站不住腳了。卡薩里斯指出，醫學教育者在挑選妓女時，不可避免地一定會讓骨盆檢查成為一種有性含義的行為。[3]

醫學生並沒有那麼笨，他們當然會討論私密檢查的性欲可能性。但這些討論是在私底下的會話進行，而不是正式的教學課程裡。例如，卡薩里斯引用一個男性醫生在當醫學生時，他的男性指導老師告訴他的話：「在你前七十次的骨盆檢查中，你唯一會感覺到的部位是你自己。」[4]過了十多年以後，一份關於骨盆檢查教學評估的結論指出，學習者的「心理影響」在文獻裡並沒有被好好探討。[5]這個狀況直到現在沒有什麼改變。

在醫學期刊受到很多討論的爭論性議題是，學生練習的對象是在手術前全身被麻醉的婦女。直到一九七〇年代早期，一直都是這麼做，在文獻中也沒提出什麼問題。從家長式的觀點認為，婦女在無意識的時候接受檢查，可以保護她們的莊重。後來，隨著女性醫學生的數目穩定增加，加上女性主義運動的發展，這個教導學生的古老方式開始受到質疑。問題的焦點在於是否經過同意；雖然婦女將會同意手術的程序，甚至也可能會同意醫學生出現在手術室裡，但從來沒有明確徵求過她們的同意，讓醫學生對她們的身體進行與治療無關的私密檢查。

從一九七〇年代晚期開始，這個議題在醫學期刊有相當多的辯論，有時甚至上了全國新聞頭版。[6]大眾的態度明顯轉變了，最近針對病患的調查指出，絕大多數的婦女希望，醫學生對全身麻醉的她們進行私密檢查前，要先問過她們的意願。[7]但很多國家依然繼續延續這個古老的教學方法，例如，二〇一一年，針對兩間英國醫學院和一所澳洲醫學院的調查發現，雖然三間學校都有清楚的政策，強調獲取有效力的同意的重要性，但學生依然遇到醫院在沒有和病患諮詢過的狀況下，學生就被要求執行私密檢查。[8]

二〇一一年研究報告的作者，一方面凸顯出病患的期待和社會常規之間的衝突，另一方面則指出臨床工作場所「薄弱的道德風氣」，也就是為做檢查而被麻醉的婦女，她們並沒有被詢問是否同意麻醉。雖然作者沒有對工作場所道德的「薄弱」做任何詳細的剖析，但是我認為與全面否認私密檢查和性有關。一個例子是，《英國醫學期刊》發表了一篇有關告知病患取得其同意的必要性的文章，其後有個評論是：「這篇文章的危險性在於，它將陰道或直腸的檢查分割開來，視之為私密檢查。」[9]

作為一名患者，當醫生檢查我的陰道或直腸時，與檢視我的手或腳相比，兩者的感覺是不一樣的。談到性的時候，所有的身體部位都是平等的，但有些身體部位比其他部位更平等。

同樣地，二〇〇九年，加拿大醫學期刊刊登了一篇以〈診察鏡的另一端〉為題的文章後，在網路上引起一片憤怒。[10]醫學生布蘭特．托馬（Brent Thoma）在文章中描述，當他對一名病患進行陰道檢查時，他覺得非常不舒服。托馬公開寫下他的感覺，卻受到廣泛地批評，而其他醫生則批評一開始刊登文章的期刊。[11]一個女醫生卻獨排眾議，她說：

> 醫學生和青年男女一樣都是有性欲的人，但在課程裡，針對醫療檢查和程序，他們是否有機會提出「假如」的問題。

對很多醫學生和初級醫生來說，答案似乎是「沒有」。某種意義上，這有點像是安徒生童話中「國王的新衣」。醫療業明白否認私密檢查和性有任何關係，就好像一個站在人群邊的小男孩，說出國王沒有穿衣服的明顯事實，它也需要精神科醫生，一個站在婦科和產科專科之外的人，來寫出學生在檢查女性陰部時被挑起性欲的擔憂。美國精神科醫生尤里斯・巴赫瓦爾德（Julius Buchwald）在一篇非常坦誠的學術文章裡描述道，他第一次的骨盤檢查是「一種成年儀式，明顯出現性欲的暗流」。巴赫瓦爾德接著說，學生不容易主動提起對病患有性反應的擔憂，反而是說出其他的焦慮後，才會提起這個議題，而且通常是研討會主持人特別問到這樣的恐懼時，才會得到回應。[12]

巴赫瓦爾德的文章寫於一九七〇年代晚期，但是，如果認為現今情況已經有很大的改變，那你就錯了。就像巴赫瓦爾德強調，討論到令人不自在的性感覺時，醫學生會用笑話帶過。二〇一四年，澳洲某份研究也有類似的觀察。[13]最近，倫敦有個教授醫學倫理的婦科教授告訴我，笑話仍然被用來掩飾性焦慮的感覺。例如，她描述研討會裡有個醫學生告訴她最近發生的一個事件。這個（女性）醫學生在急診部見習一位男性初級醫生，她聽見他轉身對他的男同事說：「這個病患需要一根管子（tube）。」學生問，病患是需要支氣管鏡檢法，還是內視鏡檢查。讓她吃驚的是，這引起了那兩個初級醫生無法遏抑的大笑。最後，一個人轉身對她說：「不是管子，我是說完全不需要胸部檢查（Totally Unnecessary Breast Examination，按：縮寫 T.U.B.E. 音同管子）。」

這個學生對於需要當面拼出縮寫才理解，感到很羞愧，而且對於那兩個資深同事一直打量急診部等候區的性感尤物，也覺得很憤怒。然而，直到在醫學倫理研討會裡討論在專業工作上沒有把握的案例時，她才說出她的沮喪。

§

佛洛伊德在他的著作《笑話及其與無意識之關係》（*Jokes and Their Relation to the Unconscious*）中，率先探討笑話、夢和口誤，是帶有受壓抑欲望的線索。[14]醫學訓練的整個過程不允許醫學生或初級醫生清楚地承認性感覺，因此，幾乎不意外地，這樣的感覺通常用笑話來重新包裝。

過去這些年來，我和各種不同專科的醫生會談，我概略的結論從來沒有改變過：醫學教育否認醫生是有性欲的人。雖然有一些同事受過要如何應付病患性欲化的行為（sexualised behaviour）的訓練，但是他們自己的性感覺卻幾乎不曾出現在正式或非正式的討論裡。這個原則的例外是一位全科醫生同事提醒我，在所謂的「巴林小組」（Balint Group）[15]裡經常會討論關於病患對醫生的吸引力。這位全科醫生接著說，在這些小組當中，醫生很少談他們自己對病患的吸引力，但有時候，夠警覺的小組成員會向某個同事反映，病患和醫生之間的性吸引力，聽起來好像不是只發生在單方面。

巴林小組並不是什麼創新方法，它是在一九五〇年代，由兩個心理分析師麥可（Michael）和埃妮·巴林（Enid Balint）在倫敦創立的一種同儕支持團體。[16]典型的巴林小組由六到十二個醫生，還有一到兩個領導者組成，他們會定期會面。領導的人可能來自不同的專業背景（心理分析師、心理學家或醫生），並且會接受團體引導的訓練。團體的目的是幫助醫生探索並更了解在診察某個特定病患之後，他們產生的任何不舒服的感覺。

小組當中的討論完全保密，並且不會記錄、摘要或回報給房間以外的任何人。會議傾向維持在一個半到兩個小時之間，好讓參加者有機會深入討論個別的諮商，討論一個案例可能持續四十五分鐘，不會有瀰漫在臨床訓練的那種倉促的感覺。就如同一位參加者解釋道：

> 離開小組時，面對遇到的難題會感到放鬆，也有新的看法，因為在面對這個具有挑戰性的病患時，你學習了從同事的眼光、耳朵和心，來重新檢視和定義你的角色。這個議題一定會和其他成員有關，因此他們離開時也會有新的洞見。[17]

這個方法現在已經普及到全世界超過二十二個國家，歐洲、美洲、澳洲、紐西蘭，甚至俄羅斯和中國的醫生都參與過這些團體。雖然巴林小組一開始是為了支持全科醫生而設立，但現在已經被不同的醫療專科（精神科、緩和醫療），以及其他健康照護專業採用，例如護理和心理學。

巴林小組會將醫生比喻為「藥品」；換句話說，病患不只是對開立給他們的藥物治療有反應，對醫生如何治療他們也會有反應。在巴林小組裡的討論，不是著重在醫學上對病患有什麼問題，臨床醫生與病患的關係才是主角。臨床醫生也會被要求用特殊的方式發表一個案例；他們要講述診察病患的「故事」，焦點放在他們自己的感覺和病患的反應。在這個臨床醫生的面前不會有病患的紀錄，或是從電腦列印出來的資料，他們要靠記憶力來講故事。小組領導者鼓勵參加者帶來那些在臨床醫生診察結束後，不舒服的感覺仍然長期盤據不去的案例。

我本身是小組成員，同時也是協同領導者，我聽過同事利用巴林小組的安全性來討論可能會令人尷尬、和性相關的事情。有一次我在三天的巴林訓練會議期間參加一個臨時性的小組，我被分配到一個成員大部分是冰島的全科訓練醫生的小組。那是令人入迷的三天，不只是這些年輕的冰島醫生說得一口流利的英語，他們分享的醫療實務作業，也是我從未聽過的作法。

這些全科實習醫生當中，有很多人是在他們成長的小型社區工作，因此帶來的案例突顯了這個狀況可能造成的不同問題。身為一名三十幾歲的年輕女性，當一個病患一開始就告訴你，他還記得你包著尿布的時候有多可愛，你要如何盡力做好診療工作？當介紹給你的男人全部都是診所的病患時，你要如何在一個小社區找到性伴侶？小鎮裡只有一個開業診所，因此如果有一位病患吸引你，要求他去看診所的另一個全科醫生，然後才開始一段性關係，這是道德的嗎？

巴林小組提供一個理想的場所，可以提出當一個人在乎另一個人時，可能出現的所有情緒。我很想知道，如果彼得是巴林小組的成員，他的職涯可能會有什麼樣的進展。或許他會利用這個團體來討論他在檢查男性身體時的不自在，而且最後他可能就不會選擇有高度緊急性醫療需求的產科，在十年前時，反而可能去受訓當全科醫生。可惜的是，巴林小組的數量很少，只有一小部分的醫學生或初級醫生能夠從這種小組提供的支持性、非批判性的空間受益。

但是，如果醫生不能和他們的指導者討論和工作相關的性議題，而且大部分的人都沒有機會參加巴林小組，他們還可以找誰呢？

我想醫學生或醫生可以去看看規範單位的建議，看它在這方面是否有任何見解。在英國，醫療實務受到英國醫學總會（GMC）規範，但是這個組織出版的指導方針實在沒有太大的幫助。當你拿英國醫學總會針對性的界線的說明內容，與紐西蘭醫學總會針對相同議題的建議做比較，就會相當清楚。兩個組織的方針都用類似的脈絡開場，在二〇一三年出版的英國醫學總會文件說明：

> 信任是醫生和病患之間夥伴關係的基礎。病患可以信任他們的醫生在診察的時候會有專業的表現，而不是把他們看成是潛在的性伴侶。[18]

紐西蘭早幾年所出版的類似指南則是：

> 總會反對不斷變化的社會標準需要採取比較寬鬆的方式的觀點。只有最高標準是可以接受的，而且專業的醫病關係必須是一種絕對的自信與信任關係。[19]

這裡沒有太大的差異，兩個專業組織都強調信任最重要。但是紐西蘭的方針也包括了幾個簡單、具深刻見解的陳述：

> 重要的是要記住，醫生和病患與其他任何人一樣，都有相同的情緒和感覺。因此，在專業環境裡會面的兩個人，彼此感覺受到吸引，並不是非比尋常的事。
>
> 你的行為受到評判時，不是根據你受到病患吸引的感覺，而是你對這種吸引力如何反應。

在英國醫學總會的文件中，完全沒有提到醫生可能會受到病患的吸引，而且受到評論的不是他們的感覺，而是他們對這個吸引力的反應。當看到英國醫學總會未能將針對違反性界線的全國性研究計畫的發現納入說明時，[20]這種疏漏令人相當吃驚。而且更不尋常的是，這個研究計畫是由健康照護優良規範委員會（Council for Healthcare Regulatory Excellence，CHRE）主持，它是監督英國醫學總會和其他八個健康照護規範組織（護士、藥劑師等）工作的傘形組織（umbrella organization）。

健康照護優良規範委員會在二〇〇八年出版了三份一系列的文件，包括健康照護專業責任的清楚聲明、一份廣泛的文獻評估、為了降低違反界線的情況，訓練專業人士最佳方法的一系列建議。這是由衛生部（Department of Health）委託，以回應健康照護專業人士嚴重違反性界線的一連串要求。出版的時候也諮詢了病患團體、專業組織和健康專業規範者，包括英國醫學總會。在出版的文件當中，清楚描述了執業者受到病患吸引的可能性：

> 如果一個健康照護專業人士受到病患性的吸引，顧慮到可能會影響到他們的專業關係，為了可採取的最專業作法，他們應該尋求同僚或合適的專業組織幫助和建議。如果一名健康照護專業人士被同僚尋求建議，這名同僚覺得受到病患或是照顧者吸引，但還沒有發生不恰當的行為，那麼，在專業上，他們就沒有通知任何人的責任。
>
> 學生必須被教導，對某個病患產生性的感覺並不是不尋常或不正常的，但是未能辨別出這些感覺，並且有了行動，可能會對病患和他們自己造成嚴重的後果。

這三份報告的出版，全都是在英國醫學總會寫下它目前的性界線聲明之前。但是英國醫學總會的方針（和紐西蘭的對應組織寫的不同）沒有提到醫生可能會被病患吸引的可能性。至少在英國醫學界，醫生好像從來不被允許對他們所治療的對象產生性的感覺。即使事實上全國性的研究報告已經做了結論指出，隱瞞這些議題會增加違反性界線的風險，這個主題還是沒有被寫入方針。講究證據為基礎的醫學教育，竟不過如此而已。

§

職涯中心成立之後沒多久，有一個醫生要求緊急會面。雖然在會談中他告訴我，沒有能夠完成他的全科醫生訓練，卻省略了在一位病患死亡之後，他正在被英國醫學總會調查的事，而且他的執業執照被附加了重大的條件。有了這次的經驗，在和每個醫生第一次見面之前，我們會例行地在英國醫學總會公開的註冊名單中先確認他們的資訊。

我曾經看過在英國醫學總會註冊的一些醫生受到下列條件的約束：

一、除非出現危急性命的緊急狀況，沒有陪檢護士在場，你不可以對女性病患執行診察。

二、對這樣的病患執行診察時，每個案例必須記錄詳細的日誌，並且由陪檢護士簽名。

三、沒有陪檢護士在場時，你對生命處於危急狀況的病患執行診察時，必須記錄每個案例的詳細日誌。

醫生的註冊資料會被附加這類條件，一般是因為被一名或更多的女性病患投訴過，她們受到不恰當的檢查。如果有警察介入，而且醫生發現自己被指控性犯罪，即使在法庭被宣告無罪，他們的註冊也不一定能夠免除被附加條件。在法庭上，陪審團被指示要採取犯罪證明標準，原告證實醫生有罪，必須要「排除合理懷疑」。但是在執業適任性的仲裁上，評判小組必須採用比較不嚴格的民法標準，也就是「基於概然性權衡」，病患的陳述會勝過醫生的陳述。「排除合理懷疑」和「基於概然性權衡」之間的重要差異，可以將醫生的醫學生涯宣判死刑。

這個過程通常會拖延相當長的時間，從醫生被起訴，到案子在刑事法院審理，花費將近一年的時間是很常見的。光是這樣已經夠久了，接著是後續的執業適任性裁決，期間可能會對醫生的註冊強制附加條件，而且任何後續的上訴可能會拖上兩年或更久。嚴格按照法律條文來說，如果一位醫生被強制附加條件（相對於停職或是從註冊名單上除名），只要符合條件，他們還是能夠從事醫生的工作。但實際上，這些醫生通常會覺得自己在工作上被孤立了。

身為一名女性（同時是一個女兒的母親），我可以想像，如果一個人認為，醫生將從檢查她們身體的經驗裡得到性愉悅，感覺會有多麼糟糕。讓陌生人碰觸只保留給愛人（或是不讓任何人碰觸）的身體部位，壓力已經夠大了，因此，我無論如何也無法寬恕醫生企圖從病患身上獲得性滿足的行為。我也想要確認，英國醫學總會對於醫生執業已經採取充分嚴格的條件，確保未來病患在醫療檢查之後，永遠不會再覺得受到侵犯。

但是，我也能夠想像一些年輕醫生，特別是沒有性經驗的醫生，被賦予執行檢查女性身體任務的情形。沒有人在旁邊，小隔間裡只有醫生和病患。這和當醫學生時檢查一個女人的感覺是很不相同的，從前會有幾個人看著他們，評估他們做的事，但現在那裡只有醫生和病患。或許在這時候，醫生的呼吸有了幾近難以察覺的改變，或是他的手比起病患所預期的時間，似乎逗留得更久，或是不由自主地更進一步。

病患也許有點察覺到，醫生沒有保持他該有的超然，好像有什麼事不太對勁。病患因此覺得醫生濫用了她的信任，也是可以理解的事。她們大概會認為，有必要提出正式的控訴，而且她們是對的。但與此同時，對於有些年輕醫生，我卻有一種油然而生的悲傷。

在某個程度上，他們可能意識到出了問題。當他們走進隔間，發現病患是個年輕女性，特別是長得很好看的話，他們會注意到自己有了一絲興奮感。由於醫療的理由需要陰道檢查時，這些醫生可能會意識到興奮感的增加。他們知道自己不應該有這些感覺，但是他們不知道該怎麼辦。

在他們接受訓練的各個階段裡，他們可能會發現，檢查病患身體時會產生性興奮，但是沒有任何人曾經討論過這樣的可能性，整個話題是一種禁忌。他們讀過英國醫學總會的建議方針，知道醫生不被允許和病患發生關係，醫生不可以利用接近病患身體的特殊權限，滿足自己的性目的。不過，即使健康照護優良規範委員會的評估裡清楚地建議，應該教導實習醫生，對病患產生性的感覺並非不尋常或不正常，但對這些感覺做出行動才是有問題的，但英國醫學總會方針卻沒有提到這是可能發生的狀況。因此，處於這個情境的醫生認為，只有他們才會產生這些感覺，也不知道要去哪裡尋求幫助。

所以他們繼續檢查病患，把他們令人羞愧的祕密深藏在內心，直到發生了投訴事件。然後他們奉獻超過十年的職業因此而瓦解了，在完成英國醫學總會程序所需的三年裡，他們還花光了所有的積蓄。理論上，英國醫學總會的條件允許他們可以繼續工作，但殘酷的現實通常證明，要找到符合條件的醫療環境是不可能的。

當有這類附加條件的醫生來看我時，我會試著鼓勵他們，去探索醫療以外的選項。但通常他們會拒絕這個建議，他們認為，既然自己被宣判無罪，而且英國醫學總會讓他們留在醫療註冊名單上，為什麼要放棄重回醫學生涯的夢想？但有時候，幾個月會變成幾年，僅管經過無數次的會面，某間醫院提供的零星希望，每個可能的線索，都會消失無蹤。

§

假如一個醫生在他的訓練當中，被病患激起情欲的可能性從來沒有被討論過，年輕醫生要如何尋找可以信任的年長同事，去討論他們在私密檢查時可能產生的任何性欲感覺呢？只要圍繞這個議題的禁忌還在，醫生就沒有討論他們感覺的機會。而且重要的是，要有適當的策略，這樣他們和女性病患在診療室獨處時，才不會出現性欲。

規範程序本身也有影響，為了保護病患的健康，每個醫療體系都需要有讓醫生負責的方法。這不是新的議題，在基督出生的四百年前，希波克拉底（Hippocrates，按：古希臘名醫）認為，醫生對病患身體的特殊權限，會有達到性目的而被濫用的危險。現在，看看二十一世紀的我們對這個問題的解決辦法，實在很難下結論說我們已經找到了方法。

在好幾個受調查的醫生自殺之後，英國醫學總會委託進行了一份內部評估，結果公布於二〇一四年下半年。報告的建議是，要降低完成調查所需的時間，還有以同理心協助受調查的醫生的重要性。[21] 隔年，英國醫學總會委辦了一項專門服務，提供保密的情感支援給任何涉及執業適任問題的醫生。這個發展將會幫助一些我遇到的醫生。

或許搞清楚英國專科訓練規範晦澀難懂的細節特別困難，但我猜測，其他國家的醫生一旦被舉報到規範機關，也會面臨類似的挑戰。在英語系國家，只有英國醫學總會公布了受執業適任性調查對心理影響的數據。與美國和加拿大的規範組織相比，他們懲戒醫生的權限在州層級，而不是國家層級，英國醫學總會作為一個全國性的組織，擁有比較有力的地位來執行這類研究。在這些國家，違反規範的醫生的後續情況，我們所知有限，但我不認為他們的故事會有快樂的結局。

第五章

角色倒轉

莎拉（Sarah）計畫在十二月懷第一個小孩，這樣孩子就會在隔年九月出生。她讀過報導，生日在學年開始的小孩，在學業上往往表現得比較好，因此她想讓孩子的人生有最好的開始。但是四年後，雖然做了各種不同的生育治療，還是沒有小孩，莎拉現在已經不在意幾月受孕；她只想要一個嬰兒。

在接連幾次的會談當中，逐漸浮現出來的訊息是，她的不孕已經讓其餘的每件事都蒙上陰影。她描述自己是個喜歡生活有條理、可以掌控，而且會詳細規劃每件事情的人。無論是為了學士後考試，或是準備她的婚禮而修改人生計畫，莎拉需要知道，她不會有任何事情交給機會決定成敗。令人傷心的是，她必須認知即使有了最好的生育治療，她的寶寶計畫還是失敗了。而且，她沒有讓自己沉浸於工作，以從不孕的痛苦分散注意力的選擇。因為莎拉是一名產科醫生，嬰兒就是她的工作。

工作的每時每刻，圍繞著莎拉的婦女，不是待產，就是正在產下嬰兒。唯一的例外是不孕門診，她必須和病患討論不同的治療選項，而那些對她全部都起不了作用。當她的不孕症病患懷孕了，她渴望自己是那名病患而不是醫生。但當她們懷孕失敗時，這不只提醒了她自己沒有小孩，也讓她覺得自己很無能。她是個不能保護病患的醫生，無法讓她們免於自己所感受到的痛苦。

莎拉第一次來見我時，她覺得陷入了困境。她進入產科專科訓練的第六年，已經通過學士後考試很久了，再幾年，她就有資格申請主治醫生的永久職位。但是接下來的人生，她就要接生其他女人的嬰兒。如果她自己不能有小孩，這樣的前景讓她充滿恐懼感。

或許有人會認為，莎拉的同事全都是治療過不孕症患者的婦產科醫生，他們應該會以仁慈和同理心對待她的處境。但是他們並沒有。她指導醫生的反應似乎是，她應該「振作起來」，專注在她的病患身上。更令人惱怒的是，她從同僚那裡知道，這個主治醫生曾經接受過試管嬰兒（IVF）療程而懷孕。

類似的事情還發生在莎拉的年度評估會議裡，整個流程讓她對訓練體系感到非常失望；在小組裡，沒有人認同努力在受孕這件事上，會影響到她對工作的感覺。他們反而暗示說，她很懶惰、沒有動機，或是小題大作。她後來發現，小組裡有兩個資深主治醫生也經歷過IVF，但她們兩個都沒有為她辯護。

我不能給莎拉她人生中想要的東西，但是到了會談的尾聲，她明白了兩件事。第一，她了解在工作上經歷的痛苦，並不是脆弱的象徵。陪一個飢餓的人走過堆滿食物的超級市場，卻不讓他們吃，是非常殘酷的。相同地，期待一個嘗試設法接受自己不孕，卻被孕婦和嬰兒圍繞的年輕女性，「振作起來，繼續工作」是無情而不切實際的。

我們在會談中能做的第二件事是想出B計畫，如果莎拉未來在某個時間點覺得需要變換職業的話，就能有一個逃脫的路線。少數幾位相信她所承受的痛苦的主治醫生建議，顯然她要重新訓練去當全科醫生。但是莎拉直覺地認為全科醫生路線是錯誤的選項，而我也同意。

比起受孕困難，莎拉優先考慮的是產室裡的戲劇性情境，在那裡，你總是和很多同事一起工作，反觀獨自在全科醫生診療室，對她就沒有什麼吸引力。她也喜歡懷孕是一個有明確目的，且有時間限制的狀態。和她早期在職涯遇過的專科相比，她覺得很多慢性疾病病患的治療，通常預後都不佳，是一件讓人沮喪的事。如果她受訓當全科醫生，她的診療室將會塞滿罹患長期疾病，但無法迅速治癒的病患。

經過我們的討論，莎拉決定，假使未來她需要轉換專科，急診醫學會是比較好的B計畫。這個選項讓她有很多的同事和故事，另外，或許最重要的是，治療有四個小時的限制：急診部的病患轉變成為醫院其他部門臨床同事的責任，或者是出院，回去接受負責他們終身照護的全科醫生的治療。

醫生或是他們的家庭成員，與病患罹患相同的疾病並不讓人驚訝。但是莎拉的案例令人驚訝的是，指導醫生讓她覺得經歷這樣的痛苦是她的錯。因為某種不知名的原因，作為一名醫生，她被期待要能夠擺脫任何的煩惱。其他醫生對這種期待的反應則是如果醫生不能把感覺擱置一旁，繼續工作，就是醫生自己的問題。小兒科醫生歐拉（Orla）的狀況就是如此，她在照護新生兒的工作開始前不久來見我。

歐拉最近第三次歷經懷孕晚期流產，因此她很害怕照顧新生嬰兒。她不認為她可以改變輪調工作，或是可以要求休息一段時間，讓她從再次流產中康復。很幸運的是，負責小兒科訓練的臨床醫生非常有同理心，因此歐拉的輪調工作有了改變。但剛開始提供她建議時，歐拉覺得只有在更嚴重的情況下，才會允許輪調；她也不知道原來，大部分的女人如果近期經歷流產三次，都會覺得自己很難好好照顧新生兒。

§

不過，至少歐拉已經知道，為什麼和新生兒有關的工作情場景，會令人難以忍受。我曾經遇過一些醫生，壓抑了個人生命事件和對工作的感覺之間任何有意識的連結。這正是傑克的狀況。

在我們第一次的會談裡，傑克告訴我想離開醫界。我們一起回顧他的職涯歷史；他第一次考慮醫學的時候、在醫學院的經驗，以及開始當醫生以後的發展。但對於目前工作上的不滿意，他所告訴我的事並沒有提供我任何線索。令人困惑的是，我詢問他目前的工作分派，他的指導醫生支持他嗎？他的同事如何？因為他喜歡現在的小組，這條打探的路線，也沒有找到任何結果。

「告訴我一些你家裡的事。」我問道：「家裡有沒有任何事情可能對你的工作有影響？」

傑克發出一聲嘆息，低頭看著地板。

「三個月前，我媽媽被診斷出罹患乳癌。她對治療的反應很好，不過，雖然我想，卻很難找出時間去探望她。」

傑克在不同的醫學專科之間輪調，目前的工作是診治癌症病患。雖然聽起來很不尋常，但他沒有將他母親的疾病和工作上日漸加深的不快樂，做有意識的連結。當我們開始談論，他明白當病人對治療的反應不好時，他會感到極度焦慮，或許他母親的癌症未來的進展就是如此。雖然與病人預後無關，但他討厭將時間花在別人的母親身上，而不是他自己的。當傑克說出對母親所患疾病的恐懼，並且明白被癌症病患圍繞如何不斷讓他想起母親，想逃離醫學界的衝動，就沒有那麼急迫的感覺了。

§

當醫生生病時，醫生面對的挑戰不只是病患提醒了他們對自己健康的擔憂，這也讓他們很難在工作中躲避這件事。比提醒更大的問題是兩個無法相容的角色。就像在零與一的選項之間要二擇一，醫界文化經常將病患和醫生放在相互排斥的類別。你可以是其中一種，但永遠不會同時隸屬於這兩種。

精神科醫生羅伯特．克利茲曼（Robert Klitzman）的妹妹，在二〇〇一年九月十一日世貿中心恐攻事件中過世。幾個月以後，他罹患了重度憂鬱症，雖然他一開始非常抗拒這個診斷。經由這次的個人經驗，他對於醫生面臨重大疾病時如何反應開始感興趣，當他康復返回門診執業時，馬上著手研究這個主題。一個主要的題目是，同時身為醫生和病患的極端困難性。[1]

例如，在他的研究裡，正在接受癌症治療的小兒科醫生潔西卡（Jessica），描述腫瘤科醫生和她說話的方式，好像把她當成同僚，而不是病患：

> 因為我是醫生，他會和我談他其他的病患。「我有個病人就和你一樣，她跟你很像：年紀一樣，也有一模一樣的腫瘤。她也住在醫院裡。」接著我當然問說：「她情況怎樣？」他說：「她快死了。」

同事之間討論兩件案例的相似性當然不會不合適，這是常有的事。雖然潔西卡是同僚，但把她的注意力拉到另一位病患上，這個醫生真的是太遲鈍了。我們無法想像，對於不是同僚的病患，這個醫生是否也會做這樣的比較。潔西卡，還有其他很多克利茲曼研究中的醫生，由於治療他們的醫生待他們就像是同僚，而不是病患，因此面臨了比較不好的照護。

但是克利茲曼的分析讓我們明白，根本的原因比這醫生感覺遲鈍還複雜。很多克利茲曼研究中的醫生描述，他們發現，要放棄醫生的角色，去接受病患的身分，有多麼的困難。例如，患有轉移性肺癌的腫瘤科醫生丹恩（Dan）敘述的情況：

> 這些年來，醫院的員工已經見過我，也知道我是誰。穿著病袍，坐在那裡，感覺真的很奇怪……要去做掃描的時候，我帶了一套「手術」工作服換上，而不是那套病患睡衣，因為腰圍的緣故，我穿不下。

丹恩或許是用尺碼來合理化他的決定，但是他選擇的是醫生工作時穿的衣服（手術工作服），而不是更中性的服裝（例如運動服），這麼做的同時，是在提醒人們他的專業地位。非醫界的病患不會有管道拿到手術工作服。

因此當醫生生病的時候，對於被看成是病患，內心經常很糾結。同樣地，醫生在治療其他醫生時，可能會把他們當成同僚對待，而不是病患。不能同時既是醫生又是病患，雙方都要負責任。

沒辦法懷孕的婦產科醫生莎拉，被她的同僚看成是醫生而不是病患。我難以想像，這些同僚在不孕門診治療其他病患時，對她們說她們應該振作起來，不要擔心是否可以懷孕。

但是莎拉是個醫生，因此在他們的眼裡，她不應該和非醫界的病患一樣脆弱。

相對的，歐拉的指導醫生了解，在流產三次以後，要馬上診治新生兒可能會產生難以忍受的情緒負擔。在這個案例裡，反而是歐拉不大能允許自己接受病患的角色。她溫柔又仁慈，我確信她是個非常有同理心的小兒科醫生。當她的小兒科病患死亡，我認為在支持他們的父母時，她會充分體會到這些父母所承受的痛苦。但是在面臨自己失去胎兒時，她卻很難尋求幫助。

§

可惜的是，莎拉和歐拉的情況，根本不是特例。我看過很多醫生因為健康問題而中斷工作。有時候是因為無法接受自己生病的事實，使他們的問題變得更嚴重。其他時候，是因為他們的指導主治醫生不接受他們生病的事實，而造成更大的痛苦

有個我只見過幾次的醫生艾美（Amy），她幾年前離開醫界，嘗試要回去臨床訓練。離醫學院期末考不久前，艾美被診斷出患有胰島素依賴型糖尿病。雖然她通過了所有的考試，但是一旦開始初級醫生的工作，工作壓力，再加上晚班工作和用餐時間不規律，使她的糖尿病不能獲得良好的控制。身為一名醫生，艾美非常清楚糖尿病長期控制不良的含意（失明、心臟病、腎臟衰竭，以及其他的疾病等等），她開始害怕，如果繼續工作，將會

危及未來的健康。所以她放棄了醫生工作。

艾美在研究實驗室工作了幾年，不需要承擔對病患的責任。在這段期間，她習慣與疾病相處，合理地控制了糖尿病。後來，她成功申請到一個允許她完成基礎訓練的職位，她來看我的時候，正要申請全科醫生計畫的職位。

由於一位指導醫生建議艾美在申請表上謊報資訊，促使她要求和我會面。與其寫下離開臨床執業的真正理由，也就是她努力控制糖尿病，指導醫生建議她應該編造其他的故事，可以說是因為家人生病了。指導醫生的意見是，如果提到她的糖尿病，她永遠無法在全科醫生訓練計畫得到職位，這讓艾美特別地沮喪。

我的看法則是，這是個很糟糕的建議。姑且不論法律保障申請者免於因為健康因素被歧視的事實，她的指導醫生的建議有兩個重大的瑕疵。第一，不管原因是什麼，如果謊言被發現，艾美的申請會遭到剔除，甚至還可能被舉報到英國醫學總會。誠實是醫界的核心專業價值，也是其他行業的核心價值。建議某個人說謊，等於是鼓勵他們進行職業上的自殺行為。

第二，包括糖尿病在內，慢性疾病漸漸地由全科醫生處理，而不是醫院的醫生。慢性病病患在家裡也要進行複雜的治療方案，不能遵守的問題很普遍。要根據嚴格的時間表服藥、或是維持飲食和運動的建議，不見得是容易的。艾美為了適應終身疾病的需要，在人生中做出一些改變。與其在申請表隱匿她的診斷，她可以將其逆轉成她的優勢，談論她所學習到的事，以及當她的病患遭遇不同慢性疾病的痛苦時，要如何運用她的經驗來支持病患。艾美沒有在她的申請表上或是面談時說謊，而且她順利被安排到一個全科訓練計畫。

§

患有糖尿病的醫生能被接受是一回事，但是克利茲曼研究當中有很多醫生還談到精神病症上的恥辱。例如，患有癌症的小兒科醫生潔西卡，在治療期間變得很憂鬱。當症狀發生的時候，她覺得受到同事的責怪：「癌症不是你的錯，你無能為力，但是醫生將心理疾病視為你自己的錯。我覺得在談論其他人時：對於有心理疾病的人，較缺乏尊重。」

另一個克利茲曼研究中的醫生厄尼（Ernie），被診斷為亨丁頓舞蹈症（Huntington's Disease），這是一種無法治癒的遺傳性疾病，會逐漸出現嚴重的神經系統和精神病症狀。他說：「我沒有因為亨丁頓舞蹈症而遭受歧視，但醫院對憂鬱症並不友善：實際上，他們打算要解聘我！」

毫不令人驚訝地，由於這類的反應，在克利茲曼研究中患有精神疾病症狀的醫生談到，在他們心理狀況變得不佳以後，就很難被接受（被他們自己和其他人接受）。

這些年來，我和罹患各種疾病的醫生談過，包括癌症、多發性硬化症、癲癇、猝睡症、類風溼性關節炎、糖尿病、克隆氏症、狼瘡、精神分裂症、躁鬱症和憂鬱症。雖然很多人在他們的醫學生涯裡努力向上晉升，但由於同時是醫生和病患的處境，被診斷患有精神疾病的醫生，無疑是所有情況當中最艱苦的人。

有個精神科醫生在住進精神病房之後告訴我：

> 其他病患總是在抱怨治療他們的精神科醫生，因此我不想讓他們知道我的工作。然而治療我的精神科醫生將我看成是病患而不是同僚，我也不屬於他們。

停頓了一會兒，他繼續說：「我在病房裡既不是病患也不是精神科醫生，而且我沒有辦法兩者都是。」

§

有什麼辦法能讓我們理解，同時被允許身為醫生和病患是不可能的事呢？

一個最有力的答案是，醫生與病人之間的分隔起了一種重要的心理作用。醫生每天都在面臨痛苦、疾病和死亡。和他們喜愛的人一樣，醫生也是凡人。因此他們在病患身上看見的任何事，未來也會發生在他們自己、家人或朋友身上。（確實，像我們在前面幾個章節看見了，有些悲劇可能已經發生在他們的生活裡，而成為最初吸引他們進入醫學界的原因。）把自己放在病人「以外」的角色，是一種無意識的行為，這可以幫助醫生繼續他們的工作，而不會被心理上的焦慮擊倒。

人在面對極度焦慮時，可能會無意識地採取這類防衛性策略。這個想法或許聽起來很牽強，但是又要怎麼解釋經歷過懷孕困難的醫生，對莎拉的處境卻最沒有同理心呢？一個簡單的解釋是，莎拉的不孕讓她們想起，自己也曾經為了同樣的疾病接受治療。她們很不願意回想起這件事，因為這讓她們感到特別脆弱，因此試圖和莎拉的經驗保持距離，對莎拉的反應也就帶著特別的敵意。

重要的是，我們要理解，醫生和病患是不同類別的人的幻想，經常是從醫學訓練一開始就在制度上被強化了。在這方面，對於人體解剖的作用，作家麥克·克萊頓不是唯一做出評論的醫生。[2] 他總結兩個研究員的論點說：「解剖實驗很重要的一部分是，它要求學生打破圍繞在褻瀆人類遺體的禁忌……這樣的行為產生了將醫學生和其他人分隔開來的效果。」[3]

精神科醫生暨心理分析師諾曼·史崔克（Norman Straker）寫下他當醫學生時的經驗，他說：

> 記得醫學院的第一天，那時我是個懷抱恐懼的年輕醫學生。我們隨意地被帶去認識屍體，之前沒有任何的準備或討論。很多改變我人生的醫學院創傷經驗中，切下屍

體的第一刀是其中的第一個。他們讓我在心理上準備當一個客觀的醫生……我現在相信，這個毫無準備的恐怖經驗，開啟了病患和我之間無意識的心理防衛分隔。屍體，也就是我們的第一個病患，和我們健康的「不朽的醫學生」之間，被非常明顯區隔開來。我們對死亡的防衛，也就是「我們的特殊性」，也因此建立了起來。[4]

史崔克描述的是發生在四十年前的事。對於解剖可能在情感上產生衝擊，我懷疑現在是不是還會出現這種制度上的疏忽。例如，哈佛醫學院的研究人員莎賓・希爾布蘭特（Sabine Hildebrant）大概描述過，為了讓學生對解剖有所準備，解剖學課程需要納入的各種不同策略。她的建議包括，找出那些可能覺得這個經驗壓力特別大的學生，課前安排會面，實驗室裡要有小組反饋時間，由教授給予回饋意見，以及由學生安排的告別式，讓教授、學生和捐贈屍體的家屬參加。[5]其他的醫學院，特別是一些新成立的，則完全放棄採用人體解剖作為解剖學的教學方式。時代已經進步了。[6]

不過，即使有了這些改變，在採用解剖課程的那些學校，照例地，屍體仍然被稱為「第一個病患」。[7]而且雖然在一方面，這被認為可以提醒學生必須恭敬對待屍體，另一方面，如同史崔克所提出的，它也強化了醫生和病患是分屬不同類別的人的想法。

有一次，我受邀旁聽一個主治醫生在醫院為基礎訓練實習醫生辦的面談準備研討會。會議舉辦的時間是在「黃昏」時段，這是日班的醫生工作結束，要交接給晚班同事的時候。我記得醫生陸續地進入醫院教育中心的教學室，他們要等到有人來接替，才可以離開散布在醫院各處的病房。當他們發現研討會房間後面備有茶點和餅乾時，我還記得自己注意到他們臉上的喜悅。對初級醫生來說，受到訓練體系照顧或支持的這些小地方，通常是很少見的。

雖然在一個星期當中，這些基礎訓練醫生會為了訓練而聚在一起，但是大部分的時間，他們都是各自分開，分別散布在醫院的不同病房。他們渴望了解彼此的消息，因此會議開始之前，人群裡有很多吵雜和熱烈的會話，還有很多笑聲。

會議室裡的陳設可以一目了然看到即將進行模擬的面談。前面有一張桌子，還有兩張椅子彼此相對，一張是給面試官，一張是給受試者。面試桌後面是一排排的椅子，讓醫生可以坐下來觀察。

「讓我們開始吧。」主治醫生說：「誰有勇氣第一個來？」

「我來。」一個實習醫生回答。

這個女生和同事邊講著笑話進來時，我便注意到她。但是吸引我目光的不只是她活潑的舉止，而是她患有侏儒症，她比大部分的同事都要矮個一英呎以上。

這個實習醫生行動略微困難地讓自己坐上了尷尬的位子，主治醫生開始問她第一個問題。

「作為一名醫生，是什麼因素讓你格外突出？」他問。

實習醫生的臉頓時變得蒼白，剎那間我以為她就快哭出來了。房間裡所有人的目光都停在這個年輕女生的身上，而且就在幾分鐘前，我們都集體目睹了當她和同事一起大笑時，從她身上流露出來的活力。她好像暫時僵住了，無法說出話來。過了幾秒鐘以後，顯然是很艱難的，她恢復了鎮靜，開始回答問題。

看見這個充滿活力的年輕女性，在同事面前短暫地無法言語，是一件痛苦的事。為什麼這個主治醫生在選擇用語上這麼的笨拙？我當時認為，這主治醫生一定是非常遲鈍的人，對於遣詞用字可能會產生的關聯欠缺考慮。但接下來這幾年，當患有不同的身體和感覺障礙的醫生來見我時，我知道不敏感的人並不少見。

就像是模擬面談課程的那位主治醫生一樣，評論通常只是欠缺考慮，而非故意惡毒。我永遠忘不了有次巡房時，聽力受損的醫生伊恩（Ian）必須一再請求主治醫生，拿病人病歷時不要擋住嘴巴。但是，主治醫生每天都讓伊恩沒有辦法讀出她的唇語。在一次沒完沒了的巡房之後，伊恩完全搞不清楚接下來要進行的臨床任務，他再次提醒主治醫生，他需要依賴唇語。

「伊恩，問題是，你是這麼能幹的醫生，我們全都忘記了你要讀唇語。」主治醫生說：「你為什麼不戴個上面寫『我是聾子』的識別證？」

伊恩保持沉默。然而，這個冷漠的評語，再加上沒有提供基本設備，像讓他使用病房電話的設備，使得他的行醫動機減弱到考慮離開醫界的地步。幸好，他下一個被分發的工作完全不同，讓伊恩能夠重新發現臨床執業的樂趣。

其他有各種身體和感覺障礙的醫生也告訴我，醫院沒有辦法提供重要的設備。即使這些設備並不是好幾百萬美元的工具，而是專門的椅子，或是用較大字體列印的資訊，都沒有辦法實現。依照平等法，醫學院和信託醫院（hospital trust）在法律上有義務提供這類的方便設施。像伊恩這樣的醫生也可以尋求法律救濟，但他們通常不想被看成是難搞的人，或是要求太多，因此只好忍受缺乏必要的支援（與不合法的對待）。

遺憾的是，除了有欠考慮的評語和缺乏必要的設備以外，有些例子則是面臨十足的敵意。有一個身體障礙的醫生，在新工作的第一天，聽到迎接她的話是「我不知道怎麼會讓你來這裡工作的」。工作開始幾天後，她聽到的另一句話是，「這永遠不會行得通的」。面對主治醫生給她這種回應，她發現自己竟然沒有辦法進行簡單的作業，像是抽血，但是在之前比較受到支持的工作環境時，她執行起來就毫無困難。

因為害怕身體殘疾對他們的執業可能會有影響，一些醫生努力隱藏自身的殘疾，不是什麼奇怪的事。我特別記得一名患有進行性先天視覺障礙的醫生，他沒有把視力逐漸惡化的事告訴工作場合的任何人。我好不容易說服他，即使完全喪失視力，在健康政策或提升健康這方面仍然會有適合他的工作。但如果被發現他一直在視力沒有經過職業健康評估的狀況下診治病患，就有被舉報到英國醫學總會的風險。名字一旦有了汙點，想要在不用面對病患的工作裡建立他的職涯，可能就更困難了。幸好，他聽了我的話，同意去做職業健康檢查。他的視力被判斷為足以從事臨床工作，前提是未來要定期做檢查。然而，我永遠忘不掉他坐在職業健康等候室時，在我的答錄機留下的信息：

「卡洛琳，我很害怕。」

§

茱莉・瑪朵斯基（Julie Madorsky）是加州一個物理醫學暨復健專科醫生，某次教授一群醫學生有關肢體障礙者的工作機會時，課堂上有一位坐著輪椅、身穿睡衣的病患被推進來，她解釋這個病人有腦性麻痺（腦部負責控制肌肉的部分受損，是一種神經系統疾病），以及口吃和嚴重的運動失調（對身體動作完全失去控制）。瑪朵斯基對病患做了病史採集和身體檢查以後，病患被推了出去，她要求醫學生評估他的學習或工作能力。學生整體的意見是這個病患有嚴重的殘疾，或許可以做技術含量低的兼差工作，但頂多只能這樣。這個病患打扮好，再度回到教室，重新被介紹是湯瑪斯・史托拉斯（Thomas Strax）博士，賓州一家復健醫院的醫療副主任。那是他在真實生活中的工作。[8] 如果你在上課前問醫學生對雇用殘障病人的看法，我猜他們大部分的人會談到機會平等的重要性。但是面對一個有重大肢體殘疾的病患，他們對他的智力和職業的潛能，很快會做出刻板印象的假設。

我猜想，那間教室的醫學生日後會忘掉這堂課所學到的事。也想像得出，由於醫學專業裡對殘障人士常見不容忍的態度，驅使瑪朵斯基採取被認為是欺騙的行為。她寫道：「無論醫生受過多少教育、有多麼仁慈，卻是殘障人士進入醫界不變的阻礙，這是必須不斷一說再說的事實。」

如同面試課程上的那位患有侏儒症的醫生，報告指出，對於患有肢體和感覺障礙的醫生，他們的經驗裡充斥著漫不經心的不體貼。例如，研究詳細說明了對於事先考慮通道問題的輕率，例如，即將在頒獎典禮受到尊榮肯定的資深教學醫生，因為坐在輪椅上而被困在進入大廳的階梯前。然後，彷彿她的尊嚴讓步得還不夠，除了必須被抬上階梯之外，在頒獎典禮期間，她還不能冒險品嘗任何點心，因為那裡沒有輪椅可以進去的廁所。[9]

在美國的一項研究裡，一位拄著拐杖的醫生敘述著，有個早上，他到一所富有聲望的醫學院參加學術職位的面試，遴選委員會主席把車停在停車場後方，而不是讓他在前門下車。「我知道九點前要到。」候選人描述：「他們帶著我來來回回在不同的建築物之間穿梭，只是為了證明給我看，那不是適合我的地方。」[10]

同樣地，另一個必須倚賴拐杖的醫生描述說，她在醫院的第一份工作是「一個隔絕的環境」。這個醫生強調，欠缺認同並非來自病患或是護理人員，而是醫生。[11]

所以，到底發生什麼事了？

就像醫生為了不被自己也可能生病的焦慮擊倒，而無意識地將自己放在與他們治療的病患不同的類別，四肢健全的人也傾向把自己放在殘障「以外」的類別，以避免面對自己有一天也可能加入他們行列的可能性。這裡我引用作家珍妮・莫利斯（Jenny Morris）關於殘障的句子：

> 對人類經驗中的脆弱、容易受傷、生命有限和不可控的恐懼與否認，阻止了我們去面對這樣的真相。恐懼和否認促使那些殘障、生病或年老的人被隔離成「他人」，也就是和「我們不一樣」。[12]

但是對殘疾醫生而言，這代表什麼意義？

這表示他們面對了雙重的打擊，醫生被認為應該要超級能幹，而不是失能的人。

§

醫生不願意承認身體有殘疾，並不令人意外。例如，二〇〇七年，英國醫學協會機會平等委員會（BMA Equal Opportunities Committee）的一份報告發現，「由於醫學專業的內部文化，以及附加在『殘障』這個詞的恥辱，醫生陳報能力損傷的例子比實際情況少很多。」[13]近期一所蘇格蘭醫學院的研究，也得到類似的結論。[14]

為了讓有殘疾或是健康有狀況的學生能夠請求適當的協助，有一些醫學院引進了「卡片」（card）計畫。卡片由醫學院院長授權，並且經過學生和相關的資深教授同意特定的措辭。這個計畫的作法是，讓學生把卡片交給教導他們的人，老師要確保會進行必要的調整（例如允許學生在巡房時坐下）。[15]這個作法立意很好，但是這也說明了，在醫學訓練裡，疾病和殘疾有不能說出口的本質，因此必須制定這樣的計畫。學生不能單純去找老師，公開而坦白地討論他們的問題，並期待他們的需求將被列入考慮。反而需要一張由院長授權的卡片，才能被老師仔細傾聽。在實務上，有一些學生很不情願使用卡片，有一些則遇到了沒有反應的教職員。這個專業對疾病和殘疾的態度，看來很難改變。

理論上當然有法律的保障。在英國，殘障醫生受到二〇一〇年平等法案（Equality Act）保護，超越了更早期的身心障礙者歧視防制法（Disability Discrimination Act）。[16]在美國，相關的立法是一九九〇年的美國身心障礙者法案（Americans with Disabilities Act）。[17]但是像伊恩（那位聽力障礙的醫生，他的主治醫生建議他應該配戴上面寫著『我是聾子』的識別證）一樣，大部分的人不願意尋求法律救濟。即使是嚴重的違法行為，而且必須做必要合理的調整（例如提供特殊的椅子，或聽力設備），殘障醫生也多半不想惹麻煩。

制度上主要的利害關係組織，例如英國醫學協會和英國醫學總會，他們當然知道法律的要求。事實上，英國是在引進二〇一〇年平等法案後，才促使英國醫學總會針對醫學教育和訓練的健康和殘疾問題，委辦了一項重要的評估報告。[18] 評估報告考慮的一項主要議題是，授予殘障醫學生免除某些豁免的可行性，這表示他們從醫學院畢業時拿到的是有限制的註冊。這個邏輯是，目前醫學生需要證明執行任務的基本能力，像是傷口縫合，但有些醫學專科（例如，公共衛生或精神科）永遠不會用到這些技術。因此，如果有人由於殘疾無法縫合傷口，但是想從事精神科，醫學院為什麼不能給予這項以及其他類似的能力需求的豁免，並且授予有限制的未來職業選擇的註冊，讓他可以選擇永遠不需要縫合傷口的專科？

英國醫學總會的評估報告承認，授予有限制的註冊可能會讓更多殘障人士加入醫學專業，但是評估的結論依然是這不是未來最好的方法。它的幾個理由是：首先，在備感壓力的臨床環境裡，醫生可能需要執行他們被免除的任務；第二，有限制的註冊可能會造成殘障醫生反而蒙上汙名；第三，他們在焦點團體裡諮詢的殘障學生和實習醫生並不贊成給與豁免。

由於這個職業的文化嫌惡殘障，我傾向同意如果引進有限制的註冊，至少在一開始的時候，可能會增加殘疾醫生的汙名化。我也可以預見，如果引進這樣的計畫，可能會需要一些照顧和規劃，以確保晚上或週末，當人力配置層級減少的時候，不需要對病患執行超過特定值班醫生能力範圍以外的緊急醫療任務。但矛盾的是，已經有很好的證據顯示，不必妥協病患的安全也可以進行調整。這些證據來自什麼地方？

英國醫學總會。

英國醫學總會最新的出版品《達成良好的醫療實務：醫學生指南》（*Achieving Good Medical Practice: A Guide for Medical Students*）指出：[19]

> 感染血源性病毒的學生可以就讀醫學系，但是他們分配的臨床工作可能有其限制，在進行易暴露的操作程序之前，必須完成建議的健康篩檢，而且畢業時，需要限制他們的醫療實務作業。[20]

因此，一方面，英國醫學總會規範患有血源性病毒的學生，例如B型和C型肝炎，畢業後需避免執行易暴露操作的程序，應請求同事接手，以確保他們不會不慎感染病患。但另一方面，英國醫學總會認為，提供殘障醫生有限制的註冊，如果有些醫生不能執行特定的作業程序，在繁忙的臨床環境中可能會造成問題。

英國醫學總會的立場簡直不成立。

那麼英國醫學總會的另一個論點，有關焦點團體裡的殘障醫生不想引進有限制的註冊呢？

對於某些醫生來說，這可能是真的。但是其他醫生，像是珍瑪・薩維爾（Jemma Saville），就不會同意。

§

薩維爾在醫學院二年級時，被診斷出罹患顯性視神經萎縮（視神經功能喪失）。《英國醫學期刊》在二〇〇八年四月的一篇文章當中，珍瑪對她未來的醫學生涯感到樂觀[21]：「我的醫學院一直非常支持我，」她說：「教職員在一些科目為我安排額外的教學，像是解剖學，並且提供大號字體的簡報，讓我可以用放大鏡閱讀。我想要讓其他學生知道，藉由一些調整，損傷或是殘疾不一定需要排除醫療業。」

那一年稍後，珍瑪順利參加醫學院的期末考試，並且畢業後成為一名醫生。但是接下來她卻被通知，沒有可以配合她視力損傷的基礎訓練工作。

接下來的一年，當她為了被准許繼續醫學工作，而仍在努力運作時，珍瑪的故事被寫入英國醫學協會題為《殘障醫生的讚美》（*A Celebration of Disabled Doctors*）的出版品裡。[22]她依然很樂觀：

> 我仍然會推薦醫學這個職業！我真的相信這需要時間，但最後我將會執業當醫

> 生，而當它成真的時候，會為其他畢業生創下先例。雖然要面對這麼多的抗爭，但我熱愛我的醫學學位。醫學是科學、實務，以及最棒的人等一切事物的美妙結合。但是我幾乎要放棄了，因為身為一個殘障人士，要成為醫生的過程非常辛苦。

珍瑪的下一個策略是向國民健保署請願，請求給她一個基礎訓練的工作（少了這個訓練工作，就不能晉升到她最後選擇的精神醫學專科）。她在請願網站上說：

> 我並不想執行我沒有能力做到的醫療作業，我當然不會讓任何病患冒風險。我知道我可以做到的和做不到的事，這是任何醫生維持安全的關鍵。我相信，即使我有視覺損傷的問題，我還是能夠成為一個非常成功、有啟發性的醫生，只是需要給我證明的機會。[23]

珍瑪永遠沒有得到機會。她最後放棄了，並且重新受訓當老師。當我聯絡她時，她說：「實際上我很快樂。我現在擁有一份我喜愛、也非常有意義的工作，教書是我的熱情。」她告訴我：「很遺憾那是醫學不能提供給我的。」

提姆．柯德斯（Tim Cordes）出生就眼盲。他一九九八年申請威斯康辛大學（University of Wisconsin）醫學院，根據一位入學審查委員會裡的臨床醫生所說，他的情形很特殊，他的醫學院入學考試分數非常突出，接近完美的大學生平均成績，之前還有傑出的抗生素研究經驗。小組委員認為，國內每個醫學位課程都會搶著要他，不過他們錯了。柯德斯申請了八間醫學院，但被其他七間拒絕，只有威斯康辛大學願意提供他一個位子，而且即使是在那裡，有些委員還強烈反對接收盲人的想法。可惜的是，反對意見不只是侷限在教職員；在他的第一個星期，一個學生悄悄走到他旁邊問他：「你在這裡做什麼？」

二〇一〇年，在《點字顯示器》（*Braille Monitor*）的一篇文章裡，柯德斯描述他如何完成他的醫學學位：

> 上解剖學時，我利用觸摸來感覺神經和肌肉，以進行一些解剖。我是那個將手伸進胸腔到手肘的深度，將屍體的肺臟拿出來的人。測驗時，我和其他任何人做的測驗一樣，以那樣的方式來感覺和找出肌肉與神經……醫學的組成本質大部分是視覺性的，雖然我們喜歡百分之百的可存取性（accessibility），但絕大多數的資訊可以輕易地以語音軟體、電子文件、光碟片和網路來取得。他們不會告訴你，但這是事實。[24]

除了科技的創新以外，柯德斯也受到「視覺敘述者」（visual describers）的協助，也就是與他一起經歷醫學院臨床輪調的助理，他們會敘述眼睛所見到的事物給他聽，並在他高舉消毒的手以避免汙染時，引導他進入手術室。

柯德斯不只是成為合格醫生，也被競爭激烈的醫學博士／哲學博士（MD/PhD）雙學位計畫錄取，這是訓練執業醫生成為科學研究者的課程。當他攻讀博士分析一種病菌蛋白質時，還設計了一個電腦程式，將蛋白質構造的視覺圖案轉換成聲音，藉由音階的高低、大聲和柔和，來解釋蛋白質的分支。這個軟體現在可以用來幫助其他視覺障礙的科學家。

但是，即使有了這些優異的成就，柯德斯在申請精神科住院醫生職位時，仍然面臨了阻礙：

> 我到東北區出席一個住院醫生的面試，部門主任想和我見面。寒暄過後，他說：「你知道嗎，我就是不懂，你要怎麼知道病患的情況如何呢？」
>
> 我停頓了一下，然後說：「嗯，我知道現在和我談話的同時，你正在閱讀電子郵件。」這開啟了一扇門。

最後，柯德斯獲得了住院醫生的職位，並完成他的訓練，目前是退伍軍人健康管理醫院（Veterans Health Administration hospital）的精神科醫生，專長是成癮症。對於柯德斯帶到這份工作的特殊技術，醫院的精神科主任狄恩．克蘭（Dean Krahn）博士曾經評論道：「雖然他看不見，但是我認為他更專注在你說的每一件事……他仔細聽你呼吸的聲音，你聲音的音調……他在病患身上察覺出很多訊息，並且有獨特的方法找出其他醫生可能會錯失的事情。」

克蘭接著繼續描述，柯德斯為何特別適合治療有成癮症的退伍軍人：

患有成癮症的人有很多的壓力……人們通常告訴他們只要改變就好了，他們需要克服生活中的困難。而他們的反應是？他們會說：「醫生，你不明白這個感覺，它不是我只要克服就行的困難，這簡直太難了。」……但是你知道嗎？他們很少對提姆說那樣的話……就好像他的病患思考著：「這傢伙從小就看不見，而且他現在是個醫生。如果他能夠做得到，那麼我今天也可以不要喝醉酒。」[25]

§

柯德斯顯然是個不同凡響的人。但在同時，當我們想到殘疾人士時，我們需要謹慎面對「任何事都是可能的」或是「沒有『不可能』的事」這類用語。不是每個人都擁有學術能力，可以受訓成為醫生，也不是所有盲人都可以達到與柯德斯相當的成就。我們反而需要認清人類生活的複雜性和多元性，避免兩極化思考。引述心理學家布萊恩・瓦特邁爾（Brian Watermeyer）的話來說：「為殘障人士打造成不真實的形象，例如英勇或無助等，還不算是了解殘障人士。」[26]

想到伊恩，或薩維爾，或是其他我遇過的殘障醫生，醫學界經常不夠了解他們的個人潛能，也不夠感謝他們可能可以為這個行業提供的貢獻，這讓我感到些許悲傷。如果薩維爾像柯德斯一樣住在美國，或許她就能應用她的醫學學位，並且有擔任精神科醫生的資格。假如柯德斯住在英國，就永遠不能被訓練成醫生，這是多大的損失、多大的浪費啊。

然而，英國醫學總會有我完全同意的主張，那就是假如提供殘障學生有限制的註冊資格，「可能會完全改變『醫生』所代表的意義」。在無意間，這個陳述直指事情核心。有限制的註冊會讓像柯德斯這樣的醫生，也就是沒有絲毫視力的醫生，可以在英國成為符合資格的醫生。讓肌肉控制能力有限、被困在輪椅上的醫生史托拉斯，在英國執業。也會允許沒有聽力，要藉由手語翻譯員溝通的人（如同加拿大現況一樣）[27]，還有很多其他的人，加入這個行業。把這些人納入醫生專業，肯定會讓「醫生」所代表的意義產生重大的轉變。

但是，在提供醫生更多有效方法來處理他們的焦慮之前，這永遠不會發生。目前心理健康和肢體健全的醫生，隨時可能會生病和失能。因此在現實上，角色可能會倒轉，醫生或者某個他們愛的人，可能會變成病患。如果他們要應付治療病患的心理需求，就必須要遏止這種非常討厭的想法。目前醫學界的文化在應付這種潛在焦慮時，是把醫生和病患之間的差異具體化，彷彿他們是不同的物種。

生病或是殘障醫生的存在挑戰了這個根本的分野，因此被排擠出醫學專業之外。

第六章

漏水的水管

布莉琪（Bridget）體型高大，身穿肅穆的深色衣服，除了純金的婚戒，沒有顯眼的珠寶，她不追求與眾不同，也不想向你宣示她的成就。她不是需要別人知道她的成就多高的那種人，但她的成就確實非常了不起；布莉琪是我過去二十年來所遇過最有天分的一個醫生。

布莉琪在第二個小孩出生後不久和我連絡，因為她不確定是不是想要繼續神經外科的工作。這個專科的競爭很激烈，布莉琪是國內少數獲得眾人所求的訓練職位的女性。但是在五年的訓練計畫裡，布莉琪嚴重懷疑，在接下來的職涯中，她是否想當神經外科醫生。

在我們第一次會談裡，我問布莉琪為什麼選擇醫學。她告訴我，當醫生一直是她「預設」的選項；她父親是外科醫生，祖父也是，而且她在學校時，三項科學成績都很優異，就讀醫學一直都是一個可能性。問題是，布莉琪在學校時，不只是科學相關科目表現很好，她的全部科目都一樣強。如果她想，大學也可以去讀外語、歷史或數學。假如這樣還不夠說明她的獨特，她也是有天賦的小提琴家和鋼琴家。

在中學時，她的物理老師（擁有這個科目的博士學位）看出了她的天分，並且告誡她不要攻讀醫學。他建議，她也許會發現，像理論物理這類學科更能刺激她的心智。但是，她受到醫學的廣闊，以及醫學位提供的豐富機會所吸引，而忽視了他的建議。

起初攻讀醫學位時，老師的話開始變得有點道理。雖然要學習的資料份量非常龐大，但很少有機會深入研究任何一個題目。布莉琪覺得功課簡單，但也很單調。有一次在基因的研討會裡，她問了一個問題，因為展現的知識水準是如此地高深，以至於老師以為她已經完成了博士學位。實際上，她只是個二年級的醫學生。

當布莉琪花了一年時間插讀輔助神經科學學位時，情況有了大幅改善。她喜愛這個領域的跨學科性質，而且她的研究橫跨神經科學、哲學和生理學。除了在大學裡得到頂尖的成績，她的研究計畫還得了獎。此時，她認真地考慮放棄醫療，直接攻讀神經科學的博士學位。但她的家人和老師經常鼓勵她回到臨床訓練，並向她保證一旦醫生合格後，選擇會多很多。她不情願地遵循了他們的建議。

布莉琪符合醫生資格且完成基礎訓練後，馬上決定了她的專科。有著傑出的學業成績，廣泛的興趣，以及高度的靈巧，她的選擇很多。最後，她選了神經科學，因為這是她早期研讀的學位，需要敏銳而精確的熟練度，而且能跨學科研究，像是人類意識的起源這樣的問題，提出一己貢獻。由於申請過程競爭激烈，布莉琪不期待第一次申請就會被選上，但是她成功了。唯一的問題是工作在北英格蘭，完全陌生的大學城。她接受了這個工作，朝北方前進。

從一開始，她的外科指導老師就講明，她的臉孔不適合這個工作。有其他小組成員在場時，他會表現得非常迷人，但四下無人時，他會不斷地提醒布莉琪，他不想把這個位子提供給一個女性。他經常拒絕讓她一起進入手術室，因此她進步神經外科技術的唯一方法是去找其他的主治醫生，詢問她是否能「穿上手術服」，和他們一起進手術房。

布莉琪還指出，你不能只靠在圖書館研讀教科書就變成外科醫生，同樣地，你不可能觀看冬季奧林匹克錄影帶，就學會怎麼溜冰。兩者都需要練習、練習和練習。然而，以手術來說，手術室裡親自上場的控制權掌握在資深外科醫生手裡。就保護病患安全來看，這當然是必要的：主治醫生必須評估某個實習醫生是不是有執行特定手術程序的技術。但是手術室裡的掌控權不單和保護病患有關，也和維護誰應該成為一個外科醫生的這個特定概念有關。

所有的事情綜合起來，讓布莉琪覺得自己不受歡迎。她和其他的實習醫生共用辦公室，他們全都是男生。有時他們不會去更衣室，而是在辦公室裡更換手術服，這讓布莉琪感到不適，但她不想小題大作，因此未曾抱怨。有時當男同事在手術過程中企圖觸摸她的胸部或是捏她臀部時，她必須撥開他們游走的手。當她參加學術研討會時，男同事晚上會打電話到她飯店房間，問她願不願意和他們一起睡。

有一次，布莉琪耳聞一個資深同事說：「布莉琪是個有天分的外科醫生。」但她未曾當面受到任何正面回饋。她留在這個工作單位是希望事情會有所改變，但並沒有。因此當到倫敦攻讀博士班的機會出現時，她大大地鬆了一口氣。她離開了神經外科小組，搬到南方，朝生涯的研究階段前進。

布莉琪新的研究指導老師剛拿到一筆很大的補助款，要執行一項橫跨五個研究中心的國際計畫。沒有研究管理經驗的布莉琪，要在極少的指導下，讓計畫順利進行。第一年雖然工作量龐大，但能夠逃離之前工作上令人不愉快的騷擾，讓布莉琪感到放鬆。不過研究計畫經營得越好，她越覺得有被困住的感覺。

「布莉琪要是懷孕，整個計畫就會垮了。」有個資深的主治醫生在一次小組會議裡這麼開玩笑。雖然是正面的回饋，但並不是布莉琪想聽到的，因為上個星期她才剛確認懷了第一胎。大約一個月之後，當她告訴她的主治醫生這個消息時，他非常憤怒，因為當她請產假時，他必須找別人來代替她的工作。

布莉琪生下小孩的隔天，她犯了查看電子郵件的錯誤。她的指導老師寄來一篇需要幾天內完成修改的學術論文。布莉琪回覆，她沒有辦法親自編輯，因為她有個一天大的嬰兒。他的答覆是「我會寫信給研究專案的出資者，告訴他們你缺乏決心。」接著還說：「這將會毀掉你的研究生涯。」

布莉琪懷第一胎之後沒多久，就得了一種罕見的自體免疫疾病。四個月後，她回到工作崗位，並且讓研究計畫上了軌道，不過，她的健康卻付出相當大的代價。大約一年以後，她再度懷孕，在小孩出生後休息了六個月。產假結束回去上班後，她的健康明顯地惡化。然而，她還是繼續工作，決心要讓計畫完成。她的同事（當中很多都是醫生）中沒有人對她表示任何的關心，對她的體力透支似乎視而不見。布莉琪短暫住院一段期間後，他們之間竟然有人開玩笑地說：「要是你死了，我可以進你的資料庫嗎？」

「情況變得很糟糕，讓我覺得，我不能同時當神經外科醫生和太太和母親。」布莉琪告訴我：「這讓我精疲力竭，而且正在破壞我的家庭。我不認為這是值得的。」

最後，布莉琪在一場研討會遇見一個在生物科技創投公司工作的人，他們在尋找一個有神經科學背景的臨床醫生，並邀請她去應徵。面試過後，他們是如此熱切地想要網羅她，為了她把工作保留了六個月，讓她可以完成博士學位。

「如果你沒有小孩，會不會有什麼不同？」我問：「你依然會受訓去當神經外科醫生嗎？」

布莉琪說她離開是因為小孩。雖然神經外科訓練讓她的健康付出代價，但對小孩的影響是決定性的因素。

「在我以前的工作當中，我每一天的每一分每一秒都在做事，即使是這樣，還是沒有足夠的時間給我的工作和家庭，我總是筋疲力盡。如果我愛這份工作，我就會找兩個保母和足夠的幫手來應付過去。但是到最後我認為，我對這份工作的熱愛，不足以讓我去選擇那條路。」

我問布莉琪，為了讓她這樣的女性在神經外科這樣的專科生存，有什麼需要改變的事。我預期她會說家庭責任需要更多分攤，需要更有效規範性霸凌，或是對於有年幼子女的女性，學術中心對她們的要求應該要有更務實的期待，諸如此類的話。不過布莉琪就是布莉琪，她提出一些更有趣的事情：

「我們需要拓展外科醫生是什麼樣的人的概念。」她說：「這樣才能夠將工作方式不同的女性納入。」

「你的意思是什麼？」

「在手術室和實驗室，他們讓我覺得我格格不入，我並不屬於那裡。之前的外科訓練中，我與病患以及同事溝通的方式受到讚賞，當我開始做手術後，護士和其他健康專業人員也說一樣的話。他們說：『我們需要更多像你一樣的外科醫生。』但是外科主治醫生告訴我，我不夠『像外科醫生』，即使在現實中，在實驗室裡，從來沒有人批評過我的臨床技術。人們想要我成為其他人，某個我不是的人。」

「你離開時，大家說什麼？」我問。

「沒有。沒有離職訪談，沒有人費心保持聯繫。我從歷史裡被刪除。」

雖然打贏激烈的競爭，被指派到一個英國最具聲望的訓練計畫，但沒有人對布莉琪為什麼離開有興趣。

布莉琪開始新工作後三個月，我和她見了面。依大多數人的標準，她工作非常地辛苦；

除了新任務的要求很高，她單趟通車就要花兩個小時。但是她利用通勤時間讀更多的書（她開始在網路上修計算神經科學的碩士），以及整理家庭的瑣事。

「我的意見被重視。」她說：「大家對我所說的話感興趣，多年來第一次，我總算可以做我自己。」

§

一九八八年，伊索貝爾・艾倫（Isobel Allen）出版了一份針對女醫生的研究，這個研究由衛生部委辦，以面對面的方式訪談畢業於一九六六年、一九七六年和一九八一年的醫生（男性和女性都有）。艾倫提到，更高階的外科層級中「明顯缺乏女性」。[1] 後來到了二〇〇九年，衛生部再度委託全國醫界女性工作小組（National Working Group on Women in Medicine）調查，總結是：「外科是一個有特別顧慮的領域，在這麼大的專科裡，女性人數比例很低。」這份報告接下來做了九點建議，其中大部分的內容完全可以預測（改善和導師會面的機會、提供職業建議、可兼任、有彈性的訓練、足夠的兒童托育）。[2] 這些建議聽起來很積極，但不能說具有前瞻性。因為早在二十年前，艾倫的報告就已經提出類似的建議了。

事實上，很多建議在三十或四十年前已經提過了，而且千篇一律。但是我們依然處在二〇一六年刊登在《英國醫學期刊》的一項研究所指的的情況中：

實習醫生提到，資深醫生對懷孕、產假和育嬰假，以及不想全職工作的實習醫生，特別是女性實習醫生的負面態度，……資深男性醫生以及外科專科最常被指出有這種負面態度。[3]

看了這些報告，我們很難規避一個結論：所有的政府報告、學術文章和工作小組，不知道為什麼都沒有掌握到重點。用醫學的類比來說，如果有人感染了德國麻疹病毒，他們可能會有一連串的症狀，例如，紅疹、高燒或是淋巴結腫脹。一旦有人感染，你可以針對症狀治療（例如，投以撲熱息痛〔按：一種解熱鎮痛藥〕）。這對個別病患會有幫助，但是開立撲熱息痛藥方，並不能降低德國麻疹在人口中的發生率。你必須透過以人口為考量基礎的免疫計畫，解決潛伏的原因，也就是德國麻疹病毒。

面對外科中女性的問題也是一樣的道理。缺乏模範角色和導師，對女性兼任工作的偏見、霸凌和性騷擾都是症狀，並不是故事結尾。處理這個層次的問題像是給德國麻疹病患撲熱息痛，它或許會幫助各個地方的女性外科醫生，但是要解決這個問題，你必須處理底層的原因，也就是外科專業的文化，即使邁入二十一世紀的第二個十年，它對女性依然是不友善的。

如果你想了解一個病毒，要去問病毒學家。如果你想知道病毒感染在人口中如何散布，要去問流行病學家。而如果你想知道外科專業文化是怎樣傷害女性的職業生涯，你需要問一個研究文化的人，也就是社會人類學家或是社會學家。從他們對目前外科文化的觀察，可以找到答案。

瓊安．卡塞爾（Joan Cassell）是研究外科文化的社會人類學家。她做的不只是訪談女性外科醫生，她也穿上手術服，進入手術室。在三年研究期間，她總共觀察了三十三個女性外科醫生。那麼她發現了什麼？不單外科文化的本質就是男性化的，而且其文化更體現了男性化。換句話說，這種男性化是透過外科醫生的身體表現出來的。卡塞爾認為，要了解女人面對的困難，從「性別主義」來看太過於抽象。實際上也不太具體。只有將外科實務具體表現的特質（embodied nature）列入考慮，才能夠解釋女性外科醫生面對的那些來自男同事們的心理反應，例如布莉琪得到的反應是她們是不對的人出現在不對的地方。

外科不是唯一體現男性化的職業，卡塞爾還提到飛行測試和賽車，並把這些一併歸類為「死亡焦慮」的活動。她沒有提到軍隊，但是我絕對會把它列入清單。美國軍隊直到二〇一五年十二月才允許女性在前線的戰鬥職位上服勤；英國隔一年也追隨在後，開放前線步兵和坦克職位給女性士兵。假如你的工作（賽車手、坦克指揮官、外科醫生）體現了在特定文化裡傑出的男性應該為何，那麼女人的存在將會受到抵抗。

就我自己在手術室的觀察來說，我經常覺得，一個人（外科醫生）切開另一個人（病患）的身體，是一件非常特別的事。卡塞爾也生動描述出外科的身體性質：「在手術時，外科醫生的身體殘酷地接觸到病患的身體，醫生刺穿病患的皮膚表面、侵害肌肉，破壞病患身體的完整性。」

當然，這種「殘酷接觸」是為了病患的利益（相較於士兵的接觸，他們的目的是為了自己國家的利益而傷害或殺死敵人）。外科工作（像前線戰鬥一樣）體現我們對男性化特徵的文化觀點，也就是決斷力、指揮的能力、強健的身體。

外科體現男性化的概念也可以解釋，為什麼女性外科醫生在懷孕時會受到特別不友善的對待。卡塞爾描述，有一個女性住院醫生在懷孕末期，需要到床上休息，卻被她的總醫生（Chief Resident）威脅，他告訴她，她會被扣薪水。這個住院醫生向總醫生抗議，說她已經累積了很多休假和病假，而且她離開手術室的時間，絕對不會比和她一起受訓的軍醫還多。如同卡塞爾所評論的：

> 因為戰爭而請假……是與外科非常相關的行為，因此幾乎不會被注意到：從定義上來說，剛強的外科醫生就是戰士，負責與疾病和死亡進行肉搏戰。另一方面，因為懷孕請假則與外科完全無關：懷孕和有小孩是病人或妻子的身體用途。

經過煞費苦心的觀察，卡塞爾親眼目睹，比起富同情心、有臨床知識的外科照護，醫界更重視戲劇性的手術「救援」。甚至，即使女性外科醫生的確執行了高超的手術干預作為，旁觀的男性觀眾也會認為，她一定有什麼事情做錯。例如，有一個女性住院醫生告訴卡塞爾，她執行了一個技術上要求很高的手術程序，毫無疑問地挽救了病患的生命。這個住院醫生在每週的發病率和死亡率（M & M〔morbidity and mortality〕）會議上描述這個案例。這是全外科小組成員討論不良與異常結果的一種討論會。雖然她執行的手術極為成功，卻因為極小的細節而受到批評，她的成就完全被忽略。這和隔週一位男性住院醫生得到的回應形成強烈對比，他在一個簡單很多的案子裡的角色就受到熱烈稱讚。這個女性住院醫生的想法是：「如果我在M&M會議上報告，說我讓拉撒路（Lazarus）復活了，他們會問，為什麼我要等上四天。」[4]

不意外地，卡塞爾在結論時說，女性外科醫生身陷「雙重束縛」。如果她們不是特別優秀，大概就沒辦法完成訓練。如果她們很優秀，將會成為「突出的釘子，而被榔頭敲回去」。[5]

§

我無法停止思考，在卡塞爾完成觀察研究的二十年後，主要議題怎麼還會出現在布莉琪的故事裡。簡單舉幾個例子來說，例如讓她感受到她不屬於手術室的方式、對她懷孕的不友善態度；她的指導老師如何對她精湛的手術能力視而不見，反而批評她富有同情心的病患照護方式。

卡塞爾和其他作者指出，即使是最傑出的女性醫生，也要努力對抗對她們不友善的醫學（特別是外科）機構的力量。從布莉琪的成就來看，她是優秀的一流人才，但可惜的是，從她的實際經驗來看，她並不是。二〇一六年，《美國外科期刊》（*American Journal of Surgery*）刊登的一項研究得到了下面的結論：

> 研究中有超過半數的女性指出，她們覺得自己曾經因為性別受到歧視。而且，結果顯示，隨著她們在醫界的位階晉升，從醫學生、住院醫生到外科醫生，性別歧視的感受似乎隨之增加。[6]

另外一份二〇一六年刊登在《英國醫學期刊》的研究，敘述了女性外科實習醫生的反應：

> 不論我們想不想承認，外科正是男性的堡壘。如果有所改變，也是極為緩慢的，而且依然非常、非常受到男性的支配。所以產假是個糟糕的字眼……當我在單位裡告訴他們我懷孕時，我的主治醫生給我非常負面的回應。真的非常的負面。他為了這件

事而責罵我……這令人非常沮喪。[7]

> 有人曾經對我說：「你要不是一個女人，就是一個外科醫生，不能兩者都是。」

根據英國泌尿科主治外科醫生喬蒂・沙阿（Jyoti Shah）表示，女性外科醫生在手術室裡仍然會遇到對月經的批評。只要她們把意見大聲說出來，男性同事可能會問：「每個月的那個時候到了嗎？」[8]

不管是有關月經或懷孕的言論，發生的頻率讓人聯想到，大家仍然以不同的方式告訴女人，她們的身體並不適合訓練成為外科醫生。

§

對於醫學界的女性開拓者，情況當然更糟。一八六三年，伊莉莎白・蓋瑞・安德森（Elizabeth Garrett Anderson）寫信給亞伯丁醫學院（Aberdeen Medical School），請求准許她參加解剖課。她收到的回應是：

> 我非常強烈地認為，從各方面來看，女士進入解剖房（anatomical theatre）和解剖室（dissecting-rooms）都是不好的，而且是非常不得體的，因此我沒有辦法讓你進

> 去……為了外科和醫學的目的，確實應該研究這些問題，但幸好，高雅的女士不必接觸如此汙穢的場景……女士頂多只能成為不好的醫生，而她們擅長的事情還很多，如果看到她們嘗試做這件事，我應該會感到遺憾。[9]

蓋瑞．安德森沒有因此灰心，她努力嘗試別的途徑，最後找到成為專科住院醫生的路。她後來在一八七四年與蘇菲亞．傑克斯－布萊克（Sophia Jex-Blake）共同創立了倫敦女子醫學院（London School of Medicine for Women）。三年後，女性醫學生可以在倫敦自由醫院（London Free Hospital）獲得臨床經驗，再過兩年以後，國會通過一項法案，授予相關機構讓女性成為合格醫生的權力。

美國女性也面臨類似的阻礙。深具影響力的加拿大醫生威廉．奧斯勒（William Osler），一向反對讓女人加入這個專業。他是第一位巴爾的摩新成立的約翰霍普金斯醫學院（Johns Hopkins Medical School）中第一個醫學教授，後來還成為牛津大學醫學系欽定的講座教授。奧斯勒認為，醫生的專業特徵應該是鎮靜，也就是在所有的狀況中都能保持冷靜、沉著和鎮定的能力。依據奧斯勒所言，女人欠缺這個根本的能力，因此永遠不會成為好醫生。在一八九〇年代，奧斯勒和他的（男性）學生開玩笑說，「人類可以劃分成三種類別，男人、女人和女醫生」。[10] 或許這只是一種輕鬆有趣的嘲諷，但卻表達出和亞伯丁醫學院的回覆相似的意見：真正的女人不會成為醫生。

雖然面臨相當大的障礙，女人仍然繼續爭取進入醫學專業的管道。英國在第一次世界大戰期間，女人的機會增加了，但大部分在那段時期出現的職位，在戰後都撤銷了。一九二一年，女人仍然只占醫療總人力的五．四％。到了第二次世界大戰結束時，有二十五％的醫學生是女性，不過，由於戰後的退伍軍人返回大學復學，女學生的數量就減少了。[11]女性在醫學之路上似乎是向前走了一步，然後又退了一步。一九六二年，英國的女性醫學生才剛剛超過二十％，三十年後，比例上升到四十五．三％。[12]到了一九九二年，女學生的數量已經超過她們的男性同業人士，而且從那之後，情況維持不變。英國最近的數字顯示，五十五％的醫學生是女性。[13]

美國醫療人力的女性化，一直落後於英國。雖然女人從一九一六年才開始進入英國的牛津醫學院，但直到第二次世界大戰以後，女人才有進入美國哈佛和耶魯的機會。事實上，直到一九七二年，美國立法有了重大的改變之後（教育修正案第九條〔Title IX of the Education Amendments〕），在接收聯邦資金補助的機構中，才禁止了歧視性的入學政策。因此，在一九七〇年到一九八〇年之間，女性醫學生的比例成長超過兩倍，從十二．三％到二十八％。[14]從二〇一六年的入學來看，最近的數字顯示，從以前到現在，第一次幾乎達到了男女比例的平等：四十九．八％的女性和五〇．二％的男性。[15]幾乎一樣，但還不完全。

不過，這些進入醫學專業的相關數字，可能是一種假象。在表面的平等底下，男性和女性的醫學職業生涯存在著顯著的差異。當我們審視女醫師最終所從事的特定專科時，一切就顯而易見了。

§

已婚的奧莉維亞（Olivia）有三個年幼的子女，她來見我是因為，她覺得最後選擇了錯誤的專科。在我們的第一次會談中，她告訴我，在開始讀醫學院以前，她志願到印度的一間育幼院服務，因為這個國家深深吸引了她。她對這個國家的愛，吸引她在醫學院的實習時期時，再次回到印度那所育幼院的附屬醫院工作，一符合醫生資格後，又再度返回。在實習的時候，奧莉維亞看到被各種傳染病折磨的病患，於是決定要選傳染病為專科。她喜歡一些特別罕見和難以診斷的疾病；這個專科需要「偵探性的工作」。一旦正確地診斷和治癒疾病，很多罹患傳染病的病人就會明顯地康復，她覺得這令人感到非常滿足。她還覺得，這個專科也吸引了和她一樣志同道合的人，願意到開發中國家工作。

但是在英國，傳染病是一個非常競爭的專科，要在訓練計畫得到職位非常困難，而且和其他競爭激烈的專科一樣，除了完成臨床方面的訓練以外，攻讀博士已經成為常態。讓情況更糟的是，雖然以往傳染疾病實習醫生在正常的工作時間以外，經常會有相當輕鬆的班表，但現在的情況已經完全改變了。輪班不是因為教學的需要；畢竟，你不用在晚上或是週末到醫院值班，也可以學習怎樣當一流的傳染病專科醫生。現在到醫院值班，完全是因為人力不足。

除了臨床工作以外，奧莉維亞不想攻讀博士，她不想為了大量發表作品，或是趕上申請補助的期限而擔憂，她也不想要把很多的晚上和週末花在工作上。由於已經有了三個小孩，她很肯定，如果在這個專科受訓會有很多麻煩，所以經過一番深思，她選擇了全科醫學。

開始當全科醫生後，她明白她犯了一個可怕的錯誤。奧莉維亞喜歡能將病情嚴重的病患治好的感覺，這種康復必須有立即性。她喜歡診斷的挑戰，有可以清楚界定的結果。但現在，病患如果有嚴重和令人困惑的症狀，她要將他們轉診到醫院專科醫生。依她的觀點，醫院同僚進行了所有的偵探工作，享受所有的樂趣。

也有證據顯示，病患選擇看男性和女性全科醫生的問題會不一樣。女性全科醫生有比較高的比例是女性專屬和社會心理問題。相對地，男性全科醫生比較頻繁被諮詢的是關於肌肉骨骼和呼吸問題，以及男性生殖系統的問題。毫不意外地，由於病患比較可能找女性全科醫生諮詢複雜的社會心理問題，與她們的男性同僚相比，往往有相當高的比例需要長時間的診治。[16] 奧莉維亞並不是冷漠，她只是喜歡能夠清楚定義、快速治癒的臨床問題。長期的憂鬱症、焦慮，或是酗酒，再加上一大堆社經狀況上的困難，並不屬於這個範疇。但是來奧莉維亞診療室敲門尋求幫助的，都是這類的病患。

奧莉維亞不是唯一一個以家庭為重而選擇全科醫學的人。英國在二〇一五年有一項研究，詢問超過一萬五千名醫生關於影響他們專科選擇的因素。和其他專科相比，全科醫生比較容易把他們的決定歸因為「想要有工時可以接受的職業」和「想要有可以配合我家庭狀況的職業」。[17]這不必然是個問題，而且很多全科醫生非常喜愛他們的工作。但是基於工作時間較短，或是待命時間比較少，而選擇這個專科的醫生，實際上在挑選工作時，是因為這讓他們有比較多不工作的時間。這個情況就像老師只是為了很長的假期，而進入這個行業。當然，晚上、週末和假期，對一個人的身心健康至關重要。不過，從長遠來看，在壓力很大的行業工作的人，例如教書或是醫療，也需要從花在工作的時間中得到滿足感才行，而不是因為這份工作讓他們有比較多的時間不必工作。

奧莉維亞在選擇全科醫學作為終生的專科以前，對這份工作毫不了解。從我們的討論當中，她得出了她比較適合醫院醫療的結論。她也接受了傳染病的研究需求與工作時數可能也不適合她。但是她正在探索是否有別的專科，可能會是好的替代方案，例如性醫學。這個專科涵蓋很多的傳染病工作（治療罹患性接觸傳染病的病人），而且大多數是門診病患，也可以讓她在限定的時間中在印度從事 HIV（人類免疫病毒）門診。這部分算是好消息。但壞消息是，離開全科醫學，再成為合格的主治醫生，至少要再接受四年的全職訓練，而且她有可能會發現，要在自己、先生及三個年幼子女在國內生活的地方找到接受她的訓練計畫會有困難。因此她的問題還沒有解決。

由於很多女醫生是因為全科醫學所提供的彈性，而選擇了這個專科，因此在全科醫生當中，女性的比例過高，而在醫院的主治醫生當中，女性的比例卻過低。不過，有兩個醫院體系的專科，大多數是女性主治醫生，違反了這個趨勢。但就只有這兩個。不意外地，這兩個專科就是婦產科和小兒科；只要是和「婦女的」問題有關，例如懷孕、分娩和小孩，女醫生就會很感興盛。

那麼女性主治醫生比例最低的醫院專科是什麼？外科。在二〇一六年，只有十二%的外科主治醫生是女性。這個差異不能以女性沒有興趣，或是不擅長手術程序來解釋，因為婦產科在技術上也可以定義成外科專科。而且，不像其他的外科專科，急性的產科必須保護的不只是一個病患的健康，而是兩個病患（母親和嬰兒）。然而在英國，與其他外科專科女性主治醫生的比例相比，婦產科女性主治醫生的比例超過四倍（五十一%）之多。[18]

女醫生不只群聚在不同專科；她們也比較可能兼任工作。舉例來說，二〇一六年針對英國一萬名醫生所做的調查發現，有四十二%的女性兼任工作，但男性的相對數字則是七%。[19]兼任醫生的比例依據專科也有落差；女性全科醫生兼任的有四十%，而女性外科醫生的數字則是十%。女性在外科專科仍是非常少數，而且當她們真的選擇了這些專科，就不太可能兼任工作。這份研究也清楚顯示，小孩是關鍵的因素。事實上，比起有小孩（或沒有）的男醫生，沒有小孩的女醫生比較不可能去做兼任。

家庭考量也影響了女醫生選擇學術性醫療之路的比例。選擇這類型職業的醫生，必須完成同樣要求很高的醫療訓練，除此之外，還要進行研究、撰寫學術報告，以及不斷完成複雜的研究資金申請程序。由於美國的醫生每一週有八十小時的臨床時間要求，因此一大堆額外任務的選擇會讓女性卻步，尤其是如果她們回家後，還要面對一大堆家庭責任的話。即使是在英國，工作時間受到歐盟工時指示的限制，而且已經設計出整合性的學術訓練方式，在學術性醫學之路中，仍然存在顯著的性別不平衡，尤其是在高等階層。

和很多其他行業一樣，和男性同事相比，醫界的女性所得比較少。[20]這個差異的部分原因是，由於整體的主治醫生人力當中，女主治醫生往往比較年輕，職業生涯比較可能中斷，以及比較不可能有高階的行政或研究職位。男性和女性主治醫生之間的薪資差距，這些因素大約占了六十%。其餘四十%的因素是由於以相同的成就來說，女性所獲得的財務報酬不同。例如，當教授可以為男性的薪水增加二十二%的津貼，但女性只有八%。男性當十年主治醫生之後的所得，比剛被指派的主治醫生多三十四%，然而對女性來說，這個差別只有十三%。而且不只是英國如此；在美國的研究也顯示，從事完全相同工作的男性和女性醫生，一樣有類似的薪水差異。[21]

二〇〇九年英國首席醫療官（Chief Medical Officer）連恩・唐納森爵士（Sir Liam Donaldson）曾經寫道：「問題不是進入醫學院的管道，而是我們要如何確保女性的醫療人力一旦受雇後，能夠實現她們的潛能。」[22]對男性和女性來說，要登上醫療階梯底層的踏板可能都一樣容易，但它是一座很長的梯子。女性只爬了前面幾階之後，性別平等的概念就不再那麼令人信服了。特定途徑的選擇，在職位上能爬到多高，甚至是一樣的勞力所能獲得的薪水，在兩性之間，完全不同。

§

這是一封寄到我收件匣的電子郵件：

親愛的卡洛琳：

我是以學士後的身分進入醫學系，因此不像同事，我的年紀有一點大，而且已經結婚，有兩個很小的女兒。在這個時候，我的優先順序比較不在於職業的升遷，而是保有快樂的家庭生活……我覺得我遇到了醫學生涯的叉路，必須做出一些嚴肅的選擇，而且做出這個選擇我覺得要背負很多的責任，因此我只想做出對的選擇。我最近開始失眠，這是以前沒有過的狀況，雖然我沒有反覆思考到睡不著覺，也沒有覺得心情低落，但我知道這是一個徵兆，我不能再像過去一樣埋頭前進了。

我常常收到這樣的電子郵件，而且很多來看我的醫生帶來的故事，都是和不能平衡工作和家庭生活有關。一般來說，訴說這些故事的都是女人，但有時候（就像前面的電子郵件），擔憂醫療工作會對小孩造成傷害的是男人。

在英國，離開醫學院以後的專科訓練可能會持續超過十年，那是十年的全職工作。如果你是兼任，甚至要二十年。在這段期間內，每六個月到十二個月，你就要換一次工作，而且對於會被送到什麼地方，幾乎沒有選擇。就像有個醫生所說的：「這個制度把你當成一件器材一樣搬來搬去，而不是一個人。」如果持續搬遷還不夠糟的話，有些工作可能還要通勤相當長的距離。從後勤的觀點來看，要想辦法安排小孩托育，可能會是一個噩夢。但這還不是全部。

每一次搬遷，你將需要熟悉不同醫院的新同事和工作，才能快速地學習如何在新的工作場所做事。前面幾年還不斷面對學士後考試的壓力，然後整個訓練期間，也要不斷被資深同事評估。現在，有一些專科也在訓練結束時引進畢業考試。除了這些，為了要通過年度評估，以獲准進入訓練的下一個階段，每個醫生每年還要完成工作量不斷增加的不相關任務。想像一個人在十年到二十年之間，要嘗試做所有的這些事，既要讓訓練上軌道，同時還要照顧家庭，是多麼地辛苦。

重點是，談到關於身負照顧小孩（或確切的說是其他任何的照顧）責任醫生的支援，醫療業並不是一個變通的行業。因為病人需要一天二十四小時的照護，因此難免缺乏變通性。一般來說，會計或建築問題可以等到隔天早晨，但是急症病患是不能等的。不過，對女性來說，病患的臨床需求不是讓醫學成為具挑戰性的職業選擇的唯一原因，而是這個行業整體上還沒有完全轉變成女性化的工作人力，她們當中有很多人必須年復一年地想辦法結合醫療訓練和照顧家庭。

女醫生對一項二〇〇九年英國醫學協會所做的研究的反應[23]，讓我們清楚了解這些人所面臨的職業挑戰：

「我得到一個臨床資深講師的職位，卻必須回絕，因為新手母親的責任太大了，而這份工作不能依我的需要盡量做最少的時數。」

「一個沒有小孩的女同事比我資淺很多，卻比我超前獲得升遷，我透過申訴管道申請升遷，就成功了。」

「我們組織裡有資深的女性工作人員，但她們沒有小孩，她們的觀點是，我們應該要『有彈性』，而且如果有必要，還要做好調職的準備。」

「全職的男同事依然認為，兼任是比較次等的。」

「為了兼任主治醫生的職位，我得等上八年。」

「這行業仍然是男人的世界，特別是頂端的階層。」

美國的情況更糟糕。兼任工作可能會阻礙一個人的前途，但是英國官方的指南聲明，所有醫生都可以申請彈性的訓練，而且每一個申請都將被「正面地」處理。對比美國的情形，生完小孩後的產假要短上很多（與六個月相比，是十二週），而且通常很少會有兼任訓練的機會。研究當中充斥著有年輕家庭成員的女性，在嘗試繼續訓練時所面對的恐怖故事：

我三十七歲的時候，在高風險產婦的情況下生了第一胎，那時候，我才剛開始一個研究工作一個星期。我身心交瘁地把孩子送進新生兒加護中心，當我走出大門時，遇到了一個資深同伴，他告訴我：「對於發生的事，我感到非常遺憾。但什麼時候才可以把你放回待命班表？」[24]

面對這麼多的困難，很多女性和一些男性，離開醫院的醫療崗位去當全科醫生也就毫不令人意外了。這並不是一個容易的選項，根本不是如此。但是與醫院其他專科相比，英國的全科醫療，或是美國的初級照護（primary care），學士後的訓練期間短很多了，兼任工作表的調配更容易，而且很少或是沒有強制性的夜間輪班。英國和美國也有初級照護醫生的短缺，因此要在國內合適的地方找到訓練計畫和以後的工作也容易很多。不過有時候，這些醫生會因沒有選擇的路而心煩意亂，像是奧莉維亞。他們會不斷地問自己，如果聽從自己的心去完成醫院專科的訓練，一切會不會更好。

§

其他女人則做出不一樣的選擇，為了取得她們選擇的專科資格，即使訓練時間要超過十年，也決定鍥而不捨地完成醫院訓練。但是像莎莉（Sally）一樣，她們可能會遇到不一樣的問題。

莎莉在心臟科訓練快要完成時來見我。但是她不是真的接近完成；因為她不是全時間在接受訓練，所以她的訓練時間一再延長，距離完成還有兩到三年。一開始，她離開醫學院以後，在決定心臟科以前，花了幾年的時間在不同的專科輪調。而且她有四個小孩，最後一個是早產兒，他出生後的第一個月都需要住在醫院裡。每一次懷孕，她都要請一年的產假。此外，心臟科主治醫生的職位競爭很激烈，她被建議除了臨床訓練外，還要拿一個博士學位。但要激勵自己去寫論文，讓莎莉感到非常煎熬，因此她在第一次會面一開始時就告訴我，她覺得她的職業生涯已經遇到了瓶頸。

我詢問莎莉父母的職業，她告訴我她父親曾經是醫生，她母親為了家庭而放棄了她的職業。她還記得小時候，她總是認為父親的工作聽起來非常刺激，因此從幼年開始就決定想受訓當醫生。但是莎莉也談到，當她每天從學校回到家裡，發現她母親做好自製的餅乾和蛋糕在等她，她有多麼的喜悅。莎莉幾乎像被兩股反方向的力量拉扯著，也就是想當聰明、學術型的醫生（像她父親一樣），同時也是每天上課結束時守候小孩的慈愛母親。這個緊繃狀況並不容易解開。

然而，最讓我震驚的故事是，莎莉完全沒有做好充足的準備回去治療狀況不佳的急性病患。莎莉來看我的時候，距離負責治療命在垂危的病患已經六年了。離開急性治療這麼長的時間，是因為四次產假之外，還花了幾年待在實驗室裡。當她向臨床指導醫生提出她的顧慮時，他的建議是什麼？一天的複習課程？

因此莎莉必須大聲抗議，要求她返回工作崗位時要有更合理的時間表。她這麼做不是為了找麻煩，或是要求特權，相反的，她拒絕一開始新的工作就馬上回到待命的住院專科醫生崗位，是因為她知道自已還不夠可靠，她想要有一段接受指導的複習期間。這個要求完全符合英國醫學總會指南的說明，身為醫生，你必須「認知你的能力範圍，並且在範圍內工作」。但是她的資深同僚對此不太滿意，還在她的訓練紀錄中給了負面的報告，這還是有史以來頭一遭的事。

過去這些年，我遇過一些和莎莉一樣的醫生，他們為了種種原因，有相當長的一段時間沒有接觸急性病患。但是讓他們重回急性醫療的準備工作經常（雖然不是總是如此）極不充分。現實中對於重複請產假，然後重返兼任的臨床工作之間，還穿插了研究工作的情形，整個訓練體系還沒有做好妥善的因應。在醫生的教育需求和醫院對回到醫療實務的醫生所提供的支持之間，有根本上的不協調。

§

表面上看起來，對於沒有父母或小孩要照顧的女醫生來說，事情可能簡單一些：她們當然比較可能會做全職的工作。但是有時候，這些醫生覺得，她們為了完成醫院專科訓練，付出了太高的代價。我也納悶，對於國際醫學畢業生（International medical graduates, IMGs）來說這個問題是否也相當急迫。國際醫學畢業生在訓練計畫取得一個位子之前，得花上幾年的時間，中間那段時期，他們通常在國內各地從事六個月的短期工作。如果你必須像這樣到處搬遷，就很難建立穩固的社交網絡，然而這也是人們最可能遇到未來伴侶的那幾年。即使這些醫生最後獲得了訓練的位子，除了忙碌的醫療工作外，還要通過考試（有時候是用第二語言）以及建立研究技巧、臨床旁聽和教學。在英國以外的地方受訓的醫生，對於一些額外的任務可能比較不熟悉，因此這對國際醫學畢業生來說，可能會特別地耗費時間。有一個醫生對我說過：「我完全專注在完成訓練以得到主治醫生的工作上。」但這種專注對於醫生工作外的生活，可能會有不利的影響。

和醫生會談時，我經常問他們，在工作上曾經做過什麼事，讓他們特別引以為傲。這個問題的答案總是讓我訝異不已，例如為一個在安寧照護末期的年輕病患安排婚禮；為老年病患建立的防摔倒服務得到全國的獎項；將鐮狀細胞貧血症（sickle cell anaemia）的成人病患，從小兒科轉換到成人門診。但是當我改變題目問醫生，在工作以外做過什麼讓他們感到驕傲的事時，他們經常保持沉默，有時候可以明顯感受到後悔的意味。另一份女性醫生的研究當中，有個受訪者的結論是「醫學是一種失落的事業」，也就不足為奇了。

§

安德森在一八六三年想參加亞伯丁醫學院的解剖課時，被告知說：「女士頂多只能當不好的醫生」。[25]我很好奇這封信的作者對於一份二〇一七年二月刊登在《美國醫學學會期刊》的研究發現，會有什麼評論。這是一份由一群哈佛公共衛生學院研究員所進行的研究，分析了二〇一一年到二〇一四年之間，超過一百萬名六十五歲以上因身體疾病入院的患者，三十天的死亡率與再入院比率。他們發現了什麼？由女醫生治療的病患，三十天死亡率與再入院比率都比較低。這個差異在八種常見的身體疾病中都是一致的現象，而且不受疾病嚴重程度的影響。[26]簡而言之，如果收治老年病患入院的醫生是女性，病患的情況就會比較好。

同一期的期刊裡，有關這份研究的一篇評論認為，由女醫生治療的病患成果比較好，可能是因為與男性同僚相比，女人比較可能會遵循臨床指南，或是因為她們和病患的溝通比較有效，以及往往有比較長的診療時間。目前，我們依然不清楚造成臨床醫療結果差異性的精確機制，但是我們很難不同意倫敦皇家內科醫學院前院長珍妮·達克爾（Jane Dacre）教授的結論：因為工作人力的多元性，藥物也更「豐富」了。[27]

反對醫生兼任工作的舊論點，也站不住腳了。不只有證據顯示，工作時間比全職少的醫生，壓力比較小，對工作也比較滿意，而且男醫生做這種選擇的比例，未來似乎有增加的趨勢。二〇一六年一群牛津大學研究員有一份報告的結論是，醫學界需要建立合法的職業管道，讓兩性的醫生都能夠受訓和兼任工作。[28]

另一個劍橋的資深女醫生費歐娜·卡雷特·法蘭克（Fiona Karet Frankl）教授，最近表達了她的沮喪，因為她聽到某個醫學系女學生被一個男性資深外科醫生建議，不要選擇外科當職業，這個外科醫生還問她：「你肯定會想要有一個家庭？」後來，卡雷特·法蘭克從好幾間其他醫學院的同事那兒，也聽到幾乎類似的故事。

卡雷特·法蘭克指出：「我在一九八〇年進醫學院的時候，班上有五十二%是女性，但在差不多三十五年以後，我的專業夥伴只有十三%是女性。」然後她繼續說：「當我們談到『漏水』的水管時，進一步的討論重點經常是水，而不是水管。」[29]

在我和女醫生的討論當中，我看見她們是如何地從醫院醫療水管「流失」到以社區為基礎的兼任工作，或是從醫界完全地流失。一個無法迴避的事實是，醫學生涯的第一個十年，與女人最可能結婚和想要開始組織家庭的時間重疊。在英國比較容易找到兼任工作，這稍微減輕了壓力，但卻讓訓練時間變長，有的時候是連續好幾年。

我朋友的女兒蘇菲（Sophie）二〇一六年在美國開始當婦產科住院醫生，她申請的一些住院訓練計畫提供她凍卵的選擇。但是當在這個計畫工作的婦科和產科醫生知道，凍卵懷孕的機率比傳統製造嬰兒的方式還要低時，婦產科訓練計畫用提供凍卵來引誘住院醫生，不是有些違反常理嗎？

還有，我們能否找到比較好的方法，讓像布莉琪這樣傑出的醫生，可以感受到自己適合外科小組，且能貢獻一己的價值，而繼續留在這個行業嗎？

第七章

危險的生意

我有一次去倫敦見一所醫學院的院長，會面的目的是要評估他的醫學院是不是能夠多做些什麼，好讓學生在畢業後一年左右必須做出專科選擇時，能有更好的準備。談論當中，院長告訴我，他的學校有太多不是真的對當醫生有興趣，而只對婚姻感興趣的亞洲女生。

如果那名教授見到我一個名字叫做拉赫瑪（Rahma）的客戶，他對亞洲女性醫學生的觀點無疑會得到確認。拉赫瑪在倫敦長大，是年紀較大的雙親唯一的小孩。她被教養長大的方式是要對長輩尊敬，對於不太認識的人要安靜以對。她在學校和第六級學院的所有朋友，都是來自英國巴基斯坦社區等背景相似的人。

從中學開始，拉赫瑪就知道，她和許多遇到的學生不一樣。她告訴我，和很多同儕相比，她很沒信心。中學畢業到上大學前一年的假期，她沒有到世界各地旅行，事實上她從來沒有考慮要這麼做，因為她的家庭負擔不起那種奢侈。她也不像她很多去上家教的同學，有很多課外的成就，像是音樂、運動、辯論等等。擊劍、划船，或是演奏豎琴，都不是她的學校的學生負擔得起的活動。

「在醫學系裡要變得有自信，是一條漫長的路。」拉赫瑪告訴我。這是真的。攻讀歷史或經濟學位時，大部分是靠講課、研討會或自己念書，但醫學院不一樣，作為臨床訓練的一部分，學生要不斷地在資深臨床醫生和病患面前展露他們的知識和技巧。巡房的時候，當拉赫瑪和一群學生在病患床邊時，她不會是第一個回答主治醫生問題的人。有任何問題時，她也不會衝去問主治醫生。她對醫學系的學長姐很小心翼翼，根本不敢先開口和對方交談。但是像前面那位只對婚姻感興趣的教授，遇到拉赫瑪這樣的學生時，他們看見的不是一個非常聰明的學生，而是害羞、需要鼓勵的年輕女生。他們看見的不是一個對當醫生感興趣的人。換句話說，他們對情況的解讀，讓他們確認了起初的刻板印象。

所以，接下來會發生什麼事？

教學是一種雙向的活動。主治醫生認定害羞的亞洲女生不會主動提問題或回答，自然轉而向其他人下指令（聽病患的心臟，告訴我你聽到了什麼）。事實上，拉赫瑪有自信能辨認心跳聲的不同，而且也想被問卻沒有，讓她感到失望，於是更進一步縮回到她的殼裡，這又讓主治醫生更確信，像拉赫瑪這樣的學生對這個行業並沒有決心。

「我太害羞和擔心受到注意了。」拉赫瑪告訴我：「我可能沒有表現出對醫學的興趣。」在醫學院六年的時間裡，有好幾百次的日常遭遇都被錯誤解讀了。遭遇的意思是，錯過建立自信或是讓學習更進一步的機會。拉赫瑪對皮膚科有特殊的興趣，並且選擇這個專科作為她的一個選修。但是她沒有辦法把熱情傳達到這個課程單元的指導醫生；他沒有回覆她的郵件，她因此錯過了一些研究經驗的機會，而這原本可以讓她未來求職的履歷更為充實。

「因為什麼都沒做到，讓我沒有得到參加研究的機會？」拉赫瑪問她自己。她沒有責怪指導醫生，反而相信自己一定在某些方面有所不足，這又進一步侵蝕了她的自信心。直到後來，雖然她毫無困難地通過了醫學院期末考試，但在醫院開始第一份初級醫生的工作時，卻完全被擊垮了。她就是在那時候第一次來找我的。

§

「兄弟姊妹永遠不會有一樣的父母。」一個心理學家同事曾經這麼說過，這句令人困惑的話意思是，除了雙胞胎以外，每一個新的手足出生時，父母的婚姻、事業或家庭生活，都處於不同的階段。例如，年紀較大的孩子可能在婚姻穩定的時候出生，而比較晚出生的小孩來到時，婚姻關係可能觸礁。另外，每一個小孩有自己的個性和外表，會讓父母想起別的親戚，可能是父親仰望的哥哥，或是他一直競爭的姊姊。然後這又會形成一種互動的模式，並隨著時間的累積而聚集能量。當你仔細觀察父母和不同小孩如何互動時，兄弟姊妹不會有一樣的父母的概念，就變得有道理了。

教育也是一樣的道理。來自不同種族的學生，即使都在英國成長，而且在醫學院裡坐在相同的教室裡，每天的教育經驗也不會相同。那位只對婚姻感興趣的教授不是唯一對亞洲學生持這樣觀點的人，有充分的證據顯示，負面的刻板印象很普遍。《英國醫學期刊》在二〇〇八年刊登的一篇報告裡，心理學家凱絲．吳爾芙（Kath Woolf）描述了長久存在於學生和臨床老師之間，對亞洲學生負面刻板印象的一些例子：

「有一些甜美嬌小的亞洲女生非常難溝通。我是那種體型相當碩大的傢伙，可能這是另外一個原因。我年紀比較大，顯然也是一個因素。我是男人，我是……她們相當不好溝通。」（老師，男性主治醫生，白人）

「他們在六〇年代移民過來，當時伊迪．阿敏（Idi Amin，按：第三任烏干達總統）把他們趕了出來，他們非常熱切地要讓他們的小孩得到優秀的成就。因此他們的小孩必須努力工作，在家裡有一套工作倫理，嗯，然後，他們在高級程度證書（A-level）[1]中拿到三個A等，所以校方就讓他們入學，因為他們認為在高級程度證書中拿三個A是件好事，但我認為這很瘋狂。」（老師，男性主治醫生，白人）

「少數族裔家庭多少都背負一種惡名，他們往往要求小孩做到最好，然後就有醫生、律師這些事，你知道的，就是要爬到更高、更高階層的工作，或者不管他們稱為什麼名堂的東西，所以我猜想，他們想的是不是『喔，廢話，如果我必須在三個工作之間做選擇，我就會選擇當醫生。』」（學生，男性，白人）[2]

如果臨床老師和學生對炯炯有神前來訪問的研究心理學家，公開表達這些看法，那麼，當研究人員不在場時，他們又會說什麼？難怪這篇報告會做出這樣的結論：

> 臨床醫學生的老師與學生，對於「典型的」亞洲學生抱持強烈的認知，而這些認知與什麼是「好的」臨床醫學生的（同樣強烈的）認知之間，有系統性的錯誤關聯。這些發現與對亞洲醫學生的負面刻板印象，存在著一致性。

§

最近發生在卡迪夫醫學院（Cardiff Medical School）的事件，對於醫學生之間廣泛的負面刻板印象，提供了進一步的證據。二〇一六年，一群醫學院黑人學生在一場學生表演的諷刺時事劇之後，提出了控訴。很多醫學院都會舉辦這種類型的活動，在為慈善機構募款的適當偽裝下，讓學生有捉弄教職員的機會。在卡迪夫，一個受到嘲諷的講師是黑人。他是如何被描繪的呢？有一個把臉塗黑的白人學生，穿戴著超大尺寸的假陽具。這是以突顯男性黑人性特徵的這種刻板印象，供大家取笑作樂。

當一群黑人暨少數族群學生（black and minority ethnic, BME）提出控訴時，參與這場諷刺時事劇的人告訴他們，演出開始時已對內容的性質提出警告，如果他們對種族問題很敏感，就應該要離開。（這些參與諷刺時事劇的人長大成為醫生後，我並不會想要被他們診治。）

提出控訴後，醫學院展開後續調查，全體學生的態度變得分歧。有抱怨說他們受到排擠，結果有些人決定到別的地方繼續他們的醫學訓練。另一群醫學院五年級的學生在臉書上請願，想讓院長知道諷刺時事劇內容沒有什麼不對，並且和參與的同學站在一起。一些參與諷刺時事劇的人永遠不明白，為什麼演出內容一開始會遭到批評。

最後，還成立了一個獨立的審查小組，由倫敦精神病學研究所（Institute of Psychiatry）心理健康暨多元性（Mental Health and Diversity）教授迪內希・布格拉（Dinesh Bhugra）主持。不意外地，獨立小組在報告裡做出的建議，遠遠不只是督導學生諷刺劇的內容而已，提出來的議題包括申訴的程序、對教職員的支持、對多元性和平等的訓練，以及醫學院的課程和師徒制。[3]因為像這樣的事件永遠不會只和一小群的學生有關而已。

§

耶魯大學心理學系約翰・多維迪奧（John Dovidio）教授寫道：「最難改變的態度是，你並不知道它存在的態度。」[4]

我不確定前面那位只對婚姻感興趣的教授或是卡迪夫的醫學生，是否察覺到他們懷有種族主義者的態度。但我確定的是，對於我們認為和我們不一樣的人，每個人都有無意識的信念。這些信念可能在我們有意識的覺察之外，但依然會影響我們的判斷。

最近我兒子發送一則 BBC（英國廣播公司）現場訪問的連結給我，將無所不在的無意識偏見帶到我的面前。節目播出時，政治學家羅伯特・凱利（Robert Kelly）教授正在家裡的辦公室談話，在訪問進行當中，門被打開了，一個穿著鮮黃色運動衫的小女孩跳著舞走進來，想看看她爸爸在做什麼。幾秒鐘以後，一個坐在學步車裡、年紀更小的小孩跟在姐姐後面進入畫面；過了片刻，一個焦慮的亞洲婦女衝進辦公室裡，匆忙地將兩個小孩抱離房間。[5]

如果你問我，我對亞洲婦女是否有種族主義的假設，我會強烈地否認。然而我必須羞愧地坦承，當我兒子傳送推特連結給我時，就像其他好幾百萬社群媒體的使用者一樣，我也假設影片裡的那個女人是保母，而不是白人男子凱利教授的太太。事實上，當我兒子說，那個女人其實是小孩的媽媽時，我立即回傳簡訊「糾正」他「不是媽媽，是保母」。我的自動反應就和我手機裡的簡訊一起被定格；現代科技的即時性當場抓到我無意識的偏見行為。

二〇一六年十月，達美航空（Delta）從底特律飛往休士頓的 DL945 班機機艙人員也犯了類似的錯誤。飛機在飛行中廣播尋求醫療協助後，非裔美國醫生坦米卡・克羅斯（Tamika Cross）表示願意提供協助。但空服員一開始不相信她是醫生，即使她最後說服了他們她所擁有的專業地位，她的協助還是被拒絕了。他們選了一個白人男子，雖然他沒有提供醫生合格的證明。降落後，克羅斯醫生在臉書上發布她的經驗；很快地，標記「＃醫生看起來像什麼樣子」的貼文開始瘋狂流傳。臉書貼文引發其他女性湧入並發表類似的描述，她們因為肌膚顏色、性別，或者兩者都是，雖然聲明自己是醫生，但一開始卻不被採信。[6]

不是只有心理醫生或航空公司機組人員會做出這種立即的判斷，醫生也沒有倖免。他們確實沒辦法免疫，因為根據刻板印象而在瞬間做出判斷的傾向，已經深深植入我們所有人的大腦。在醫療環境當中，唯一的差別是，接收到這些自動反應的人，一般都是其他的醫生和病患。例如，精神科醫生達蒙・特維迪（Damon Tweedy）是非裔美國人，一九九〇年代，他在一所絕大多數都是白人的菁英醫學院受訓。有一次他被一個講師誤認為到大講堂修理電路問題的維修工人，當特維迪解釋他對電路毫無所知時，講師問他「那你在這裡做什麼？」這一切就發生在幾百名學生的面前，讓特維迪相當尷尬和難受。[7]

當然，病患也會引發醫生的無意識偏見。這些偏見不只是關於種族；也可能和性別、性傾向、年齡，或是健康狀況的汙名化有關，例如肥胖。因此，有強而有力的證據顯示，臨床醫生無意識的偏見不只會影響到他們和病患的關係，以及病患遵循他們的醫療建議的可能，也會影響醫生實際的治療決定。[8]例如，《美國公共衛生期刊》（*American Journal of Public Health*）在二〇一二年刊登的一份報告指出，立場比較支持白人的小兒科醫生，比較可能同意為術後疼痛的白人病患開立麻醉藥品，但比較不會同意開給有相同症狀的非裔美國人病患。[9] 對於黑人族群濫用止痛藥的刻板印象，成為醫生開藥的阻礙，即使病患全是年幼的小孩，一樣受到影響。這篇論文的作者也強調，醫療工作的強大壓力，像是臨床的不確定性、高工作量和疲憊，增加了過度依賴快速做出刻板印象判斷的風險。

這是醫學生和初級醫生工作難以避免的現實狀況。在負荷過重的醫院和全科診療室，還有研討會議室和大講堂，他們不得不讓每天在運作的無意識偏見發揮作用。

§

成為（或是害怕可能會成為）刻板看法的接收者，會減損他們的表現能力。史丹福大學心理系進行了一套古典心理學實驗，聰明地證明了這個作用。它以大學生作為研究參與者，當學生抵達心理學實驗室時，實驗者（白人男子）解釋，在接下來的半小時，他們將會作答和 SAT（標準化的大學入學測驗）形式相同的一系列語言問題。為了獲得史丹福大學的入學許可，所有參與者都參加過 SAT 測試。

接著，每個參與者會拿到一張寫有研究大綱的紙，說明回答問題的程序，還描述到測驗很困難，因此他們不應該預期會答對很多問題。（在兩個不同的測試情境裡，都涵蓋了測驗很困難的訊息，所以參加者對測驗的期待幾乎相等。）事實上，實驗條件和控制條件之間唯一的不同是，紙上是否包括描述研究目的的關鍵詞語。

實驗組的參與者被告知，研究是關於「與問題表現有關的各種個人因素，需要閱讀和語文理解能力」。他們也被告知，測驗之後會提供他們回饋，「讓你知道你的一些長處和弱點，可能會對你有所幫助」。因此對於實驗組的參與者來說，測驗是被設計成個人語文能力測驗。

相反的，控制組的參與者被告知，研究的目的是要了解「與解決語文問題有關的心理因素」。控制組的參與者也被告知，在測驗後會收到回饋，但理由是作為一種熟悉出現在測驗裡的問題種類的方法，而非實驗組所收到「個人的長處和弱點」的暗示。

結果，發生了什麼事呢？

雖然參與者是隨機被指定到兩個組別，但黑人參與者在被設計成個人能力測驗的實驗組，表現得比控制組的黑人參與者要差很多。研究的作者史提爾（Steele）和阿倫森（Aronson）用「刻板印象威脅」（stereotype threat）來解釋兩個小組的表現差異，他們把它定義為「處於證實自己所屬社群的一種自我特徵和負面刻板印象的風險」。換句話說，如果人們害怕自己的表現可能會被別人用負面刻板印象的眼光來看待，可能就會影響到他們的表現。

在同一份論文中，接下來的實驗裡，史提爾和阿倫森要檢視，增加種族的特點（要求參與者在參加測驗前，以種族來界定自己）是否會強化焦慮。他們預測，對照於參與者完成測驗後才被要求記錄種族的控制組，在參與者作答前先提到種族議題的「被引發」小組，刻板印象威脅的影響會增加。實驗結果證實了這個假設，被「被引發」小組的黑人參與者的表現，比對照組的黑人參與者明顯差很多。

史丹福大學是世界級的教育機構，在英國泰晤士高等教育（Times Higher Education）二〇一七年排行榜上，名列美國頂尖以及世界第三名的大學。所有參與這些心理學實驗的學生，沒有一人例外，都是在學業表現上極為成功的人。在中學階段沒有出色表現（包括非常高的SAT分數），是無法進入史丹佛大學的。然而，小小的操控，像是強調測驗是否評價個人的能力，或是突顯種族的暗示，都會影響到這些人的表現。這種現象甚至發生在學術資格已經被證明而進入菁英大學的學生身上。

自從史提爾和阿倫森在一九九五年公布他們的研究後，相關研究也有顯著的成長。如果你在主要的心理學文獻資料庫（Psychinfo）輸入「刻板印象威脅」，會出現九百二十三篇的論文清單。雖然最初的研究重點是種族刻板印象對學術表現的影響，但是後來的研究還調查了很多其他的刻板印象（性別、性向、社會階層等等），以及學業成績以外的結果。

雖然有大量針對刻板印象威脅的研究，卻很少人有興趣探討它也可能發生在醫學訓練的環境中。既然實驗已經顯示，它在這麼多刻板印象盛行的狀況裡會產生影響，例如，比較白人男子和亞洲男子的數學；比較男人和女人的社會敏感度；比較來自社經底層的學生和富有家庭的學生的智力測驗等等，那麼，主張刻板印象威脅不會發生在醫生之間，這種論點是不太可能站得住腳的。而且，一開始就是從高學歷人士的研究中證明了它的影響力，所以認為醫生太聰明而不會被這樣的事影響，這種想法根本是不合理的。

§

過去幾年來在心理學實驗室外，我和醫生的對話中，他們經常直接或含蓄地提到，身為負面刻板印象的接受者是什麼樣的感覺，例如，覺得自己不夠好，或是自己格格不入，或是自己必須更努力，以向其他人證明，自己擁有成功的條件，或是整個醫療訓練體系如何地不公平。當然，這些對話不只是關於種族而已，性別、階級，有時候性向也會被提到。這些不同面向的因素是相互交錯的。如果拉赫瑪是男生，或是來自有特權的背景，主治醫生將會有不一樣的反應。

「沒有歸屬感」是重複出現的一個想法，它也貫穿於大部分刻板印象威脅的文獻中。那麼，如果一個人覺得自己不屬於廣義的專業文化時，他可能會怎麼做呢？和自己有相同背景的人緊緊守在一起。毫無疑問，這正是拉赫瑪所做的事。她告訴我，她在醫學院最親近的朋友都是來自巴勒斯坦背景，和她一樣在倫敦相同社區長大，並且是住在家裡的年輕女性。這個團體會自然地凝聚在一起，例如在醫學院的頭幾天，團體中有一個成員在中學時就和另一個人的堂姊妹經常聚在一起。這種團體裡面有家族和地理的連結，也有文化上的親密感。下課之後，她們往往朝大致上相同的方向一起回家，因此一個關係緊密的團體就快速形成了。另外，拉赫瑪和她的朋友並不習慣在酒吧裡交朋友，這可能也造成她們和整個醫學院的生活相對疏離。

拉赫瑪的經驗一再發生在國內各地，學生容易和一樣性別與種族的人形成社交圈子。不過，學生不只在課堂裡學習，他們也向同儕學習。朋友可以分享一些新資源，或是如何準備考試最有效的技巧，不論好或壞，同一個圈子裡的學生也從身邊的人學到了讀書習慣。有證據顯示，醫學生所選擇的朋友對考試分數有重大的影響，即使把前一年的分數納入考慮之後，也是如此。換句話說，對被邊緣化的黑人與少數族群來說，這是另一個教育風險。

我也猜想，醫界強烈抨擊個人歸屬感。比較醫學和法律，法律是另一個進入門檻競爭激烈、地位較高的職業。我們發現，醫學生花大量的時間在醫院看病患（在受到監督之下），但法律系學生不用花那麼多比例的時間在法律客戶身上。但他們和病患的互動卻讓人認為，黑人與少數族群在醫學專業裡毫無立足之地。我永遠忘不掉有一個優秀的年輕人，他來自極為貧困的白人工人階級社區；他的母親是學校清潔工，父親是從事勞力活的工人，但因為酒精中毒而無法工作。我在觀察他檢查病患時，特別是如果他們來自與他類似的背景，他的口音，或是比較不符合超級正式的文法，就會遭到主治醫生的批評。然而，這些病患卻很高興被某個來自他們家附近的人診治，只是這件事並沒有改變資深臨床醫生給他的負面回饋。

以種族的情況來說也是一樣。和他們的白人同僚相比，黑人暨少數族群醫生照顧病患會有不一樣的經驗。在調查卡迪夫醫學院時就發生了一件事，有一個病患拒絕被某個醫學生檢查，只因為那個學生是個黑人。但這個學生沒有得到支持，更讓人擔心的是，有一些職員覺得，面對這件事的做法，和病患說他們比較喜歡沒有任何醫學生在場時完全一樣。真的有必要對訓練醫生的人詳細解釋，病患說因為你是黑人，所以不想要被你檢查，和病患說因為你是醫學生，所以不想要被你檢查，這兩件事是不一樣的嗎？

然後，還有來自親戚，或是健康照護小組其他成員的評論，會損害（或偶爾助長）一個新手醫生對專業認同的感覺。在一九九〇年代，特維迪在他的菁英醫學院中，算是少數的黑人醫學生。他也說到，他很害怕同事對郊區免費診所中遇到的黑人、過重和糖尿病患的看法，也會影響到他們如何看待他這個小組裡唯一的黑人成員。他的形容是「我的一隻腳同時踏在兩個世界，而不是兩隻腳站在任何一個世界」。

當然還有潛在的好面向。特維迪也強調，他所遇到的黑人同胞在看見他穿白袍時的喜悅，包括病患、親戚、護士、接待員、自助餐廳員工、清潔工。他寫道：「他們就像我的大家族一樣，分享了我的成就和前途。」但是特維迪接著強調，即使有了正面的回饋，還是會有意外的結果：「他們的讚美和奉承隨著種族驕傲而來，然而，我卻感到更沉重了，好像我的成功或失敗會影響到的不只是我，還有那些在我前面以及在後面跟隨我的人。」[10]

8

我們第一次見面的時候，拉赫瑪告訴我，她永遠沒辦法當醫生。在第一份工作的第一天，她的主治醫生很清楚看到，她太過沮喪而無法工作時，就讓她請了病假離開醫院。短暫病假後，她再回去上班，但她的自我懷疑和憂鬱漸漸地累積到一個點，然後又再度無法工作。

她一開始工作就變得這麼痛苦，或許在刻板印象三稜鏡下被觀看所累積的影響，不是唯一一個讓她一開始工作就很痛苦的原因。拉赫瑪的家庭背景很複雜，另外，像我們在稍早的章節所看到的，當一個人擔當了照顧者的角色，他們自己在孩童時代如何被照顧的殘餘經驗，可能會在他們的心理激起漣漪。面對照顧生病而貧困的父母的責任，可能觸動了拉赫瑪自己孩童時期相關的難熬感受。

還有一個議題是廣義的家庭責任。很多初級醫生提到，他們在支持其他家庭成員上擔任著重要的角色，特別是來自黑人暨少數族群背景的人。可以理解的是，如果家庭成員中有人是醫學生或初級醫生，當有人生病時，很可能會尋求他們的意見或建議。但是有證據顯示，被視為是「家人」的團體大小，和加諸在學生／醫生身上的期待的重量，這兩個因素表示，讓黑人暨少數族群醫生比起白人同僚，被預期要參與更多的家庭危機。[11]這的確就是拉赫瑪的情況，有越來越多的其他家庭成員，帶著不斷增加的健康問題清單，來尋求她的建議和支持。

然後還有住在家裡的問題。除了在選修階段有一段短暫的時期之外，拉赫瑪從來沒有離開家在外面住過。這代表從醫學生到初級醫生的重大進展，剛好也是她第一次必須獨立生活的時候。她問自己：「我是個大人，為什麼我的感覺會是這樣？」而她身邊圍繞的人對於開始工作都表現得很興奮，使狀況倍感艱難。她告訴我：「我只感到害怕。」拉赫瑪不是唯一的例子；其他的研究顯示，英國的黑人暨少數族群轉換到工作時，較會感到準備不充分；[12]只是底層的原因（以前沒有離開過家裡／在醫學院時信心受損）尚未被理解。

當我檢視拉赫瑪的轉變過程時，我非常清楚，她被推薦去接受為醫生設立的專門心理治療服務非常重要。她和精神科醫生建立了一個良好的治療關係，醫生幫助她了解，當她開始工作後，為什麼會感到強烈的痛苦。此外，不只有拉赫瑪覺得專門的心理治療服務是有幫助的，最近有一個針對一百二十四個醫生的追蹤研究發現，超過九十五％接受過這個服務的人，可以回去繼續工作，而且在醫學生涯上有了進展，身體病痛的藥物也服用得比較少，且更加認識到自己心理上的需要，比較不會在工作上設下無法達成的目標，且更能夠尋求同事的幫助。[13]

我認識拉赫瑪已經八年了，今天，她已經是個完全合格的全科醫生。曾經是極為痛苦的新手醫生，現在已經蛻變成一個平靜而自信的臨床醫生。過去這八年來，拉赫瑪找過我很多次。一開始她希望在皮膚科學成為專家；然後，她通過了醫生考試，但還沒有成功找到訓練的位子。嘗試幾次後，她轉換了軌道，成為全科醫生，但是對於沒有成為第一志願的專科醫生，還是懷著一絲哀傷。除了臨床工作，她在研究工作也有重要的角色。在我們最近的會面中談到她的研究興趣時，她對這份工作的決心變得很清楚。最重要的是，她想要確保，來自所有背景的初級臨床研究人員都可以實現他們的潛能。

§

「你錯了。」坐在會議室後面的一個男生說。「完全錯誤。在醫學院，或是當初級醫生時，白人學生表現得比較好，這不是實情。完全不是，事實上，他們做得比黑人暨少數族群的同儕還要差。」

講話的中年醫院主治醫生，是我醫學教育碩士課程的一個學生。雖然我是課程單元的領導人，但面對如此強烈的反應，讓我開始懷疑我所知道的一切。當我告訴研討會小組，比起白人同儕，黑人暨少數族群背景的英國學生分數比較差，而且，即使是把社會階層，或是進入醫學院時的分數納入考量，這些差別仍然存在，也許是我弄錯了。種族問題並不是我那個下午教學的重點；是一開始的「偏離軌道」討論了這個議題。因此我打退堂鼓。

我告訴我的挑戰者，「我會查證資料。」那就是我接下來所做的事。

隔一週，我回到了研討會小組，準備了一長串的參考清單，我覺得我有堅定的立場。雖然我的挑戰者反應不像上次一樣激烈，但我不認為我已經說服了他，相信成就落差

（differential attainment）真的存在。

為了研討會的主治醫生，以及很多仍然停留在無知喜悅中的白人醫學生和醫生的公平起見，高比例的黑人暨少數族群得到醫學院入學許可有點掩蓋了英國的成就落差問題。根據英國高等教育統計局（Higher Education Statistic Agency, HESA）的數字，這是一個由政府出資，負責收集高等教育部門數據的單位，居住在英國的學生，每五個當中只有一個（二〇．六％）有黑人暨少數族群背景。然而，如果是醫科和牙科醫學生，居住在英國的黑人暨少數族群學生比例就明顯高了很多：三十三．三％。[14]每三個英國醫科和牙科醫學生當中，就有一個是黑人暨少數族群背景，因此，這或許就很容易理解，為什麼英國的醫學訓練體系已經擺脫了種族歧視的迷思還持續存在。很可惜，這不過是個迷思而已。就像是醫界裡的性別歧視一樣，問題不在於進入階梯的第一階，也就是不在於在醫學院裡得到一個位子，而是在那之後所發生的事情。

那麼，英國和美國相比又是如何？美國國家教育統計中心（National Center for Education Statistics, NCES）指出，二〇一四年在美國大學註冊的學生當中，有十三．八％界定自己有「黑人／非裔美國人」背景。[15]但如果針對醫學院深入探究，來自這個群體的學生比例降至六．一％。和其他科系相比，美國的黑人／非裔美國人學生比較不會攻讀醫學，但美國亞裔學生的情況則是相反。國家教育統計中心的數據指出，二〇一四年在大學註冊的學生有六．六％具亞裔背景，而這個族群的醫學生數字則超過三倍，達到二〇．五％。[16]

這些數據略讀之下，可能暗示著英國的醫學訓練開放給黑人暨少數族群這方面，做得比美國更好，但這大概是一種誤解。英國的數據中，是將亞裔、非洲裔和非裔加勒比海背景，全部納入「黑人暨少數族群」的類別。其他的研究指出，非裔加勒比海背景的年輕人比較不可能上大學，而且在醫學院的代表性特別不足。[17] 英國醫學生有三分之一具黑人暨少數族群背景，大部分要歸因於有高比例的學生具亞裔背景，而不是那些來自非裔加勒比海家鄉的人。來自這個族群的學生，就和具美國黑人以及非裔美國人背景的人一樣，人數代表性非常不足。

§

我打開檔案櫃，開始把我最近見過的醫生紀錄拿出來：蘇尼爾（Sunil）是來自印度的醫學系外國畢業生，夢想當眼科醫生，但是從來沒有通過遴選的程序。以及嬪杜（Bindu），一個亞裔的英國畢業生，正在接受全科醫生訓練，但是她一心想要學外科。她知道競爭的統計數據，因此最後為求保險起見，放棄了她想去外科執業的野心。還有塔瑪（Tama），她快要被踢出麻醉科的訓練計畫了。對這些醫生來說，醫學工作已經成為一種心頭的陰影。會議室裡的主治醫生或許會認為，我檔案櫃裡的內容與奇聞軼事是差不多的，但有一大堆的證據顯示他錯了。

吳爾芙和同事針對種族差異，進行了最具全面性的研究，並在二〇一一年發表於《英國醫學期刊》。在分析英國將近兩萬四千名候選人的數據以後，他們做出下面的結論：

> 種族差異的成就問題似乎是英國醫學教育始終存在的一個特徵，其出現在醫學院、考試類型、大學和學士後的評估，並且至少持續了三十年。這不能被當成非典型或地方性的問題，而不予理會。[18]

曼徹斯特醫學院教授阿尼茲．伊斯邁（Aneez Esmail）在伴隨論文的一篇評論裡指出，所有的醫學院和所有的皇家學院醫學系，都應該依據族群來分析他們的評估結果；他們已經被法律要求要保存這類數據，但是伊斯邁認為，他們需要分析數據，並把結果放在公有領域（public domain）。[19]

怎麼會有人不同意這個建議呢？知道誰得到某種特殊的疾病，以及是在什麼樣的特定狀況下得病，形成了醫學研究的基礎。我們只要想到理查．多爾爵士（Sir Richard Doll）在一九五〇年代所進行的古典研究，他在兩年半的時間內追蹤四萬名醫生，並證明了當吸菸的數量增加，死於肺癌的風險也會提高。[20] 數量不僅對醫學研究很重要，對醫學教育也是。

在英國，英國醫學總會現在正在公布種族與在醫學院及其後來進展之間的關係的資料。就像多爾在公有領域放上吸菸和肺癌之間的關聯證據，因此開始了降低吸菸的公共衛生宣導活動，在英國醫學總會網站上，可以公開取得資料是重要的第一步。而且毫無疑問地，這些數字證明了真的有問題。

例如，如果我們來看全科醫生訓練的進展，十・三％的國際醫學畢業生被評為未能達成足夠的進步，但對於英國醫學系畢業生來說，相對的數字是三・五％。在其他的學士後訓練計畫，像是麻醉科和小兒科，英國畢業生和國際醫學系畢業生之間也觀察到類似的差異。身為國際醫學系畢業生，失敗的風險明顯增加了。[21]

然而，基礎醫學資格（primary medical qualification）的名次，不是唯一影響缺乏進展的因素；皮膚的顏色也很重要。平均來說，當我們看到英國的黑人暨少數族群比起他們的白人同儕，在職涯發展上會遇到更大的困難，就會更清楚。他們沒有像英國以外的合格醫生一樣不好，但是他們平均沒有像白人醫生一樣好。事實上，這幾乎就像是多爾的吸菸研究中的劑量效應。非吸菸者（白人）要比吸菸者（有黑色和棕色肌膚）好。但是在吸菸者（那些有黑色和棕色肌膚的人）當中，在英國出生（一天只抽幾根菸）又比出生在印度、巴基斯坦，或非洲（一天習慣抽兩包菸）的人來得好。屬於這個類別的醫生，是有職涯風險的。

美國的醫療體系中，切割成就落差要困難許多。作為主要角色之一的美國醫學院協會（Association of American Medical Colleges, AAMC），已將資料放在公有領域，根據美國醫學院協會供公眾取用的資料，黑人和非裔美國人學生進入醫學院的醫學院入學考試（Medical College Admission Test, MCAT）分數，顯然比白人同儕更低。[22]其資料也清楚顯示，與白人學生相比，成功進入醫學院的黑人和非裔美國人學生，傾向來自社經背景貧窮許多的地方。例如，來自最貧窮背景的黑人和非裔美國人學生，比例最高，而來自收入最富裕群體的學生，比例最小。但是在白人醫學生來說，情況則是相反。[23]

但是，美國醫學院協會並不負責美國醫生執照考試（United States Medical Licensing Examination, USMLE），這是在美國要以醫生身分工作，醫學生和醫生必須要通過的考試。不像美國醫學院協會，美國醫生執照考試有非常不一樣的方式。有關國際醫學系畢業生的資訊是共享的，而且和英國一樣，國際醫學系畢業生在美國連續三階段的醫生執照考試中，表現較差。[24]但是，有關美國不同種族醫學生的表現，美國醫生執照考試主管機關並不輕易分享這方面的資訊。

美國醫生執照考試表現當中，關於種族差異的研究很少。有一個例外是二〇一二年的一項研究，對象是一九九三年到二〇〇〇年之間開始就讀醫學院的學生，研究發現，與白人同儕相比，黑人和非裔美國人學生在第一次考試（STEP1）不合格的可能性更高。[25]由於具黑人和非裔美國人背景的學生是以較低的入學考試分數進入醫學院，而醫學院入學考試分數和 STEP1 分數是相關的，[26]因此這個結果並不讓人意外。

然而，問題是STEP1接著又獨立出去，被住院醫生計畫作為面試篩選的工具。如同史丹福醫學院查爾斯．普羅博（Charles Prober）醫生解釋的：

> 一方面，我們教導醫學生利用診斷性的測試作為特定的目的，成為具批判性的思考者，並利用證據的支持來引導他們做出決定，我們對此引以為傲。但是另一方面，（住院醫生）計畫卻可能以篩選測試為主，來做出改變醫學院畢業生職業的決定，這種方式沒有強烈的證據支撐，而且這並不是特別為了這個目的而設計的測試。[27]

不只是錯誤的篩選測試（即STEP1分數）被用來作為選擇住院醫生的一個基準；它也是一個可能會歧視非裔美國人申請者的測驗，因為「當STEP1分數被住院醫生面試用來篩選申請者時，有極大比例的非裔美國人學生將會被拒絕面試。」這是研究人員根據學生向醫學院提出的申請所得到的結論。[28]

但是，我們不知道在全美國，這個問題有多大，而背後原因和另一個組織有關，那就是全國住院醫生配對計畫。全國住院醫生配對計畫每年都會公布一份配對結果報告，二〇一六年時，這份文件有兩百一十一頁。但是這份文件沒有告訴我們有關種族和性別的資訊，兩百一十一頁中從頭到尾沒有針對這些基本人口統計學標準所做的任何分析。

出於困惑，我寫了電子郵件給全國住院醫生配對計畫的研究主任，詢問這個組織是否有針對這些議題進行任何研究。同一天我收到了二十四個字的回應：「全國住院醫生配對計畫沒有收集任何種族或性別的資料。」

§

英國在這場比賽中表現略為超前。在二〇一五年，英國醫學總會描述他們的決心：

> 收集和公布一系列的資料，並據以分析，以便更了解表現和成就的變化……我們努力確保訓練途徑對所有人都是公平的，並且有目標明確的工作計畫，當我們發現不公平的證據或是欠缺支持性的環境，將會進行調查、了解和採取行動。[29]

雖然英國醫學總會在二〇一四年之前，已經開始研究種族差距的原因，但毫無疑問的，當英國印度裔醫生協會（British Association of Physicians of Indian Origin, BAPIO）向高等法院尋求法律賠償時，這個議題才獲得重要的動力。其中最重要的是，由於全科醫生執照考試的最後階段歧視黑人暨少數族群醫生，因此是否應該將此宣布為非法。

法官最後的判決是，考試沒有直接或間接地歧視黑人暨少數族群醫生。然而，在法庭的案件後，英國醫學總會委辦了兩個重要的研究。第一個是在二〇一五年公布的全面性文獻評估，這份評估的結論是，雖然對成就落差的原因還沒有一致的看法，但合理的解釋可能牽涉到多重因素。作者繼續說明，任何減少或解決成就落差問題的企圖，都必須將總體層面（政策）、中間層面（制度）和個體層面（個人和小團體）的運作因素納入考量。[30]這個問題看起來似乎沒有簡單的答案。

英國醫學總會委辦的第二項研究，利用焦點團體和面談的方式，也強調議題的複雜性，但是透過使用「心理風險」（psychologically risky）這個詞語，重新確立了辯論的焦點。研究的結論是，成就落差不能歸因於學生能力不足；因為雖然醫學訓練對每個人都有「心理風險」，但如果你剛不好是白人，這個風險就會提高。

所有的學士後醫生面臨的風險包括「不健全和壓力過大的環境、霸凌、缺乏自主性、工作和生活間失衡，以及缺乏自信」。對於所有的初級醫生，這些是每天的日常問題。但是對黑人暨少數族群醫生，不論是來自英國或國外，他們的職涯發展還要面對「額外的」風險，這些包括「適應困難；評估、招募和每日工作上面對的無意識成見；偶爾的過度偏見以及機率更大的社交孤立問題」。如果這個清單還不夠長，國際醫生要面對的特殊風險，受到強調的還包括「因為文化差異和缺少國民健保署的經驗，而難以建立人際關係」。

研究繼續指出：「更多的風險會降低他們的自信和動機，讓教導這些醫生更沒有樂趣，導致他們得到不好的教學品質，又更進一步降低了他們的自信和動機。」[31]

換句話說，累積的風險產生了嚴重的惡性循環。

§

凱利德（Khalid）是出生在沙烏地阿拉伯的外科實習醫生，以國際學生的身分就讀倫敦的醫學院。他身材高大，穿著傳統服飾，蓄長鬍，外表顯然是個虔誠的伊斯蘭教徒。雖然他的課業成績優秀，在醫學院得過獎，第一次考試就通過學士後外科考試，還在有聲望的期刊發表過論文，但是卻沒有能夠在倫敦拿到外科訓練的職位，最後在西英格蘭接受了一個職位。他不只要和仍然住在倫敦的太太和小孩分離，而且最後要去工作和生活的城鎮，也沒有任何認識的人。

資深外科醫生在第一天告訴凱利德，不想要他在手術室裡，因為他的鬍子「不衛生」。有鬍子的外科醫生可以戴上鬍鬚套，就和他們可以用手術帽包住頭髮的方式一樣，沒有證據顯示，下巴的毛髮對病患造成威脅，會比頭上的毛髮還要高；也沒有人認為，外科醫生必須是禿頭。控制感染要利用防護用品，這個外科醫生的主張並沒有科學的基礎。凱利德雖然爭贏了，但事情有了糟糕的開始。

另一個場合是，他和一群同事聚集在電腦旁邊觀看一個病患的X光片。忽然毫無理由地，一個主治醫生轉身對凱利德說：「你們的人炸死了人，你是恐怖份子。」當場沒有人說話，而凱利德覺得太害怕而說不出話來。他不想要惹事，而讓自己被貼上麻煩製造者的標籤，更何況是恐怖份子的支持者。

凱利德覺得自己不受歡迎，開始怨恨自己，同時也害怕這次的輪調報告最後會被評為不佳。他迫切地想要說服他的主治醫生，他的解決方法是更努力地工作。但是主治醫生沒有把凱利德看成是努力工作的外科實習醫生，反而不喜歡他不善於聊天，而更排斥他。凱利德在外科的前途似乎顛簸。

當凱利德來見我時，我也很苦惱。在會談的第一個時段，他和我說話的方式非常直接，也沒有間斷，我覺得自己沒有辦法正確的思考。過了二十分鐘後，我明白他說話的方式是源自於絕望；他害怕他在外科的遠大抱負將會付諸流水。但是就像在水裡掙扎的人一樣，亂拍亂打只會讓情況更糟糕，凱利德克服困難的狂亂嘗試，只會增加他溺水的危險。

我有個預感，他對我的影響也定期重複發生在他的同事身上。因此我決定把握這個時刻，和他談這件事。我小心地選擇用字，我承認有種族主義的存在，並強調任何人受到這樣的仇恨，都會感到痛苦。我也告訴他，我雖然尊重他不提起正式抗議的決定，但如果他任何時候改變心意，我會幫他找到可以協助他走完程序的人。不過我更進一步告訴凱利德，我認為他的反應（更努力埋頭工作），雖然可以理解，卻造成同事對他的錯誤解讀。我沒有懷疑他對病患的承諾，但是我猜想，他的同事會把他看成是個只關心自己事業的人。凱利德專心地聽我說的話，然後我們討論有什麼比較好的方法，可以把想法傳遞給同事，就是他想當外科醫生，是因為想醫治病患，而不是為了他的野心而已。

我們只見過一次。但是六個月以後，我收到他寫給我的卡片，通知我他已經在倫敦得到了一個外科工作。或許在那一次的會談，我成功降低了凱利德外科事業快速失控的風險。

§

在大西洋的兩岸，種族遺留給後人的影響並不相同。一篇在《全國醫學協會期刊》（*Journal of the National Medical Association*）上的評論指出，美國的醫學史深深地被困在痛苦的過去，包括「隔離的醫院、限制非裔美國人接受醫學訓練的機會；受到美國政府支持、利用非裔美國人作為人體實驗的臨床試驗，以及降低少數族群病患接受醫療照護的管道」。美國醫學協會（American Medical Association）採取了史無前例的一步，對非裔美國人醫生施行幾十年的歧視措施，正式向他們道歉。[32]

這個道歉發生在二〇〇八年。

毫無疑問地，雖然主要的組織欠缺公開性，不過很顯然的是，在美國的非裔美國人、亞裔和白人醫學生，並不是在公平的運動場上競爭。最近刊登在《美國醫學協會期刊》的論文證明了這一點，這項研究檢視那些被 Alpha Omega Alpha 榮譽協會（Alpha Omega Alpha Honor Society）[33]接受入會的人的種族差異。醫學生被要求加入這個排外性的社團，不只在學術上要有頂尖表現，他們也必須證明自己「在同儕間的領導力、專業能力和堅定的道德感」。它的重要性是因為，當一名 Alpha Omega Alpha 會員，與未來在學術醫學界的成功有關。十五個美國衛生署長，就有十一個曾經是會員，還擁有超過五十個諾貝爾獎得主。Alpha Omega Alpha 是醫學履歷表上三個非常強有力的單字。

研究的設計非常簡單，以回顧分析的方式，來檢視現在就讀於美國各地一百二十三所不同醫學院的學生，向耶魯醫學中心（Yale Medical Center）提出的四千六百五十五件申請。所有的申請都是在線上完成，因此可以收集申請者自己填報的種族、性別和年齡的資料。除了基本的人口資訊，申請者 STEP1 分數、研究的生產力、社區服務和領導活動的資料也會被抽取出來。研究人員感興趣的是，在將所有相關的變項納入考量以後，在 Alpha Omega Alpha 的會員裡，是否會有任何因種族而形成的差異。那麼，研究結果是什麼呢？

> 在控制許多的人口和教育的共變項（covariates）以後，我們發現，Alpha Omega Alpha 會員是白人學生的機率，是黑人學生的六倍多，而且將近亞洲學生的兩倍。

針對這篇論文受邀的一篇評論強調，對於宣稱種族中立的體系的資料，有必要追蹤未來的進展。[34]

可惜不論是美國醫生執照考試或全國住院醫生配對計畫當局，都沒有聽取這個意見。

「我在英國開始意識到的第一件事是，我的顏色不一樣。」塔妮莎（Tanisha）告訴我：「第二件事是我說話的方式不一樣。這兩項觀察以前都沒有發生在我身上。」

塔妮莎是印度醫生，就讀印度一所醫學院，以學士後的身分來到英國。雖然她念的高中和醫學院在印度，但這兩所學校使用的語言都是英文。塔妮莎的英語技巧無可挑剔，因此對於感到與眾不同，完全沒有心理準備。她說：「我開始對自己的口音感到非常難為情，因此不敢在公眾場合開口說話。」大家不會問她看了哪些書（她是個如飢似渴的讀者），或是她喜愛的電影，因為他們一聽到她些微的口音，就假設她對英國文化毫無所知。

在塔妮莎能夠以醫生身分在英國工作之前，也要通過考試，隨後為了爭取在英國國民健保署臨床實務中得到經驗，還要安排沒有支薪的臨床見習機會。在這段期間，塔妮莎必須要付房租，卻沒有薪水收入；她父親給的錢已經花光，她的錢根本不夠買足夠的食物。兩個月以後，她的體重掉到四十七公斤。

她每個星期和在印度的父親通話，為了讓他放心，她告訴他她很好。塔妮莎告訴我：「我永遠不會知道他是不是始終都清楚。」

經過四百五十次的申請之後，她在威爾斯一個誰也不認識的城鎮，獲得一個為期六個月的工作。但是醫院並沒有提供適當的工作入門介紹，她一開始就覺得自己完全被打敗了。

為了確保不犯錯，塔妮莎沒有選擇地只能不斷問問題。因此，她的同事以為她很愚蠢或無知，而不是把她看成是一個在不同醫療體系受訓，而需要一點時間適應環境的人。

塔妮莎依然繼續奮戰下去。她每天晚上都待到很晚，努力讀書，尋求國際醫學系畢業生夥伴的引導，並且逐漸建立了自信心。就在她對工作開始感到自在的時候，她必須前往下一站，因為她的簽證只允許她接受短期的契約，就這麼持續了四年，直到她的簽證狀態改變，有資格申請專科訓練。

她一開始賺到薪水時，就馬上還錢給在她什麼都沒有時，借錢給她的朋友（其他的國際醫學系畢業生）。但是，她還是覺得有義務要給父母錢，因為他們非常不富裕。另外，到處搬遷，讓她發現自己非常寂寞和孤立。她也抗拒了父母的壓力，不願意被父母安排婚姻，她想要融入她在英國的同儕。在這個過程裡，她在每一個地方都失去了歸屬感：她的形容是「我不屬於這裡，也不屬於那裡。」這和身處菁英白人大學裡的黑人醫學生特維迪的經驗一模一樣。

過去二十年來，我遇過幾百個來自印度次大陸、中東和非洲的醫生。每一個人都是有自己獨特個性、家庭背景、醫學訓練、專科興趣和英語能力的個體。有些人一旦開始在英國當醫生後，日子就過得比其他人容易一些。但是，串起這個迥然不同的群體的事實，整個醫學專業在制度上低估了這些醫生所面臨的挑戰，包括不夠充分的入門引導、與家庭和朋友分離、被迫覺得在醫療小組裡不受歡迎、接收到來自同事或病患的諷刺評論、對於簽證和金錢的擔憂、擔心被他們拋下的家庭成員，這只是其中一些他們要克服的困難。

這個集體低估所牽涉到的人數之多，更是令人震驚。來自亞洲背景的國際醫學系畢業生數量正在減少中（部份原因是簽證改變），但這個群體對醫療人力的貢獻卻很大。二〇一六年，英國醫學總會的報告指出，在英國醫療專業註冊的全部醫生，有超過四分之一是在英國或歐洲以外的地區拿到基礎醫學資格。[35]（這個數字在美國也很類似，有四分之一的執業醫生是畢業於國外的醫學院。）

提及醫院服勤的醫生時（即不在訓練計畫裡面，以醫生身分工作的人），這個數字還會高很多。想像一下，所有這些國際醫學系畢業生打包行李離開之後，誰會來照顧我們？

§

伊斯邁教授在《英國醫學期刊》上寫道：「發生在醫學院裡的事，反映了相當程度的社會。」[36]然而，醫學院還能怎樣呢？醫學院並不是從外面世界切割出來的修道院，在會議室後面的主治醫生，前面那位只對婚姻感興趣教授，以及卡迪夫大學諷刺劇的參與者，他們全部都在表達社會裡普遍的意見。或許不是每個人都支持的意見，但是當我們納入所有沒有人可以豁免的無意識成見，就會看見運動場的不公平競爭。

由於醫學院反應了相當程度的社會，根據種族而來的成就落差現象，不只發生在醫生身上，也發生在整個高等教育部門，以及小學和中等學校。它不只發生在英國或美國；在加拿大、澳洲和西歐，也發現了類似的增減率。在世界各地白人占優勢的國家，黑人暨少數族群學生的職涯發展都面臨阻礙。

當要做簡報或準備報告，內心卻充滿自我懷疑時，肯定會覺得很可怕。但是，這和當你的自信被摧毀時，還要對一個人的生命負責，是不一樣的。這就是拉赫瑪、凱利德和塔妮莎，以及很多其他來看我的醫生，發現自己每天要面對的處境。要對抗臨床責任不可避免的壓力，什麼會是最好的緩衝呢？得到通情達理的同事支持。然而，黑人暨少數族群醫生又再度處於劣勢，因為他們更可能被孤立，而感到自己不歸屬於團隊。

由於無所不在的無意識成見、制度性不平等的深度，以及西方世界普遍的成就落差現象，很容易令人沮喪。但是，還是有些地方有不同的作法，事情還是可能改善的。

這些組織不同的地方在於他們野心的範圍。舉一個例子來說（還有其他的例子），美國德州大學醫學部（University of Texas Medical Branch）在十年內，引進了許多重要變革來改變學習環境，包括在醫學院教育開始前為學生實施的計畫；另外，主動找出通過考試有困難的人，在問題浮現以前就提供協助。每個星期花更多時間在小組教學上，並增加同儕的支持。結果，非裔美國人學生不合格的比例降低了九十三・六％。[37]

更近的一個例子是，二〇一二年，紐澤西州卡姆登新成立的庫柏醫學院（Cooper Medical School）錄取了第一個班級，這是一所由政府資助的醫學院。學校的主要宗旨是吸引將在當地社區服務的學生，當中有九十六%是非裔美國人或是西語裔。和德州大學醫學部一樣，這所新的醫學院在開學前也納入培訓計畫，以及錄取前的協助。另外，還有與課程相關的措施，例如前兩年只有及格和不合格兩種分數，並且強調小組教學和同儕指導，而不是正式大型的授課。從第一年開始還有強制的學習服務，讓所有學生都能對美國最貧窮的社區卡姆登，做出明顯的貢獻。[38]

第一批進入庫柏醫學院的人在二〇一二年畢業；只有一個學生沒有拿到住院醫生資格，而且學校的服務學習計畫獲得了美國醫學院協會頒贈的全國獎項。我相當懷疑這些學校的教職員在大講堂看見非裔美國人的臉孔時，會詢問他們是不是到那裡修理電燈。我也不會想像有學生會在戲劇演出中譏諷黑人、同性戀或殘障職員。我沒有那麼天真地以為，學生不會發現自己受到或聽見各種無意識成見。但是，如果學習環境裡有夠多好的教職員和同事，再加上有很多機會發展強烈的專業自信感，失敗的風險就會減低很多。

或許，只是或許而已，一個細小而沒有被察覺的改變正在進行中。二〇一七年，《學術醫學》有一篇題目為〈打破沉默：是該談論種族和種族主義的時候了〉（Breaking the Silence: Time to Talk About Race and Racism）的文章，它一開始引用非裔美國人小說家詹姆斯・鮑德溫（James Baldwin）的話：「不是每件被面對的事都可以被改變，但是直到你面對它之前，沒有事情能夠被改變。」[39]

真是說得對極了。

第八章

沒有出口

比加爾（Bijal）告訴我的第一件事是，他不想讓病人蒙受風險。結果他在病房做的每一件事都要檢查兩遍，因為非常焦慮會出錯。他說的第二件事是，他很害怕會再次崩潰，這兩件事情並非沒有相關性。比加爾是個初級醫生，醫學院三年級的時候曾經崩潰過，那時候他開始接觸病患。雖然多花了一點時間，他總算完成了大學學位，並開始他的基礎訓練，但臨床診療的壓力引發了崩潰的復發。比加爾醫學院畢業四年之後來看我；他在做兼任的工作，仍然試著完成第一年的基礎訓練。他醫學院的同儕在臨床職業的階梯已經遠遠超過他，而且他已經和大多數人沒有聯絡了。

比加爾懷疑，自己是否能夠完成第一年的基礎訓練。基礎訓練計畫規定，為了通過一年的訓練，醫生必須在超過一個以上的地方工作，而且這個正式的要求沒有轉圜的餘地。但是每一次他嘗試要搬到一個不同的地方，他就會生病。然而，如果你不能撐過第一年的基礎訓練，你的醫學事業就算結束了。

在我們第一次的會談中，比加爾帶來可能的替代職業清單，但是沒有一個是他覺得很適合的。同事建議醫學新聞，或是在製藥業工作。或者他可以當營養師或是語言治療師？

但是他也擔心，在一個不一樣的健康照護專業裡與醫生一起工作，可能會不斷地提醒自己無法完成醫學訓練的失敗經驗。

比加爾陷入了困境。

在我們第二次會談的時候，我要比加爾劃出他的「生命線」，用視覺描述他人生直到今天的起起伏伏。

「每一次我換工作，我就會生病。」比加爾告訴我，並低頭看著他所畫的線條。

但是，如同他所知道的，問題是留在原地並不能讓他的醫學事業有所進展。很顯然的，比加爾在醫學裡沒有未來。會談接近尾聲的時候，當他告訴我，他有「百分之八、九十確定」要放棄臨床診治時，他已經認知到這個現實。

雖然比加爾處於接受醫學事業不會成功的關口，但是幫助他向前邁進還牽涉到另一個問題，就是協助他改變訓練計畫主任的心意，她執意比加爾至少要完成第一年基礎訓練。她告訴我，如果比加爾的事業不能走到這一步，會覺得自己當計畫主任的任務失敗。但是，每當工作改變帶給他的是另一次的崩潰，逼迫比加爾繼續下去，實際上則是主治醫生把自己對失敗的恐懼，看得比她的實習醫生的最佳利益還要重要。

比加爾讓我領悟到，離開醫界鮮少直截了當。雖然關於亞洲家庭有一個刻板印象是，他們會對小孩施加壓力，要求他們成為醫生，但是比加爾的家庭已經任由他放棄這個行業。他的父母已經看見，他在不同的訓練階段病得有多麼嚴重，他們不想要他去忍受困擾終生的心理疾病。但是，即使父母接受了職業改變是必要的，比加爾仍然無法決定要怎麼做。

我幫助比加爾的起點是探索他當初級醫生的時候，是否有任何部分是他喜歡的事。但對比加爾來說，所有他必須做的臨床任務，像是抽血、聽病患的心臟或胸腔、解讀血液測試結果，或是開立藥方，都讓他感到難以駕馭。但是，當說到他有多麼喜歡上網搜尋與臨床主題相關、資訊清晰的傳單，可以在病患出院時送給他們時，他變得非常有活力。比加爾喜愛搜尋好的資訊來源和幫助病患，他只是不想要負責他們臨床照護的壓力。

比加爾在下一次的會談時告訴我，他想要工作是可預測的，因為不確定性會令人氣餒。他也想要兼職的選擇，也希望找到一個有合理工作保障的事業。他的說法是：「如果我真的又生病了，我想要一個一旦我康復了，職位仍然為我保留的工作。」

我開始猜想比加爾是不是比較適合當學術性的圖書館員。一開始有這個想法是在他告訴我，他有多麼喜歡為病患研究資訊之後。但是我也想到，當他身體不好不能工作時，這個行業提供的工作環境能夠頂得住一段時間。比加爾對這個建議感到興趣，在接下來的幾個月，他和一些圖書館員交談，搜尋能夠讓他轉換行業的訓練課程，並在一間學術醫學圖書館實習。

幾個月以後的一次會談，比加爾告訴我，他很喜愛他的實習，但是依然有疑惑。訓練時間的長度呢？還有我們已經考慮過所有可能適合他的職業選項嗎？比加爾對不確定性的強烈厭惡，讓臨床醫療對他造成相當大的壓力，而且這份厭惡也影響到他決定主要從事的職業。他需要絕對的確定，圖書館員工作是未來正確的途徑，但是絕對確定的感覺難倒了他。

幾個月以後，比加爾做了決定。花了四年嘗試完成第一年基礎訓練，以及在六個月的時間內定期來看我，比加爾已經準備好往前邁進。他三不五時會寄電子郵件告訴我他的進展。在他開始新的訓練不久之後，我看見在他學習的地方附近，有一所學術機構徵求兼任圖書館員助理的廣告。我轉寄給他，接下來他讓我知道已經申請了這個職位，而且受聘了。到了課程結束的時候，他和我聯絡，告訴我他拿到了優等獎。

之後好幾年都沒有他的消息，因此在收到他寄來詢問我們是不是能見面的電子郵件時，我很驚訝。基於「沒有消息就是好消息」的原則，我害怕他想見我是因為這個新的職業已經開始崩壞了。但是我錯了。他想要找我談話，是因為他在考慮是否要開始念博士。他也想要告訴我，當兼任圖書館員輪值晚班時，回家路上經常和一位來圖書館的研究生搭同一班巴士。幾個星期以後，他們開始在巴士上聊天，然後他邀她出去，幾個月以前，他們結婚了。因為一開始是我寄給他那份工作的細節，他想要謝謝我幫助他遇見他的太太！

自從離開醫界以後，他沒有經歷過任何嚴重的心理疾病。我很高興發現，他的健康狀況這麼好，並且能夠好好發揮他的才智。幾年以後，我在圖書館做一些研究時，遇到了比加爾。他拿出了手機，驕傲地給我看他兒子的照片。

在我可以把比加爾的故事說出來以前，我需要他的同意。最近我們在電話上聊了很久的近況，從我們第一次見面到現在，已經將近八年了。聽到他健康狀況仍然很好，我鬆了一口氣，他把這歸因為在比較沒有壓力的行業工作。他生活中有了平衡，而且能夠花時間和兒子相處，他覺得很感恩。但是，離開醫界仍然是一個非常敏感的話題，「在告訴工作場合的人，我曾經是醫生之前，我都會猶豫。」比加爾說：「我和學校那些進入醫界的朋友，都沒有再聯絡了。」

離開醫界可能會留下徘徊不去的傷感。即使是對那些因臨床責任而苦惱，因而罹患重病的醫生，也是如此。

§

從表面上來看，歐文（Owen）的故事完全不一樣。他來見我的時候，他的訓練幾乎快要結束，而且他的職涯發展也沒有被健康因素困住。事實上，任何看過歐文履歷的人，都忍不住對他的成就印象深刻，他以一級成績畢業於牛津或劍橋，在醫學院的訓練期間，很快完成了博士學位；在受尊重的期刊上發表過一長串的論文；學士後考試全部一次就通過。毫無疑問地，歐文在幾年的時間內就順利完成精神科訓練，並在一所頗負聲望的醫院拿到了主治醫生的職位。

然而，稍微深入探討，就會浮現不一樣的局面。在起初要求見面的電子郵件裡，歐文寫道：「我發現要在工作裡激發任何的樂趣，越來越困難。我臨床工作時，大部分日子的特點是，每一天開始前先是擔憂，一天結束時是感覺鬆了口氣（然後對於我是不是把每件事情都做對了，還有更多的憂慮）。」

我同意和他見面。

前幾次的會面中，最讓我驚訝的是，「書面上」的歐文（聚焦在完成精神科訓練的簡歷上的所有成就）以及他本人的樣子之間的極大落差。面對面的時候，歐文對他的成就缺乏自信，而且對於未來深深感到不確定。

事實上，歐文從學士後研究一開始，就對醫學感到疑慮。雖然在學校的時候，他在科學和人文學科都一樣拿手，但是他的父母（在各自的家庭都是第一個上大學的人）鼓勵他選擇科學，因為他們覺得有比較大的工作保障。在高級程度證書上選擇了科學，歐文顯然有就讀醫科的學術能力，他的父母和老師都鼓勵他申請醫學院。似乎沒有人看到他學術長才以外的事情，也沒思考他是不是感興趣或是適合行醫。

上了大學以後，歐文羨慕地看著攻讀人文學科的同學；他們不用和醫學生一樣投入那麼多的時間，而且當他們在大學餐廳討論他們在讀的東西時，他覺得比起醫學系同學的交談內容，自己對他們的會話更感興趣。在大學的前兩年，歐文讀書的動機大幅跌落，年末的考試還得重考。直到第三年，當他面對考試將會決定他畢業成績的等級時，他才開始把精力不斷花在課業上。當他認真用功起來後，就順利以第一級的成績得到學位。

由於他的畢業成績優異，歐文拿到了供他完成博士學位的資金，他適時接受了。他再度埋頭苦讀，雖然他對這個學科沒有特別感興趣，而且遇到一個特別刁難的指導老師，他仍然完成了博士學位。

在這個時候，歐文可以放棄臨床醫學，朝學術道路發展，但是他覺得必須要繼續下去，他這樣描述他的決定：「對於有特定人格類型和特定背景的人，在十六歲時下的一個決定，可能要花上好多年去修正……醫學是非常耗費體力和精神的。你用功的時間，加上不斷的考試。這有點像是邪教。」

所以歐文繼續讀下去。拿到博士後，他回到醫學院完成三年的臨床訓練；接下來是四年的精神科專科實習醫生，完成了基礎訓練。總的來說，他花了驚人的十五年，追求從來不是他真正喜愛的職業。我們第一次見面時，讓我印象最強烈的就是，雖然他從一開始就對職業選擇有懷疑，他還是持續走了這麼長的時間。

歐文一開始的電子郵件裡，他提到考慮要放棄醫學。當醫生在考慮要離開這個行業時，檢視這件事的主要議題是，這樣的不滿是最近產生的情緒，或是已經存在很久。和歐文的前幾次會談裡，我已經確定，在他還算穩固的職業道路上，要放棄醫學的想法，不算是臨時閃現的光點。

歐文的一些懷疑和他選擇的精神醫學專科有關。他覺得這個專科跟不上時代，與其他的醫學學科相比，過去三十年來，精神醫學科鮮少有令人印象深刻的發展。有的時候，他覺得在病患的症狀放上診斷的標籤，並稱之為「人格異常」或是「重度憂鬱」，對病患造成的傷害比幫助還大，而且，這個診斷會一輩子留在病患的醫療檔案裡面。還有，用抗精神病藥物治療精神病患，會讓病患覺得精神科醫生剝奪了他們個人的人格，他也不喜歡這種感覺。藥物治療可能會減輕幻覺或不理性的想法，但是這些改變對病患來說，是用很高的個人代價換來的。

「我對工作的感覺跟搭飛機很像。」他告訴我：「本身沒有什麼樂趣，飛機降落，或是一天的結束的時候，我只有感到慶幸。」

到了第二次會談的時候，歐文談到當工作出錯時的感受。前一年有個病患因自殺過世，雖然他在臨床上的處置沒有受到質疑，但是這讓他對精神醫學的懷疑到了頂點。

「這和病患死於癌症不一樣。」歐文告訴我：「病患自殺，就是讓人覺得很糟。」

我懷疑是不是自殺這件悲劇讓歐文想要變換職業，但是他很堅決地說不是。我也懷疑他或許有憂鬱症，因此鼓勵他和他的全科醫生討論這個可能性。但是最讓我印象深刻的是，當歐文開始談到他從寫作得到的喜悅時，有多麼地投入。這時我才明白，歐文的閱讀不只相當廣泛，他也是詩詞、短篇故事和散文的多產作家。和他的學術論文以及醫學教科書裡的章節形成強烈對比，寫作的創意面才是他所喜愛的部分。

「我非常清楚當一個有創意的作家沒辦法謀生。」歐文說：「那賺不到錢。」和比加爾一樣，歐文陷入了困境。

在接下來的會談裡，我們檢視了所有各種不同的選項。前方最清楚的道路（也是所有資深主治醫生建議他應該遵循的途徑）是當一個學者。歐文承認，如果他拿臨床會議和研究責任交換，他大概會覺得比較不焦慮，因為他不用擔心病患的健康。但是他害怕如果他走這條路，可能會失去離開醫界的機會。

「我在人生中一直有利用三年的區間當作拖延戰術的模式。」歐文說：「首先是博士，然後回去完成我的醫學位等等。現在我不想要再犯下相同的錯誤。」

當我們審視改變專科的替代方案時，歐文做了結論說，他在過去十五年參加了那麼多的考試，他沒有精神再去做更多了。因此他排除了換專科。有一天，我偶然看到一家全球性的科學出版商徵求資深編輯，我把連結傳給了歐文，他去申請並且被錄取了。但是，即使是在那個時候，他還是覺得無法完全切斷和醫界的連結。他接受了這份新工作，但同時申請了精神科訓練計畫，以確保一年內可以選擇回去臨床醫學。

不意外地，他沒有回去精神科。做了新工作兩年半以後，他發現自己正在發行一套新的書籍。歐文說：「這個工作要求創造力、細心和看見問題在哪裡的綜合能力。」他對自己的升遷之快非常驚訝，另外，和當醫生時做的各種事情相比，這些不同的任務感覺有多麼的自然。順便一提，歐文告訴我他最近結婚了。

醫生的工作讓比加爾生病，也令歐文非常不快樂。歐文的形容是「我好比一輛拉上手剎車卻仍在行駛中的車子。」工作上的悲慘會磨損一個人的自信，也會消融一個人的自我信念。相反地，感覺到自己能夠在工作上發揮才能，會給一個人自我認同的感覺和目的，而且能夠擴散到如何應對工作以外的人。對於比加爾和歐文在工作上徹底改變後，同時在個人生活上也發生重要的改變，我一點都不覺得訝異。他們兩人都找到新的伴侶以及新的事業了。

§

當我第一眼看到迪帕克（Deepak）時，我的心就一直往下沉。等候區裡坐在他旁邊的中年婦女，我猜是他的母親。另外一次有媽媽跟著來看我的客戶，事情的結局並不好。那位醫生因為研究結果造假被英國醫學總會調查，他的人生因此也毀了。我們只在起初的會談見過一次，下一次的會談他並沒有出現，幾個星期以後，我收到他的電子郵件，告訴我他被送到精神科門診部住院，出院後會和我聯絡。但是，他再也沒有和我聯繫了。

當我第一次看到迪帕克時，讓我突然想起這一切；我不假思索地，把和媽媽一起出現在會談場合的人，和不好的徵兆畫上等線。我害怕將再一次面對巨大的客戶事業（和人生）難關，讓我完全無能為力，無法真正幫助到他。結果，迪帕克的母親並沒有要加入會談；她只是在等候區陪她的兒子。

「我覺得沒有辦法逃離目前的處境。」迪帕克在第一次會談時告訴我：「我不能回去工作，但是往前看，也沒有我可以做的事，隧道盡頭似乎看不到光。」

問題是什麼呢？

似乎是因為憂鬱，迪帕克最近開始有嚴重的恐慌發作。在醫學院六年期間，兩年的基礎訓練，或是外科訓練的早期，都沒有些微跡象顯示他有特別的焦慮。這是他第一次經歷到一些心理問題。

我從第一次的會談中了解到，迪帕克的母親是全科醫生，他和母親有緊密的關係，她明智地鼓勵他去找自己的全科醫生討論問題。迪帕克遵循了建議，而且他的全科醫生把他轉介給一個心理醫生，做了認知行為治療，也開了藥方，並建議他請幾個星期病假。他在那個時候和我聯繫，尋求幫助。

當客戶告訴我，他們的心理健康出現不尋常的改變時，我一定會問自己「為什麼是現在？」因此我懷疑迪帕克目前的生活是否發生了什麼事，而引發了這些恐慌發作。通常會有好幾個可能的原因，而不是單一的明確答案。迪帕克來自一個關係特別緊密的家庭，他的叔叔最近剛過世，所有的親戚（特別是他的母親）都受到了打擊。失去親人的悲痛，正值他的外科訓練必須轉換地方的時候，但新同事並沒有同理心。他們不能理解，他叔叔的死亡和他的感受為什麼會有關係。他們反而不斷批評他在外科方面的表現，甚至到了嚴重打擊他自信的地步。接下來，迪帕克的睡眠也受到影響，這表示他會帶著疲憊去工作。然後，這又讓他覺得更沒有自信，擔心他的外科工作表現是否逃得過指導主治醫生的批評。

就是在這時候，恐慌發作開始了。

我能夠明白失去家人的悲痛、有敵意的同事，以及失眠，全都可能造成他的痛苦。但是，當我停止詢問迪帕克目前的處境，回溯到最初開始的時候，「為什麼是現在？」這個問題的更深層答案才會浮現。迪帕克在學校讀書時，喜歡的是什麼？他是什麼時候決定申請醫學院的？醫學有什麼地方吸引他？

迪帕克告訴我，他六歲的時候從印度來到英國，從小學開始，他在數學和科學都表現優秀，一直持續到中學。他沒有辦法確切記得，是什麼時候決定要受訓當醫生，但是對一個有野心、成績優秀，而且來自醫生家庭的人來說，這似乎是個很明顯的職業選擇。

問題在他進入醫學院才開始。在整個中學時代，他每年都努力達到名列前茅，但是進入醫學院以後，他說自己只是「敷衍了事」。他對學習的東西都沒有興趣，讀書只是準備到剛剛好勉強通過年末考試。每一年，他都期望下一年要學的東西會引起他的興趣，但是從來都沒有。

醫學院一開始三年的臨床學習後，狀況從不好變成更糟。迪帕克真的很不喜歡，在巡房時，醫學生被當成障礙的對待方式，他也厭惡必須要「四處摸索」，以徵求資深主治醫生的同意，才能去檢查病患。當我問他，在醫學院學習的專科，有沒有哪一個是他感興趣的。迪帕克想不起來任何一個讓他感興趣，一個都沒有。

和歐文面對期末考試時會突然換檔加速一樣，由於迪帕克害怕不合格，為了要通過醫學院的期末考，他會瘋狂死記硬背。他從醫學院晉升到基礎訓練實習醫生，希望接下來的醫學生涯可能在某些方面會啟發他。另外，他不想讓家人失望，或是覺得他是個輸家。因此，對於未來的醫學職業沒有絲毫興奮感的他，就這樣從醫學院漂流到初級醫院醫生。

與迪帕克對讀書的感覺形成強烈對比的是，他在醫學院的時候，對運動非常投入。他毫不勉強地去參加英式橄欖球練習，並帶領醫學院的第一支隊伍。迪帕克告訴我他的隊伍的運動成就時帶著明顯的驕傲，但是一旦回頭討論醫學，他的熱誠就消失了。

迪帕克的橄欖球隊中的很多同事，都決定要從事整形外科的事業，他注意到喜歡運動的人似乎都選擇這個選項，由於臨床工作沒有哪一個部分讓他感到興奮，所以對他來說，任何一個想法似乎都可以。但是，要進入外科訓練極為競爭，迪帕克了解到，如果申請者已經通過外科學士後考試的A部分，就比較可能成功。多年來第一次，迪帕克重新發現了他強烈的野心，而且他決定不只要通過A部分，還要完成B部分。這是一個非比尋常的挑戰，事實上，皇家外科醫學院（Royal College of Surgeons）出版的指南強烈建議，基礎訓練醫生不要企圖參加這兩個考試，因為他們認為一個基礎訓實習醫生「非常不可能」擁有通過考試的必備經驗。

迪帕克不只嘗試了這個挑戰，他還成功了。由於達成了這個傑出的成就，不意外地，他通過了外科遴選的過程。但到了這時，迪帕克的事業遇到了困難；雖然考試的成功讓他很喜悅，但他逐漸了解到，他並不是真的對當外科醫生感興趣。

幸運地迪帕克發現了真正有趣的事。我們第二次會談的時候，迪帕克告訴我，他空閒的時間會閱讀財經和投資書籍。最近他買了間房子，目前正忙著裝修。他喜歡去找最好的承包商來整修房子，以及協商划算的交易。事實上，他喜歡這個計畫的所有商業面向，甚至包括研究他的法律權利，還有最後建商的工程低於水準時，索取賠償的程序。

不只是和裝修有關的法律議題燃起了他的熱情。突然間，他想起了他在基礎訓練實習醫生時，曾經挑戰過醫院對於非上班時間的工資分類。很多其他初級醫生都在醫院提出過這個問題，不過讓計算方式改變，使醫生可以依據工作獲得正確報酬的是他。

還有遠房親戚在英國的停留權利遭到拒絕的問題。這件事被交到移民法庭，但是這位遠親請不起律師。迪帕克對這個案子做了研究，並成功地在法庭代表他的遠親。

迪帕克感興趣的是法律，不是外科。

我開始了解恐慌發作的由來。

迪帕克聰明、有活力，而且有相當大的野心，他的家人對他的醫學成就非常引以為傲。但他的心同時被往兩個相反的方向拉扯：一部分的他想在已經達到的醫學成就基礎上，完成既定要做的事，並且繼續他家人所認為的「高尚」行業。另一半的他知道，自己根本缺乏從事外科事業的熱情，因為他的心已經定在其他地方了。

由於對家人的承諾和忠誠，他已經逼了自己十年，忽視自己不是真的對當醫生感興趣的證據。一個比較不努力、沒有那麼能幹，而且和家人關係沒有那麼緊密的人，可能早在幾年前就放棄了。但是迪帕克只有在病得太嚴重，無法繼續下去時，才會停止。我懷疑恐慌發作是不是來自他無意識深處的大聲吶喊，告訴他自己已經受夠了。

我只有見過迪帕克四次。第二次會談結束時，迪帕克開始用不同的眼光看待恐慌發作（它很快就停止了）。除了顯然需要考慮轉換到法律業的同時，我們也討論了其他一些選項（專利律師，或是在醫療器材公司上班）。到了第三次會談結束時，迪帕克決定重新受訓當初級律師。到了第四次會談結束時，他已經研究了一些有提供全額資助訓練合約的律師事務所，並且遞出了五份申請書。幾個月後，他寄了電子郵件告訴我，其中一家事務所已經錄取他，願意完全資助他受法律訓練。他就要成為一名初級律師了。

我很高興，但不會驚訝。迪帕克是那種即使對那個科目毫無興趣，也能夠逼自己完成幾近不可能的任務（外科考試的兩個部分）的人。一旦對那個科目有了熱情，像是法律，他就勢不可擋了。用歐文的比喻來說，迪帕克可以放下手剎車往前進了。

我最近和迪帕克聯繫，徵求他同意讓我講述他的故事。他的初級律師訓練有一些小問題；有一些必須做的任務非常枯燥乏味，且不是所有合夥人都會認真訓練他們的初級律師（其實跟外科很像）。但是他毫無困難地過關合格了，也換了一家事務所，很喜歡現在處理有關公司法的工作。迪帕克也告訴我，一開始他家人對他轉換事業頗有疑慮，特別是他的母親。他為什麼想要從醫學轉到法律呢？他怎麼能確定不會想要再改變？但是他們看到他有多麼的快樂，現在家人完全接受了他的決定。

§

要離開醫界很困難。但是如同我們在書裡看到的，要留下來可能也很困難。和迪帕克對談時，我經常浮現一個人正在拔河的畫面；一邊是一股將醫生拉向留在這個專業的強大力量，而另一邊是將他們往反方向拉扯的相等的力量。

「留下」的力量包括害怕失敗或讓家人失望、對於這些年來的訓練將會是浪費的焦慮、身為醫生的驕傲、對於是否會找到另一個工作的不確定性、如果找到會不會真的比較快樂、理解醫學工作的保障，以及資深主治醫生不斷灌輸，狀況絕對很快就會變好。「離開」的力量包括害怕犯下醫療疏失、精疲力竭、厭惡醫療業對私生活造成的影響、不願意為了升遷而必須在國內到處搬遷，以及有的時候是根本對這個行業不感興趣。

最後的結果是什麼？

在兩股強度相同但方向相反的力量之間，醫生經常停留在原地。

醫生實際離開醫界的比例，在英國和美國都非常低。二〇一三年，牛津大學一群流行病學家進行了一項調查，結論是「英國醫生在畢業後二十五年之間，很少人放棄醫學事業」。[1]在美國，二〇一五年由所有醫學畢業生所做的「畢業問卷」指出，只有〇・二%的應答者不打算行醫。[2]

「一日為教師，終生為教師」（Once a teacher, always a teacher），這句古老諺語實際上指的應該是醫師才對，而不是教師。和醫生不一樣，在英國，二〇一〇年加入教學行業的教師，有將近三分之一的人在五年內離開。（我應該要知道的，因為這完全是我自己教學生涯的結果。）但是「一日為醫，終生為醫」，道出的正是實情。一開始當醫生的人，傾向於在這個行業裡待到最後。

當然，這不是你從主流媒體會得到的訊息。在大西洋的兩岸，報紙頻繁地警告我們醫生大出走：「在基礎訓練以後，幾乎有一半的初級醫生拒絕從事國民健保署的工作」（二〇一五年《衛報》〔*Guardian*〕）；[3]「為什麼醫生會厭倦他們的行業」（二〇一四年《華爾街日報》〔*Wall Street Journal*〕）。[4]在英國（當然不是在美國），訓練一個離開國民健保署的醫生的納稅人成本，總是會被提到。

無可否認的，訓練醫生相當的昂貴。預估國民健保署投資每一個完全合格的主治醫生，總計超過五十萬英鎊。[5]如果一個醫生轉身離開了國民健保署，花在他身上的是一大筆錢就白白浪費了。但是目前英國國民健保署的預算面臨了空前的壓力，醫生離職成為頭條新聞的議題，並不讓人意外。

所以，為什麼報紙會不斷地弄錯呢？在英國，有一個原因是單純對基礎資料解讀錯誤。每一年，相關單位會調查正在進行第二年基礎訓練計畫的醫生，有關未來的職業計畫。很明顯的是，從基礎訓練直接晉升到專科訓練的醫生比例在銳減（從二〇一〇年的八十三．

一%，二〇一三年的六十四·四%，降到二〇一六年的五〇·四%）。[6]這個數據每一年都受到廣泛的報導，並且得出結論說，醫生正在成群地離職。另外，一樣明顯的是，基礎訓練後休息的醫生數量正在增加，但是他們「永遠離開這個行業」的數字，幾乎少到難以察覺。二〇一〇年到二〇一六年之間，在這六年期間，這個數字從來沒有達到一%。[7]（令人遺憾的是，這個原則的例外是，在脫歐投票後，來自歐洲經濟區〔European Economic Area, EEA〕的醫生的反應。他們可能不會離開這個行業，但是他們當中有超過四十%的人正在考慮離開英國。）[8]

另一項美國的研究指出醫生為什麼離職的另一個原因，有被誇大的傾向。一群加州的研究人員利用美國醫學協會的資料，追蹤將近一千名在問卷勾選「我打算離開臨床執業」的醫生。研究人員發現，那些對職業比較不滿意的醫生，比較可能表達要離職的意願。毫不令人意外的是，三年後追蹤這些醫生時發現，勾選這個選項並非證實了真的會離開的可能性。研究人員的結論是：「自我陳述要離職的意向，比較可能是不滿意的替代物，而不是準確預測實際的行為。」[9]

然而，雖然較不常見，但有些醫生最後真的離開了這個行業。當他們這麼做的時候，做出決定的痛苦可能會持續好幾年。以下引述二〇一四年英國醫學協會所做研究的一段話：

這項研究沒有預期到的一個發現是，離開醫界的決定有多麼的痛苦。很多受訪的醫生仍然感到痛苦或失望，而且還是認為醫學是他們初戀。有些人在訪問時看得出來很心痛……

對很多人來說，離開醫界的感覺是鬆了口氣之外，還混雜著悲傷的情緒。悲傷是因為「實在是很浪費」，或是因為醫學仍然是他們的真愛。[10]

用「初戀」和「真愛」來描述醫界，表現了他們投入的感覺深度。就好像一段緊繃的戀愛關係，在最後分手前，一方或雙方好幾次半真心地威脅要離開，整個過程可能會拖上好幾年。歐文離開這個行業花了超過十五年，而比加爾雖然知道他的心理健康已經顯著改善了，但對於事情的結局仍然流露出悲傷。

§

柔伊（Zoe）是個醫生，在離開醫學院四年後來見我。柔伊上的大學採取的是舊式的傳統課程，課程初期極少接觸到病患。柔伊覺得，前兩年的課程極為枯燥，開始懷疑自己是不是選對了職業。就像其他心存疑惑的醫生一樣，她在臨床前休息了一年，並且碰巧找到一個醫生助理的工作。由於在工作中要大量和病患接觸，柔伊覺得，她那一年所學到的事，比前面三年在醫學院的還要多。

柔伊對這個行業有了新的熱誠，為了完成學位又回去醫學院。她在醫學和外科都拿到優異的畢業成績，並且獲得一些獎項。基礎訓練第一年的醫生相當嚴格，但是柔伊喜歡她和同事之間的情誼，以及將醫學院所學學以致用，離職的想法從未出現在她的腦海裡。基礎訓練第二年是在一所不同的醫院，雖然受到比較少的支持，她依然樂在工作。基礎訓練計畫結束之後，她攀登到職業階梯的下一個階段，晉升到兩年的「核心醫學計畫」。這個階段到了最後，在她需要決定最終專業的時候，她第一次和我聯絡。

柔伊的工作變得不開心，有很多的原因。她厭倦了要工作這麼多個晚上和週末，特別是這對她的私人生活產生了影響。雖然她已經申請了腫瘤科訓練計畫，但她不確定這是不是將來最好的道路。雖然她覺得治療癌症確診的病患很有意義，但有時候她覺得，鼓勵病患採取緩和醫療會比較好，但腫瘤科醫生總是堅持進行治療。她的說法是「把病患鞭笞至死」。

柔伊在這個階段時，我們見過一次，她在會談之後寄了電子郵件告訴我，她已經接受了腫瘤科的訓練職位，但是會延遲一年才開始。她打算晚一年受訓，以利用這一年去完成醫學倫理的碩士課程。同時，為了讓她的臨床技術保持更新，也會去當代班醫生。她需要一點喘息的空間，以決定她是不是真的想投入腫瘤科。

第一次會談的時候，柔伊告訴我，她之前曾經因為憂鬱和焦慮而受盡煎熬，並進行了一段時期的認知行為治療。對於她是否覺得診療癌症病患的心理要求太高，我們進行了很長的討論。根據她以前的歷史，以及她似乎對核心醫學訓練的要求感到疲憊，我懷疑會不會是腫瘤科讓她陷入了掙扎。柔伊也不確定（因此她想要休息一段時間），但是總的來看，她覺得可以應付得來。

過了一年多，當她在腫瘤科訓練兩個月以後，她再度和我連絡。這一次，我遇到的是一個非常不一樣的柔伊。她覺得臨床工作很痛苦；每天晚上回家以後，她沒有辦法不想到她的病患，她很震驚疾病在臨終病患身體上所造成的破壞。再三考慮，她懷疑自己是不是需要一個壓力比較小的工作。

由於她最近拿到了碩士學位，柔伊告訴我，她想當醫療法顧問，幫助被病患投訴，或是面臨懲戒行為的醫生。她不再認為，醫治病患能讓她得到工作上的滿足，但她對於醫療法顧問會遇到的複雜法律和道德問題很感興趣。柔伊正式申請了醫療法顧問的工作，但是沒有被聘任。審查小組的意見是，她的心依然還在醫學。柔伊很失望，但是因為她被告知，如果她完成了訓練，下一次申請成功的機會比較大，因此雖然很不情願，她還是決定繼續完成腫瘤科的訓練。

隔一年，柔伊再次和我聯繫。她遇到了車禍，而且受到重大的創傷。住院一個月以後，在復健期間，她搬回家和父母一起住。在這段時間裡，她認真思考了她的事業。人生中第一次，她從病患的角度了解到，醫療照護可以對病患造成如此不同的影響，這讓她對工作徹底改觀。換句話說，成為病人重新燃起她當醫生的欲望。

所以，柔伊重回腫瘤科的訓練。因為還在從意外受傷康復中，她開始先做兼任，但慢慢地回到全職工作。我以為這就是故事的結局，但並不是如此。差不多一年以後，柔伊又寫了電子郵件給我。她在一所特別欠缺支持的醫院，又再一次感覺到，目睹忍受折磨的癌症病患實在令人感到筋疲力竭。她也看不到任何女主治醫生的生活形態，是她想要效法的。

柔伊的說法是：「我不想工作到很晚，然後吃著中東烤肉串，回到空蕩蕩的房子。」所以她再次考慮醫療法顧問的工作，或者她大概會重新受訓當初級律師，或甚至是管理主治醫生。她迫切要找到一個她會喜愛的職業。

柔伊說：「我在腫瘤科繼續下去的唯一理由是，它在未來可能會開啟其他的選項。」我們詳細討論她是不是可能感到憂鬱，但柔伊覺得情況不是如此。所以我和柔伊深入探討她對目前工作的感覺，也設想了要如何搜尋一些其他的選項。

當柔伊在認真考慮離開醫界的同時，她的訓練要求她轉到一所地區綜合醫院的小組。出乎意料的是，她覺得在這個環境得到非常多的支持。大概一個月以後，她寫信告訴我，她或許已經找到未來適合她的職務了：

> 我真的覺得我現在已經找遍「每個角落和櫥櫃」，並且用我以前從來沒有用過的方法，好好探索了我的職業選項。和管理主治醫生、初級律師這些人說話相當有用，

可以知道外面其他工作是什麼樣的感覺。我必須說，我很驚訝，不過真的非常高興，我的結論是，對我來說，別的地方的草坪並沒有比較綠。

我在兩年前收到這封電子郵件，那時候和柔伊談過，她告訴我，最後沒有離開門診實務工作，讓她鬆了口氣。她後來被指派為主治醫生，工作結合了兼任的臨床工作和教授醫學倫理。我們最近交談時，柔伊也告訴我，她攻讀碩士時發生的一件事。

聖誕節前不久的一個晚上，一個十二歲的男孩被帶到她當代班醫生的急診部。男孩發高燒，身體不舒服，而且出了疹子。柔伊正確診斷出他得了敗毒症，並在急診室中依照程序處理這個症狀，包括戴上氧氣面罩、抽血、在他體內插入各種管子和導尿管。不幸的是，雖然經過這些緊急的介入，先前說話還相當有條理的小男孩，卻開始變得昏昏欲睡。他的病況迅速惡化，急救團隊被召喚過來。悲慘的是，急救失敗，男孩過世了。

這一連串的事件讓柔伊的心理受到創傷，她心裡不停回想起男孩治療的前期，他還能夠說話的事實。她腦海裡不斷盤旋著不同的問題：男孩對自己快要死亡知道多少？他的家人要怎麼過那個聖誕節？以及更重要的是，她還能做什麼去拯救他的生命？

醫院充分調查了這起死亡，結論是小男孩一定會死。在任何狀況下，柔伊都沒有被認為有醫療疏失，但她的感受沒有什麼不同。想起發生的事，她就無法忍受，也無法和任何人談到這件事。醫院沒有提供任何的支持，她自己也沒有尋求任何幫助。現在她可以看得出來，這件事對她有很深的影響，在開始腫瘤科訓練之前和之後都是，而且對她的第一份工作，以及後來的工作所發生的困難，無疑都造成了影響。六年過去了，她能夠用以前做不到的方式，開始談這件事了。「當我受到壓力的時候，我會很高興我的臨床方法被質疑，或是尋求別人的幫助。」她告訴我：「這使我謙卑，並成為一個比較好的醫生。」

§

搶救孩童失敗後會感到痛苦的，並不是只有柔伊一個人。美國一項針對急診科醫生所做的調查發現，有六十四%的人指出，在小兒科急救不成功之後，會有罪惡感或是不適任的感覺。[11]醫生的心不是石頭做的。

當然，不是只有在急診醫療工作的醫生，才會在事情的發生不如計畫時感到痛苦，未預期的事件在醫療環境裡相當常見。最近一項針對超過六百名麻醉科醫生的研究發現，六十二%的應答者在過去十年內，最少曾經涉入一件無預期的死亡，或是嚴重的傷害；有八十四%的人在職涯中的某個時期，曾經歷過類似的意外。雖然大多數的麻醉科醫生都經歷過這類事件，但這些事件仍能造成強烈的痛苦：「有超過七十%的應答者經歷過罪惡感、焦慮，以及重複回想起事件……十九%的應答者指出，從來沒有從事件中恢復過來。」[12]

即使後續的調查結論是，負面的結果是無法避免的事，研究中大多數的麻醉科醫生仍然覺得自己有責任。這表示，負面結果造成的情感衝擊（失敗或是個人有責任的感覺），和獨立的外部評估是否可以預防，並沒有簡單的關聯。柔伊的狀況完全就是如此；雖然後續的調查結果免除了她受到責怪的情形，但多年來並沒有讓她停止怪罪自己。

十二%的麻醉科醫生指出，他們考慮過要更換職業。一項針對產期前後死亡對產科醫生影響的研究，也發現類似的數據。[13]或許，這些狀況最令人震驚的是欠缺對醫生的支持，研究麻醉科醫生的作者的結論是：「在發生負面事件以後，我們幾乎沒有提供給醫生適當的關心。」這些話也一樣適用在柔伊身上。

§

「他們沒有肌膚。」H醫生說：「他們完全沒有肌膚。」然後他停了下來，讓研討會的聽眾好好思考他的話。

H醫生是精神科主治醫生，專長是診治醫學生和初級醫生，這是我第一次聽他在醫學教育研討會演講。談到這些「沒有肌膚」的醫學病患，他是用一種比喻的方式，描述那些因為醫療職業造成難以忍受的痛苦，而轉換職業的人。但是一聽到他使用這個名詞，一大串的醫學生和初級醫生就浮現在我的腦海。我想到一個沒有辦法忍受人體解剖的學生，因為她把解剖室裡的身體看成是一個人，而不是一具屍體。然後我想起了一個初級醫生，當他目睹孩童經歷強烈的痛苦時，不得不跑到小兒科病房外面緩和一下情緒。還有另一個厭惡診治老年病患的醫生，因為他所能想到的就是他們很快就要死去。和人類的磨難面對面卻缺少保護層，是一件很艱難的事，這就是H醫生在研討會裡要強調的重點。

但是「沒有肌膚」不只讓這些人難以與病患互動；通常也讓他們在生活中的很多面向出現難以承受的痛苦，包括必須考慮或討論改變職業。因此，要幫助這些醫學生和醫生可能非常困難。他們在會談時會遲到，或是到了最後一分鐘才取消，而且經常使用一些奇怪的藉口。他們承諾會和特定的人聯繫，探討不同的職業選項，但是到了最後，他們在兩次會談之間，從來沒有去做任何同意要做的事。當我們嘗試要幫助這些醫生從醫學往前邁進時，這一切可能會令人非常挫折。

如果有人正在哀悼伴侶的死亡，我們的反應不會是傳給他們約會網站的連結。然而，身為一個診治這些客戶的執業者，卻往往落入忙碌和現實的圈套，而只是指引他們未來可以追尋的其他所有職業，而不是好好地傾聽他們要離開醫療業可能會引發的痛苦感受。

沒有肌膚的人生會有多麼痛苦，要感同身受是很困難的。

§

沒有人寫出當醫生想要（或必須）放棄這個職業時，會有多麼地痛苦；除了英國醫學協會十幾年前發表過的，針對十四個醫生所做的小規模研究以外，並沒有關於這個主題的文章。[14]雖然那是一份開創性的研究，但是沒有仔細檢視任何心理上的複雜性。

在醫學期刊中，沒有任何的研究曾經描述到，醫生如何同時被朝向兩個方向的力量拉扯：想讓自己卸下臨床責任的負擔，但又不想對自己感到失望，或是令家人感到失望。沒有任何說明是關於從醫學往前邁進要花多少年，或是資深臨床醫生是如何鼓勵實習醫生只要再多撐一下，而不是和他們討論轉換職業是不是比較好。

唯一針對這個議題發聲的是已故小說家克萊頓。他在文章〈放棄醫學〉（*Quitting Medicine*）裡描述，在哈佛醫學院的最後一年，他的手腳變得麻木而刺痛，而且被神經科醫生診斷為可能是多發性硬化症的症狀。在診斷後，克萊頓另外諮詢一個精神科醫生，醫生認為，這種症狀可能是歇斯底里和暗示心理潛在的痛苦，並不是像多發性硬化症那樣的神經失調疾病。克萊頓當時拒絕了精神科醫生的解讀。十年後（當他沒有經歷更進一步神經方面的症狀），他發表了如下的言論：

> 經過了快十年，我才能夠回頭看，並且懷疑離開醫界的決定是不是如此地困難和痛苦，因此需要嚴重的疾病來增加我的動力，或至少是一個可能的疾病。因為這個嚇人的診斷是令人振奮的：我被迫問自己，接下來的人生我想要做什麼，我想要如何度過。

對我來說，很清楚的是，如果我實際上只剩幾年可以不受阻礙地活動，那麼我想要把那幾年用在寫作上，而不是行醫，或是任何同事、朋友、父母和社會通常期待我去做的事。疾病幫助我做自己，並做出困難的轉變。[15]

§

克萊頓最後終於了解到放棄醫學有多麼困難。在訓練資深臨床醫生的時候，我也見識到在討論到學生放棄專業的主題時，理性的討論似乎會消失不見，尤其當學生的學術表現特別傑出的話。和貝拉談過不久之後，就是那位第一年基礎訓練開始十個星期就離開的醫生，她學校的一個資深同事和我聯繫，問我是不是願意見另外一個醫學系最後一年的學生，他覺得沒有辦法應付即將來臨的工作轉變。

「我很樂意和這個學生見面。」我告訴我的同事：「但是，我看到這麼多其他你們學校不快樂的學生，所以我想過去為資深教職員開一堂早期預防的課。畢竟，如果很多人在開始第一份工作的頭幾個星期就放棄，這對學生或是國民健保署都沒有幫助。」

我的建議沒有被採納。好吧，一開始是沒有。然而，六個星期以後，我的同事又回來找我，問我為了那些覺得無法應付醫學，並且正在考慮不要開始基礎訓練工作的學生，是不是可以開一堂要如何支持他們的課？

那個下午有十二個人來參加，他們全部都是醫學院的資深教職員。有一位出席者是醫學系教授，他對於我所說的話持強烈的反對意見。

「對一個人來說，完成醫學位總是比變換軌道來得好。」他挑戰說。

我告訴這個教授，我見過他們學校好幾位多花了好幾年完成學位的學生，最後卻沒有辦法當醫生。他不願意改變他的觀點，堅持我是錯的。

另一個也是教授，但本身不是合格醫生的出席者，也加入了爭吵。

「我是生物化學研究人員，一份非常好的職業。」她說：「但我知道，我不可能撐得過醫學訓練。」

這個醫學教授仍然沒有被說服，在中場休息的咖啡時間就離開了。

§

很諷刺地，針對角色改變這個主題，寫下最有說服力的文章的並不是醫生，而是一位前修女。海倫・蘿絲・福克・伊博（Helen Rose Fuchs Ebaugh）為了當一個太太、母親，以及最後成為一個社會學教授，而離開天主教修女的生活。她用自己的經驗作為出發點，在《成為過去：離開角色的過程》（*Becoming an Ex: The Process of Role Exit*）研究中，訪問了在人生中經歷過重大角色轉換的人。其中包括曾經喪夫的婦女、失去孩子監護權的母親、變性的人，以及離職的醫生。伊博得出了結論：

從舊角色脫離是一個複雜的過程，牽涉到參照團體的改變、友情網絡，以及與之前團體的關係，還有最重要的是，改變一個人的自我認同感。（離開者）可能會覺得自己懸在半空中，沒有立足點，不屬於任何地方。未來是未知的，但再也不屬於過去。[16]

對我遇過的一些醫生來說，這是近乎詩意般的描述。對於曾經幫助過一些醫生，讓他們覺得比較沒有被過去綑綁住，然後比較能夠打造未來，我有很深的滿足感。但我也非常清楚，還有一些我幫不上忙的其他人，他們的事業依然懸在半空中。

第九章

天擇

有一次《英國醫學期刊》為醫學院申請者舉辦了一個活動。一開始是由小兒外科醫生班（Ben）的演講開場，他圓圓的臉上帶著令人喜愛的笑容。如果我的小孩需要手術，他就是我想要的那種醫生：冷靜、可靠、仁慈，而且顯然非常能幹。幾乎毫無例外，班讓每個人都入迷了。他展示手術時拍的照片給大家看，解釋說他最近拯救了一個七歲男孩的性命，男孩被一輛時速八十英哩的汽車前的擋風玻璃推行了一段距離。班告訴我們，小男孩體內都是「一灘血水」，他放了一張投影片證明了這一點。經過大規模的手術，在四個星期以後，男孩身上沒有殘留任何的傷口，出院回家了。

聽眾中差不多有七十%是年輕女性，她們大部分的人都帶著掩藏不住的崇拜而仰望著班，男性聽眾看起來也差不多一樣著迷。每個人都想要和他一樣，每個人都想要成為他，他體現了他們期盼在工作與人生中達成的一切。但是，班越是打動聽眾，我就變得更沮喪。因為我是下一個講者。

在興高采烈的掌聲中，班結束了他的演講，但是當我一開始介紹我是誰，以及我要談論的主題，房間裡的興奮嘈雜聲就消散了。我的年紀和他們的父母一樣，是個心理學家，因此和班相較之下，遠遠不如班有趣。而且不只是這樣，因為他們並不想聽我的主要訊息。如果你參加一個申請醫學院的研討會，你最不想要耐著性子聽完的演講就是，一個心理學家告訴你，她在最近幾年遇到的所有不快樂的醫生。

我用一個簡單的比喻架構我的演講：就像是病患健康的時候不會去找心理醫生一樣，當醫生很喜愛他們的工作時，也不會去找專長是職業困境的心理醫生。當我在規劃這個演講時，葉慈（Yeats）的一句詩詞不停地在我的腦海裡響起。「輕輕踩啊，因為你腳下踩的是我的夢。」聽眾即將成年，正在抓取他們人生中想做的事；我正在盡力，不要踩踏他們的夢想。

但是，有的時候，受訓當醫生會變成現實裡的夢魘，我要怎麼樣溫柔地傳達這個訊息呢？

我演講結束時，掌聲稀稀落落，我迅速走下舞台，安靜離開。在我離開的時候，有一個高大的中年婦女擋住了我。

「我希望演講有拍成影片，我才能拿給我學校的女孩們看。」

她解釋說，她帶領一間第六級學院，是國內學業成績最好的女子住宿學校當中的一間。當學生把目標鎖定醫學系時，她們（或她們的父母）從來沒有思考過我提出的問題。我謝謝她之後離開了，我很高興終於有一個人覺得，我的演講是有用的。

幾個星期以後，有一個聽眾寫了電子郵件給我：

親愛的卡洛琳：

我上個月參加《英國醫學期刊》的研討會，你在那裡講了申請醫學院之前要考慮的事情。我現在是中學最後一年，大學希望攻讀醫學系。我的問題是關於我的健康狀況，我目前正在接受厭食症的治療，這個症狀從十二歲就開始了。雖然我是門診病患，但我懷疑，我是不是真的能夠被接受就讀醫學系。有沒有什麼關於患有疾病或是失調的人的政策，並可能會影響到我的申請？

如果你可以回答我的問題，我會相當感激。謝謝，凱西亞（Kesia）

我想起了我遇過患有飲食障礙症的很多醫生，至少當中有一些案例，原本看似有大好的未來前途，但最後卻變得令人失望。如果凱西亞在治療六年之後，仍然還患有厭食症，她能通過篩選的程序嗎？至少在書面上，遴選小組會把健康顧慮留給職業健康小組。不過厭食症（相對於暴食症而言）是個很難隱藏的疾病，所以她的外表會怎麼影響小組看待她的眼光呢？她看起來會是個合適的候選人嗎？如果她面試成功了，她會通過職業健康的評估嗎？如果她通過了，她的事業長期發展會怎樣呢？有這麼多的問題。

我不確定要怎麼回答。

所以凱西亞聽到我在《英國醫學期刊》研討會中談到的一些醫生是誰呢？

我一開始描述了一些我遇到的醫生，他們的聰明程度差不多，但還不足以應付醫學。其中有一些醫生試了好幾次才進入醫學院，然後一旦被錄取了，也經常在期末考試過不了關，必須在暑假重考。這些醫生通常要更加倍努力，才能跟得上同學，因此他們沒有多餘的時間參加社交或課外活動。大部分的醫學院在當掉學生之前，對於考試不合格的次數有所限制，但也有申訴的程序，讓課程被當掉的學生可以對結果提出申訴。如果醫學院駁回了申訴，他們還可以向全國組織（獨立仲裁員辦公室〔Office of the Independent Adjudicator〕）申訴，而且他們經常會這麼做。

發現自己身陷考試重複失敗循環當中的學生，他們的申訴理由通常都是他們的表現受到憂鬱或焦慮的影響。這可能是真的。但有的時候我懷疑，憂鬱或焦慮是考試失敗的原因，或是他們知道雖然盡可能的努力，還是拿不到成績而產生的反應。我遇過花了超過十年才完成五年課程的醫生，其中有一些人最後合格了，而其他人花了超過十年卻沒有拿到醫學學位。

很遺憾的是，對於那些在醫學院努力打拚的學生來說，拿到學位不是為他們的困難畫上終點；他們接下來會遇到更大的障礙，也就是通過學士後專科考試。當一個初級醫生每一天要工作十一個小時（或像我們曾經看到的，有時候還要更多），因此很難在工作之外，再擠出時間準備考試，每一天的時間就是不夠用。另外，如果你在醫學院時，每天讀書十六個小時才勉強通過考試，一旦你開始醫生的工作，可能就會崩潰了。這就是我在《英國醫學期刊》研討會強調的重點。

凱西亞也聽見我談到一群不一樣的醫學生，他們糾結的是情緒問題，而不是醫學訓練的學術要求。當中有一些學生是高學業成就，進入醫學院毫無困難的人。另外，比較傳統的醫學院課程，前兩年是以講課和實驗室為基礎，和病患沒什麼接觸，這些學生可能有不錯的進展。但一旦這些學生離開了課堂，現身在受盡折磨和痛苦的病患面前，他們對醫療業的憧憬可能會開始崩壞。換句話說，當一些脆弱的學生開始了解到醫療工作固有的龐大責任，他們可能會感到無法招架。通常這些學生會因為憂鬱或焦慮而暫時休息，或是因為情況不好，不能參加期末考試，而要重複好幾年。而且這種情況會拖上很多年。

英國醫學總會直到最近才開始追蹤醫生從醫學院一開始到後來的進展，發現醫學院和學士後訓練之間有斷層。醫學院會追蹤離開學校一年內的校友，但是從制度上沒有辦法知道之後的狀況。不過我知道，至少是那些來找我的醫生。我一直都仔細地記錄他們的教育和職業史，過不了多久我便知道，那些學士後考試有困難的醫生，醫學院生涯經常也是一樣的崎嶇。

8

進入醫學院的競爭是激烈的，例如，二〇一五年的牛津大學，只有十一%的申請者被接受，[1]而且絕大多數的申請者在中學都拿到了優異的考試成績。牛津大學的其他科系也一樣的競爭；同一年藝術史申請者的錄取機率和申請醫學系一樣，但是這兩個科系的相同點就只有到此為止。如果牛津大學錄取某個藝術史的學生，後來發現他的審美觀很糟，除了這個申請者以外，還有誰會受害？但是如果一個醫學生學習課程的主要內容都有困難，將來病患可能就會有危險。醫學院理事會（Medical School Council）指出：「選擇醫學院意味著選擇醫學作為職業。」[2]在英國，四年的碩士學程（graduate-entry programmes）占錄取者的十%，[3]其餘的九十%，取得醫學學位要五到六年，取決於是否增修插入學位而定。對於這些學生來說，取得醫學資格至少要花五年；如果學生增修插入學位的話，通常是六年。在看統計數字時，令人驚訝的是，中途輟學的比例很低：最近的兩份研究報告指出分別為六%和五．七%。[4]同樣的，美國醫學院協會指出，二〇一〇年美國大約有三%的學生沒有完成醫學院學業。[5]

表面上看來，英國和美國醫學院的遴選過程似乎非常成功，大多數被錄取的學生最後都畢業了。但另一個解釋是，從醫學院以後，醫學訓練體系在必要時，會非常不情願移除那些不適合執業的人。在商業裡，這被稱為「從錯誤到失敗」（failure to fail）問題。[6]而這個主張的證據是什麼？

部分的證據是聽聞而來，根據過去這些年來我見過的很多醫生，他們完成了醫學院的課業，甚至完成了基礎訓練計畫，但是沒有能力在醫學生涯裡往前更進一步。除了個人經驗之外，也有實證經驗證實，醫學院裡出現學習困難的學生以及最後失敗的人，兩者之間的數量差距。例如，英國諾丁漢醫學院（Nottingham Medical School）研究員珍娜．耶茨（Janet Yates）分析學校連續五年錄取的學生的進展。耶茨指出，有十二．八％的學生在學校出現了相當的困難，這些困難包括好幾次考試不及格、必須重修一年、大學紀錄裡被指出有嚴重的態度問題，以及罹患憂鬱症。這些面臨困難的學生中，只有不到三分之一（總樣本的四％）的人在畢業前離開學校，總樣本的八．八％仍然留在醫療體系裡，而且可能會繼續地努力掙扎，即使最後終於拿到了醫學學位。[7]

英國有超過四萬名醫學生。如果耶茨的數字被用來代表醫學院的樣本，就表示其中有五千一百二十個學生（十二．八％）在訓練的某個時段會遭遇困難，一千六百個學生（四％）最後會離開。但我所擔心的是兩個數字之間的差距，就是那些在醫學院裡努力掙扎，勉強完成學位的三千五百二十個人。無疑地，他們當中有一些人會繼續下去，最後成為好醫生，但有一些人則沒有辦法。

有一些研究是針對怠忽職守而被英國醫學總會[8]或是美國各州執照委員會（State Licensing Board）[9]懲戒的醫生。這些研究產生了令人信服的證據，指出行為不端與早期學術障礙（在英國）以及醫學院裡的非專業行為事件（在美國）有關。因此，有充分的證據顯示，在醫學院裡的困難（無論是學業失敗，或是非專業行為的例子）會增加後來怠忽職守的風險。不過，只有比例很小的醫生最後會受到相關主管單位的懲戒，在英國和美國大約是一％。[10]雖然這些發現很重要，但是關於那些在醫學院不順利，而後來的臨床表現沒有嚴重到被移送到主管單位的醫生，我們無法得知他們的任何狀況。根據我幫助初級醫生的經驗，我強烈懷疑，在醫學院不順利的醫生，有些人在工作上也持續遭遇到很大的困難，甚至這些困難嚴重到足以被送交懲戒。

從在醫學教育體系當一名心理學家的觀點來看，我有時候會看到，要中斷一個醫生的訓練，當事人會出現明顯的不情願。這在某種程度是令人欽佩的，醫學訓練漫長，而且要求又高，應該合理預期醫學生和初級醫生可以獲得充分的支持，但是我懷疑，同時還有其他的力量在發揮作用。有時候，我遇到的是一種制度上的否認，特徵就是沒有能力去思考，當初決定讓一個學生進入醫學院，或許是一個很大的錯誤。

亞伯丁醫學院學者珍妮佛．克萊蘭德（Jennifer Cleland）是少數在醫學訓練體系裡研究「從錯誤到失敗」的人。她在一項研究裡強調，即使有非常正當的理由，指導主治醫生對於給醫學生負面的評估，有多麼的掙扎。研究裡有一個受訪者稍微點出了問題所在：

我想部分的困難在於，你知道，我們全部都可以告訴病患壞消息，但醫學生可能是我們未來的同事，我認為，我們都非常不善於和同事溝通這類事情。[11]

我覺得這是很不尋常的事，這名醫生所說的是，她覺得和告訴醫學生他們的表現不及格相比，告訴病患他們快死了比較容易。這是醫生無意識地分隔自己與病患的另一個例子，為了應付臨床工作中不可避免的焦慮，而認為自己屬於另一個群體。而無意識的操控結果是，傳達悲慘的消息給病患，比和醫學生談他們的糟糕表現容易。在克萊蘭德的研究裡，指導臨床醫生提到的另一個議題是，缺乏時間及清楚的指引標準。資深臨床醫生對於他們觀察到的學生臨床表現，或許不確定是否不符及格標準。在這種情況下，這些醫學生一旦成為合格醫生後，我們就很難確保，未來接受他們治療的病患，可以得到安全的治療。

後來在英國和北美的研究評估中，克萊蘭德進一步質疑如何挽救表現不佳的醫學生的整體方法：

支持學生晉升到訓練下一個階段的倫理，充其量只會讓學生持續表現不佳，這是很有問題的。稀少的教師資源用來支持不會有所改善的晉升，也是有爭議的。證據指出，教職員覺得要當掉資深學生很困難的時候，只會讓不好的學生更接近註冊資格，而成為潛在不好的醫生。[12]

這是往正確方向邁進了一步，但是仍然還不夠多。從來沒有被說出來的事實是，一定會有一些醫學生無法成為合格的醫生。不過，對醫學訓練體系來說，要認知到這個事實，這一步似乎邁得太大了。但是，為了讓所有的醫學生完全適合他們選擇的課程，有兩個條件必須成立。第一，醫學院的挑選程序，必須百分之百的正確；第二，學生在四年、五年，或六年的學程，都不會改變。很明顯地，這兩個假設都是荒謬的，因此即使人數不多，醫學院和後來的訓練階段，總是會有一些不該待在醫療體系裡面的人。

「從錯誤到失敗」不只發生在醫學訓練當中；在健康和照護專業裡也被注意到有這個現象。由於英國和美國對訴訟的恐懼逐漸增加，無疑地讓這種狀況變得更為複雜。訓練失敗的學生可以向醫學院尋求法律救濟，另外，把學生從學程裡剔除的名聲，對於醫學院未來吸引申請者以獲得必要的財源，並沒有幫助。但是，不願意處理不適合行醫的醫學生，不只對未來的病患造成了風險，也為學生自己製造了不幸。我遇過一些從來就不應該讓他們長久留在醫療體系裡的學生和醫生。我不希望凱西亞也遭遇到一樣的命運。

8

不論在世界上哪一個地方申請受訓當醫生，學業成績都有明顯的重要性。一般來說，成績要如何測量，成績最後在整個遴選過程所占的重要性，以及其他必須考量的因素是什麼，這在每一個國家，甚至同一個國家的不同大學之間，都有很大的差異。但是，全世界的每一個地方，醫學院遴選人員在做決定的時候，申請者之前的學業成績都會是拼湊拼圖的主要部分。

在美國，所有有希望的學生都要參加醫學院入學考試，這是一種標準化的電腦測驗。全國各所醫學院的錄取小組都很看重醫學院入學考試分數，這個成績一般而言能夠預測醫學生在第二年年底參加的第一次全國考試的結果（STEP1）。[13]但是這一切代表的是，一個電腦化標準測驗（醫學院入學考試）的結果，和兩年後的另一個電腦化標準測驗（STEP1）結果，有顯著的關聯。相較之下，即使在最好的情況下，醫學院入學考試分數預測醫生日後臨床表現的能力，也是非常地薄弱。[14]（這個測驗在二〇一五年重新修改過，現在還包括心理學和社會學。這些新項目是否更能準確預測未來執業醫生的臨床表現，還言之過早。）

在英國，高級程度證書的分數被用來評估進入醫學院的潛力，也能預測日後在醫學院採用的寫作和實用測驗。倫敦大學學院（University College London）醫學教育教授克里斯．麥克麥納斯（Chris McManus）用「學業骨幹」（academic backbone）的比喻來描述這個概念。在醫學教育裡，目前的學習和成就嚴重依賴早期的成就。對麥克麥納斯來說，這個「骨幹」的構成是「累積的『醫學資本』，也就是一系列構成成功醫療執業的知識、理論、經驗、理解和技術。」

根據這個論點，賦予醫學院申請者學業成就適當的重要性，就是必要的，畢竟，如果你的骨幹是脆弱的，就沒有辦法站立起來，更不用說奔跑了。有一個經常被提出來的批評意見，認為用學校考試成績作為挑選醫學院入學的基礎，只會選出很會應考的學生，但不一定是善於行醫的人。麥克麥納斯也提出反駁，他指出「有知識總比無知更好，臨床知識是臨床實務的基礎」。[15]作為一個病患，很難不同意這個論點；誰會希望被一個無知的醫生治療呢？當我遇到從醫學訓練一開始就在學業上痛苦掙扎的人時，麥克麥納斯，認為需要適當地注意一個人先前的學業成就，這個警告聽起來就很有道理。

不過當然，學業成就並不是一切。雖然作為病患，我們想要有知識，而不是無知的醫生，我們也需要醫生擁有其他的特質，像是同理心、應付壓力的能力，和同事合作良好，以及個人操守。談到挑選醫生時，單單只有學業成就，是遠遠不夠的。

由於來自收入較高家庭的申請者，往往有比較好的高級程度證書分數，所以根據學業成就作為挑選的依據，也在過程中引進了一種社會誤差（social bias）。例如，一項針對全國第一年基礎訓練醫生的調查發現，有三十一%的人就讀私立學校，[16]然而，英國只有七%的小孩是在私部門受教育，醫學生的比例超過了四倍之多。在美國也有類似的社會誤差：醫學生父母收入在前二十%的比例，從來沒有低於四十八%，而醫學生父母收入是最低二十%的比例，也從來沒有超過五．五%。[17]

然而，有一部分的問題是，在傳統上，醫學院要求最高的學業標準，因此，醫學院如果降低學業的要求分數，是否依然能夠培育出有能力的醫生，關於這件事的可行性，有關這方面的資料非常少見。不過，倫敦國王學院（King's College London）從二〇〇一年開始接受來自低成就中學、入學分數比一般醫學院要求的還要低的學生。被擴大醫學學位計畫（Extended Medical Degree Programme, EMDP）錄取的學生，可以有多一年的時間去取得最後的醫學資格。[18]

由於高級程度證書和醫學院考試表現之間的關聯，很顯然地，擴大醫學學位計畫的學生期末考試比較容易不及格，或許也不令人意外。因此對於沒有先研究應該降低多少入學分數，以及應該讓哪一些群體降低分數，就降低入學分數，麥克麥納斯也提出了警告。[19]這是一個讓人沮喪，或許也是不完整的結論。因為即使和以比較高的高級程度證書分數進入標準五年計畫的同儕相比，擴大醫學學位計畫的學生期末考試比較可能不及格，但還是有一些跡象顯示，他們也會大量出現表現很好的學生。為了表現不好的學校學生而降低入學分數，將會增加失敗的比例，但是也會找到那些從來沒有機會受訓成為醫生的聰明學生。這是一個困難的抉擇，是不是有比較好的方式來挑選未來的醫療人力？

§

醫學遴選的聖杯就是一種測試，用來測量申請者和過去教育機會無關的潛能。這個論點認為，以這種遴選方式，可以找到因為接受了品質不佳的教育而中學成績較低，但具有能力的申請者。英國設計出兩種這類測驗，英國臨床能力傾向測驗（United Kingdom Clinical Aptitude Test, UKCAT）和生物醫學入學測驗（BioMedical Admissions Test, BMAT）。但是這些測驗是否提供了一個客觀的「潛能」測量方式？是否能告訴我們比高級程度證書分數更多的任何資訊？是否能讓我們選出更具社會多樣性的醫學生？

一項為期五年，針對超過英國六千名醫學院入學者的研究，提供了一些不錯的答案。這項研究發現，即使是在之前的高級程度證書結果也列入考量的時候，英國臨床能力傾向測驗分數可以清楚預測日後醫學院的表現。換句話說，英國臨床能力傾向測驗的成績確實對挑選過程有加分效果。作者也指出，依賴英國臨床能力傾向測驗分數，而非高級程度證書成績，可以幫助擴大參與度，因為英國臨床能力傾向測驗比較不會受到中學教育品質的影響。所以在這兩方面都是好消息。[20]

生物醫學入學測驗的證據就比較不那麼明顯。生物醫學入學測驗唯一可以預測日後醫學院表現的是知識項目，這部分的測驗架構和標準學術測驗近似，像是高級程度證書，在這部分表現很好的學生，高級程度證書的成績也會很好。因此沒有證據顯示，生物醫學入學測驗會如同測驗提供者所聲稱的，能提供和教育無關的「潛能」測驗，或是可以擴大參與度。[21]另外，這項入學測驗受到英國菁英醫學院的喜好，例如牛津、劍橋和帝國學院，是不是一種巧合？過去這幾年，在支持醫生度過事業低潮的期間，我當然遇過一些特別有能力的醫生是來自工人階級，他們的父母可能是貨車司機、店鋪助手或是在工廠工作。但是他們是非常少數的例外，而不是通例。而且就像我們在前面章節看到的，不是來自專業背景的醫生，通常會覺得難以融入。巡房的時候，主治醫生可能會批評他們的口音或文法，他們經常告訴我，與接受私人教育的同事相比，他們比較沒有自信。

英國的醫學仍然維持著菁英主義，不只是我自己的印象，這個行業因為社會流動的紀錄不佳，曾在二〇一二年受到公開的指責。社會流動暨孩童貧窮獨立評論（Independent Review on Social Mobility and Child Poverty）指出：

> 醫療業遠遠落後於其他的行業……談到讓入行管道更公平、使人力多樣化，以及提高社會流動，它還有很長的一段路要走……這個行業本身認知到，現代醫生需要的技術包括，對服務對象的社會和經濟背景有更多的了解……它現在需要讓行動一致。總的來說，醫療業的進步太少，並且對公平管道所展現的興趣過低。它在方法上需要更大的改變。[22]

就拓展管道而言，這個行業並沒有跟上腳步。從好幾個理由來看，這真的很重要。第一，社會正義的問題，以及擁有一個更公平、更流動的社會。根據這個論點，假如來自特定團體的人覺得，即使他們有能力做到，也沒有機會改善自己的社會環境，這樣對社會凝聚力是有風險的。另外還有證據顯示，醫學人力多樣化（就社會階層和種族而言）環境下培養出來的醫生，比較願意在他們出身的社區工作。例如，一項蘇格蘭的研究發現，和來自比較中產階級家庭的同事相比，來自背景較不富裕的全科醫生，比較可能在最窮困社區的全科診所執業。[23]而且，和就讀於種族同質性比較高的醫學院學生相比，似乎在比較多元的醫學院念書的學生，對來自少數族群的病患，會有比較正面的態度。[24]

§

為了回應批評，醫學院理事會採取了一個措施，讓進入醫療專業的遴選更公平和更透明。以前醫學院遴選小組採取的一些不透明的方式，受到了批評，除了優秀的學業表現之外，他們還期待申請者具有什麼特質？為了反駁不夠透明的指控，醫學院理事會在二〇一四年收集了就讀醫學院需要的主要技術和特質清單。[25]

清單從「讀醫學院的動機，和對醫學專業有真正的興趣」開始，這考量挺合理。下一個是「對自己長處和弱點的洞察力」，這似乎也合情合理。列舉的個人特質總共有十七個，或許我看較著重在它的順序而不是它所根據的理由，因此我對於「同理心」和「誠實」被放在清單最後，不得不感到一絲憂慮。有一項研究調查病患期待醫生具有的特質，其顯示的優先順序和這份清單有顯著的不同，同理心幾乎排在病患期待的特質清單最前面。[26]

雖然我可能會挑剔它的順序，不過總的來說，這個清單涵蓋了人們希望在醫生身上看到的特質。但重要的問題是：要從醫學院申請者身上評估這些特質的最好方式是什麼？傳統上，英國和美國的醫學院結合了申請者事先遞送書面個人陳述和面談。但是這些方法有用的證據是什麼？

針對醫學生遴選的最佳作法，英國醫學總會委辦的一項重要評估指出：

> 研究證據指出，比起很多其他常見的挑選方式，遞交的自傳式文件（像是個人陳述）比較容易受到第三方的染指和介入的影響，而來自社經地位較低群體的申請者，比較不可能擁有能提供這類合適的網絡和資源，而處於不利的地位。[27]

英國醫學總會報告的結論指出，支持個人陳述效用的證據是「很有限的」。目前，醫學院理事會製作了一份指南，列出英國每所學校採用的挑選方法。二〇一七年的指南顯示，大多數的英國醫學院不再對個人陳述評分，所以很清楚地，他們採納了最近的研究發現。但是小組面試呢？在預測誰會是好醫生方面，這個方式是否比較好呢？

§

我曾經參與過倫敦一所醫學院的面試小組，狀況不太令人振奮。有一個小組成員因為申請者在最後九個月才決定要申請醫學院，而降低申請者的分數，這讓我感到相當震驚。因為，在隱含意義上，這代表這個小組成員將申請醫學系的欲望時間長短，和做決定的強度劃上等號。這個假設和一項研究的結果相反，該項研究詢問超過兩千個十一歲小孩的生涯計畫，並把他們的回答標示在能力標準測驗上。研究發現，這個十一歲樣本中的十%表示對醫學有興趣，但是這個興趣和高教育成就或認知能力並沒有關聯。[28]樣本當中的小孩似乎沒有做出非常健全的生涯決定（但他們為什麼需要？十一歲就要做這樣的選擇，絕對是太年輕了）。但是，我的同事卻因為申請者是在十七歲時做出生涯抉擇，而不是在孩童時期，就要降低她的分數。

然後還有無意識偏見的問題。很少有研究特別檢視無意識偏見對醫學院錄取的影響，但是，由於我們知道在其他職業的面談，這一直是個重要的因素，[29]因此沒有理由醫生會是例外。一些像紐約伊坎醫學院（Icahn School of Medicine）這樣的醫學院，他們為所有面談小組成員進行無意識偏見訓練，並且有很好的證據顯示這會造成差異。[30]例如，最近有一項針對中西部一所州立醫學院所做的研究，入學委員會所有一百四十個成員被教導無意識偏見，並且進行內隱聯結測驗（implicit association test），這是一項無意識種族偏見的評估。所有成員都被發現，對白人有相當程度的無意識偏好。在這個訓練之後，幾乎有一半的委員會成員指出，他們在下一次入學程序中會意識到自己的偏見，而那一年錄取的班級因此是醫學院史上種族最多元的一班。[31]

我也從自己當小組成員的經驗中發現，傳統的醫學院面試並沒有真正深入發掘候選人的動機，雖然這屬於醫學院理事會排在清單前面的個人特質。這正是發生在凱文醫生身上的狀況，他姊姊之前死於白血病。

凱文的第一個職業選擇實際上並不是醫學；他一開始是受訓當工程師，姊姊生病後，他才考慮轉到醫科。他到醫院探望治療中的姊姊時，萌生受訓當醫生的想法。令人遺憾的是，治療對凱文的姊姊沒有效果，她在診斷罹病的幾年後過世了。在她去世以後，凱文馬上申請醫學院，雖然治療他姐姐的醫生建議他再等個幾年，但他不為所動。

所以，就和我們在前面幾個章節看到的其他醫生一樣，凱文起初讀醫的動機和家人的疾病有緊密的關聯。但是面試小組卻沒有考慮到這個關聯，這和申請受訓當心理醫生或心理治療師的情況，形成了強烈的對比。在這些專業中，在面試人選時，選擇這個特定職業的動機一定會被放在顯微鏡底下。申請者不會因為個人或家人心理疾病的經驗，而被排除在專業之外，但是明顯的期待是，申請者應該要了解過去發生在他們身上的事情，與他們想要幫助經歷心理健康問題的人的欲望，這兩者之間的關聯。

在醫學院的面試裡，申請者完整地探索個人和家人疾病的經驗，與他們決定受訓當醫生之間的可能關聯，這件事並沒有被認為是很重要的。但是這樣的了解是很必要的，因為當人們面臨悲劇時，想要讓經驗變得有意義，或是從中萃取出一些有益的事情，可能是一股難以阻擋的力量。你愛的人死於癌症，因此你為了幫助癌症的研究而去跑馬拉松募款，或是為了在你愛的人面臨生命終點時，照顧他們的臨終照護醫療而跑。一個騎腳踏車的人被卡車撞死，所以你為了設立腳踏車專用道，或是對粗心的卡車司機處以更重的刑罰而奔走。這樣的例子很多，凱文的例子也是如此，他才剛拿到工程學位畢業，而姊姊卻死於白血病，因此他決定善用他的科學潛能，去受訓當醫生。

凱文向我解釋：「藉著選擇醫學，可以讓我姊姊的死亡產生一些好的事情。」

做出這樣的職業選擇，不一定是有問題的。然而，它可以是個問題，就像凱文一樣。因為在凱文的例子裡，要從個人悲劇得到一些有益的事的欲望，掩蓋了他可能會在醫學工作遇到困難的估算。他毫無疑問具有學術上的潛能，因為他拿到頂尖的高級程度證書分數，還有第一級的工程學位。但是凱文告訴我，當他看到人們受苦時，就覺得很沮喪，而且醫學工作本身的責任讓他很掙扎。凱文甚至在醫學院開始之前，對於自己心理上是否適合這個專業，已經產生懷疑；這就是在面試時沒有得到完整討論的困惑。

§

無論如何，由小組面試醫學院空缺職位的作法快要過時了。替代的是以「多種樣本」（multiple sample）的方法來評估申請者，這種在日後訓練時期用來評估醫學生臨床能力的方法，已經行之有年。例如，當一個學生要在醫學院裡被評估和病患有效溝通的能力時，他們會輪流在大量的「站點」（stations）上受到觀察，每一個站點有不同的溝通任務。在某一個站點上，他們可能要向病患演員告知壞消息，而在另一個站點上，他們可能要安撫一個扮演憤怒親戚的演員。

觀察學生執行不同任務的理由是，一個人的表現比較容易受到特定任務的影響，而不是他直覺上的預期；候選人在某一個狀況裡可以做得很出色，但是在另一個狀況下卻差很多，即使他可能預期得到，兩個任務都會運用到類似的基本技巧。但是凱文．伊法（Kevin Eva）教授和他在加拿大麥克馬斯特大學（McMaster University）的同事，直到二〇〇四年才採取了這些在醫學院教育已經普遍存在的特點，作為初步篩選醫學生的方法。[32]

伊法最後採用所謂的多站迷你面試（multiple mini interview, MMI）形式，用十個不同的站點來評估不同的技術。每一個站點歷時八分鐘，接下來是兩分鐘的間隔，受試者要完成標準化的評估表格，然後閱讀下一站的細節。評估者停留不動，候選人則在不同的站點間移動。利用多站迷你面試的方式，候選人會被觀察八十分鐘（十個站點，每一個八分鐘）。和傳統的小組面試相比，一般給每個候選人不會超過二十分鐘，因此多站迷你面試方式在每個候選人身上花了四倍的時間。

其中有兩站，候選人會被問到傳統的面試問題，例如：「你為什麼想當醫生？」和「你曾經有什麼經驗（以及你從這些經驗獲得了什麼洞見）讓你相信你會是個好醫生？」但其他站點的測試內容就非常不一樣，候選人會面臨下列的情境，來評估他做道德決定的能力：

> 張醫生（Dr. Cheung）建議病患採用順勢療法的藥物。但是，沒有科學證據或普遍公認的理論指出，順勢療法的藥物是有效的，而且其他醫生也不相信。他向疲倦、頭痛，或肌肉痠痛這些輕微或沒有具體症狀的病患，建議採用順勢療法的藥物，因為他相信，這些藥物無害，但能夠讓他們安心。

候選人會被要求，去思考張醫生的行為可能會產生的道德問題，並和面試官討論這些議題。（明顯選用中文姓氏，讓我有點驚訝。但或許是為了要看候選人是否會提出任何種族主義的刻板印象而故意這麼做。又或者是要看會不會有優秀的候選人，能夠細微地觀察到不同文化背景的病患對看病的期待。）第二個和道德決定有關的站點，是要求候選人去思考，相對於醫學理由，醫生是否應該為了宗教理由為病患割包皮。

有兩個有關溝通技巧的站點，還用上了演員。候選人在其中一個站點被告知：

公司需要你和一個同事（公司另一個部門的同仁，莎拉）到聖地牙哥參加一個重要的商務會議。你剛剛抵達，準備要載莎拉去機場。而莎拉還在房間裡。

候選人沒有被告知的是，莎拉（由演員扮演）在九一一恐攻事件之後，罹患了飛行恐懼症。在那個特定的站點，面試官沒有問任何問題，而是觀察候選人有多少同理心，以及他們和虛構的「同事」可以溝通到什麼程度。在另一個和溝通技術有關的站點中，候選人要向提姆（也是由演員扮演）解釋，他們在地下室停車場撞上了他的 BMW。

有一個站點提供候選人一則從網路擷取、有關人工甜味劑的簡短資訊，他們必須發表評論，藉此評估候選人的批判性思考能力。另一個站點評估的是對健康照護制度的理解；例如，他們會被問，為了防止不必要的看病行為，病患每次看醫生時，是否應該被酌收費用，他們的看法是什麼。

在醫療工作的日常任務中，當然會要求醫生有堅實的醫療科學基礎，但是醫生也需要和病患及病患的親屬溝通良好，因為他們可能會心煩意亂、憤怒，或是感到絕望。醫生也需要和可能會緊張和筋疲力竭的同事合作無間，還要在彼此衝突的優先事項之間做出困難的選擇。醫生也必須了解，他們實施的特定醫療制度的意義和不可避免的限制。多站迷你面試嘗試評估的是，申請者是否能夠在未來執行這類任務。

多站迷你面試被引進加拿大十三年以後，它在世界各地已經成為標準的作法。英國在二〇〇八年由鄧迪醫學院（Dundee Medical School）率先以實驗性質採用，並在二〇〇九年正式採用。[33]重點是，不會有現成制式的多站迷你面試，每一次的入學程序要納入這個作法時，必須重新設計每一個站點的內容，以確實符合每一所醫學院的優先事項。經常還需要做一些特殊的人事安排，讓醫學院入學委員會中偶爾愛抱怨的委員得以參與。另外，也需要招募和訓練評審員與演員，並且找到活動空間。

我曾經當過倫敦一所醫學院多站迷你面試的評審員，看過整個組織如何像軍事演習一樣去做協調的工作；這是一件很浩大的工作。每一年都要改變問題，才不會洩露劇情，讓家教公司透過訓練候選人提出模範答案來大賺一筆。因為參與過舊式的面試小組以及多站迷你面試，對我來說，很清楚的是，多站迷你面試能夠評估出來的技術範圍更廣，也可以觀察每個申請者比較長的時間。

多站迷你面試被引進十三年後，有充分的證據證明，這個方式的確改善了挑選的程序。舉例來說（世界上還有很多其他的例子），當伊法追蹤原始的那一群人，發現臨床表現的評估分數、指導老師對醫學生實習的評分，以及加拿大醫療執照考試（Canadian Medical Licensing exam）的臨床面向，多站迷你面試分數都是最佳的預測。[34]

二〇一一年，全世界醫學教育的大人物齊聚一堂，對於遴選醫學生發表一份意見一致的聲明和建議。他們的普世結論是：「已經有多站迷你面試預測效度的證據……而且有來自北美以外地區的證據。但是，面試、個人陳述或推薦信的可信度，則沒有太多證據。」[35]

鄧迪是英國第一所得到這個訊息的醫學院，其他三十一所學校現在也已跟進。二〇一七年的招募程序中，英國只有六所醫學院使用小組面試，其中有四所大學（牛津、劍橋、帝國學院和倫敦大學學院）也使用生物醫學入學測驗來評估「才能」。但是，我們已經知道科學知識的評量方式一定會受申請者憑運氣就讀的學校所影響（就像小組面試一樣）。

一位多站迷你面試的樂觀提倡者寫道：「世界各地的醫學院想把一般應用在類似臨床實務的嚴格證據標準，運用在入學許可的程序上，因此典型的面試方式正在被多站迷你面試方式取代中。」[36]但是，並不是每一個地方都一樣。不只英國（還有其他地方）有少數醫學院忽視舊方法不管用的強力證據，其中有些學校正是研究出舊方法有瑕疵的學校，但醫學院的錄取小組似乎毫不在意同事公布的研究成果。例如倫敦大學學院的麥克麥納斯，他對最佳遴選作法的全球共識聲明很有貢獻，[37]不過他服務的大學醫學院仍在使用小組面試。他強調生物醫學入學測驗的限制性，但那正是倫敦大學學院醫學院入學委員會選用的方式。

相同的情形，小兒科醫生唐納・巴爾（Donald Barr）在《刺胳針》（*The Lancet*）的文章指出，加州大學舊金山分校（University of California, San Francisco）心理系的研究顯示，醫學院入學考試和大學科學分數無法預測日後醫學院的臨床表現。但是參與加州大學舊金山分校醫學院入學委員會的他，從來沒有被告知過這項研究的結果。[38]

§

有同事曾經告訴我，有個醫學生在參加高級程度證書考試的時候，母親因意外過世，因此沒有達到要求的分數，但還是被醫學院錄取了。你可能會說，這是合理的。但是，後來發現，他的母親並沒有死，那個故事只是一個謊言，但他竟然沒有被醫學院退學。學程開始兩年後，他因為成績嚴重不及格，被叫去和學級主任（Head of Year）見面。到了見面當天，他又告訴學級主任，他與另一個老師有緊急面談，所以不能過去。後來又被揭發，這也是一個謊言。但他依然沒有丟掉醫學院的學籍。

這件事是發生在好幾年前，我的理解是，現在醫學院處理不誠實的學生比較嚴格。學生非專業的行為（像是說謊）顯示，一旦成為合格醫生後，日後受到醫療主管機關懲戒的風險會增加。[39]因此，忽視這類不誠實行為是極為短視的，特別這是無法透過面試了解的人格特質。被問到誠信問題時，不誠實的人可能會怎麼做？說謊。所以光是提問並沒有用。但在多站迷你面試的模式裡，風險很大，所以即使申請者在現實生活裡通常會靠說謊矇混過關，但在那樣的情境下大概會說真話。更精確地說，在過程當中，這類似乎小事一樁的不誠實行為，應該要極為嚴肅地面對。

但是從我的觀點來看，醫學院遴選方式的致命弱點在於，它沒有能力評估情緒韌性（emotional resilience）。過去十幾年來，我遇過很多在職涯上遇到困難的醫生，有少數比例的人大概不具備足以完成醫學訓練的認知能力，比例稍微大一點的人是沒有在這個行業繼續待下去的興趣，其餘的人則覺得，醫學讓人的情緒難以負荷。他們發生困難通常是暫時性的因素（如同我們在前面幾個章節看到的），例如個人疾病、失去家人、關係破裂、置身於特別有敵意的工作環境、缺少同事的支持，或是被要求執行沒有受過充分訓練的任務。有時候，工作上的痛苦則是因為他們身處錯誤的醫療部門。但是，至少對其中一些醫生來說，不管從任何形式來看，醫學完全讓他們完全無法招架。

醫學院遴選程序應該把他們剔除掉嗎？

所有醫學院的申請者都要接受職業健康評估。在大多數的情況下，健康狀況都不是不能當醫生的原因，因為他們的訓練可以做「合理的調整」。健康狀況也會和遴選程序分開考慮。依據英國醫學總會和醫學院理事會出版的指南，嚴重的病史，包括心理健康狀況，並不會危及醫學生涯，除非這個狀況影響執行上的專業適任性：

> 醫學院應該要說明，心理健康狀況在醫學生中很普遍，因此將提供支持。幾乎在每個案例裡，心理健康狀況都不會妨礙學生完成課程，並在醫學生涯持續走下去。[40]

我遇過很多在進入醫學院之前已經得過心理疾病的醫生，而且職業健康當局允許他們繼續接受醫學訓練。通常學生也應付得很好，但有時候則沒有。另外，我們也無法期待職業健康當局在課業開始之前，就把所有無法應付醫學訓練的學生先過濾掉；因為有一些醫生是在醫學訓練兩年後才出現心理疾病，因此當他們申請醫學院的時候，也不會聲明之前罹患過相關疾病。

那麼面試程序呢？這是找出可能無法應付醫學訓練的申請者的方法嗎？

在一些特殊的例子裡，答案是「肯定」的。例如，身為多站迷你面試的一員，有一次我評估了一個因為害怕到發抖而說不出話來的申請者。我不認為，我會令人生畏，我和其他任何申請者也沒有出現類似的狀況，我相當努力地盡可能讓所有申請者感到自在。當她明顯沒有辦法說話的時候，我溫柔地告訴她慢慢來，我會等到她準備好要回答的那時。但是她再也沒辦法繼續答題下去了。

這個案例的狀況非常特殊，是多站迷你面試方法證明有人應付醫學訓練時可能會很辛苦的罕見例子。雖然有一些醫學院嘗試過，但要設計出一次可以有效直接評估情緒韌性的多站迷你面試任務，是非常困難的。其他醫學院則提倡使用篩選問卷，[41]但我懷疑，一些渴望被錄取的申請者會從評估小組想要的方向去思考答案，而不是真正反應出他們在有壓力的狀況下通常會有的回應。

我並不是說情緒韌性沒有辦法測量。有些組織為了評估員工是否能夠應付壓力極高的任務（例如，在伊波拉病毒〔Ebola〕危機的現場工作），而開發出複雜的問卷。[42]其中涵蓋的議題廣度令人吃驚，包括孩童時期的創傷、過去與現在和家人的關係、目前來自朋友的支持、和伴侶的關係（或是沒有關係）、之前的憂鬱症病史、睡眠障礙、現在與過去好好照顧自己的能力等等。

如果醫學院的錄取小組詢問這類的問題，我懷疑他們是否找得出來那些以後會發生困難的人。但用這種方法探詢也是不道德的，而且這種方式違反了法律對有心理健康問題的人的保護。另外，在被問到這種問題時，申請者往往刻意給出偏誤的答案，就像在問卷裡被直接問到關於情緒韌性時一樣。這不是一種可行的方法。

但是，為了找出可能需要額外情感支持的學生，有可能在挑選過程之後提出這類的問題嗎？如果讓學生知道，他們的答案不會和教授的醫學院教職員分享，可能會比較願意給出誠實的答案。而且，如果學生受到充分的支持，但仍然應付不來，教職員或許也會覺得，要終止一個學生的訓練比較容易。換句話說，「從錯誤到失敗」的傾向可能會受到控制。

§

我的信箱傳來另一封郵件。這一次是來自一個在專科擔任資深訓練工作的同事。

今天是年度審查的日子，真是相當難熬的一天。有問題的實習醫生似乎太多了，我還看到完全不及格的人……她已經離開醫學院四年了，但她的指導醫生說，她目前勉強只有醫學生的程度。不管怎麼樣，我詢問她大學教育的情形。聽到她因為憂鬱症和焦慮症反覆出現，而當了十二年的醫學生時，並不讓人感到意外……我感到令人難以置信，令人失望透頂。怎麼可能發生這種事？他們完全辜負了這個實習醫生和大眾……而這一切代表的是，她在一個行業上投資了這麼多年，最後卻成了一場空。

§

醫學院需要知道，挑選程序無法（因為它大概沒有辦法）提供健全的情緒韌性篩選機制。意思是，他們學校最後一定會有不適合醫學專業的學生。我不是責怪學校選出了沒有能力當醫生的學生，因為挑選充其量是一個不精確的科學。但一旦他們在醫學院的學習中開始出現困難，就需要更有效地管理這些學生。如果訓練成功的前景開始不切實際，沒有人應該在這個工作上被訓練十二年（並且還花錢負擔這個訓練）。

§

我決定和我的指導醫生瑪格麗特（Margaret）討論我給凱西亞的回應，她是臨床心理醫生和心理治療師，她的觀點對我的工作非常寶貴。我描述我如何對凱西亞解釋，法律架構的存在所代表的是，她不會因為健康（包括心理健康原因）而受到歧視。我也在電子郵件裡告訴凱西亞，重要的議題是，這個疾病是否會影響她完成課程的能力，以及畢業後的醫生工作。但是這個議題要與面試本身分開，並由職業健康當局來處理。

「你在電子郵件裡還說了什麼？」瑪格麗特問道。

我告訴瑪格麗特我給了凱西亞不同建議：她應該和治療她的心理醫生或精神科醫生討論她的職業目的，他們是評估目前是不是她申請的好時機的最適合人選；她應該嘗試和生病、脆弱或是憂鬱的人工作，以取得一些相關的志願經驗；她可能會想要給自己更多的時間，讓她的厭食症得到控制，然後再申請學士後醫學系；除了醫學以外，還有其他的健康照護行業，她可能會想要考慮看看。

「那麼你有得到回音嗎？」瑪格麗特問。

「是的，幾乎是馬上。凱西亞謝謝我花時間答覆她，說她正在考慮其他的選項，但是她的心意還是鎖定在醫學上。」

和瑪格麗特討論過以後，我回家又重讀我和凱西亞往來的電子郵件。雖然我在信裡花了大部分的時間在回答不一樣的事情，但是凱西亞信裡提出的一個問題讓我印象深刻（我仍然在接受厭食症治療的這件事，代表我不會被允許就讀醫學系？）。由於凱西亞有長期的厭食症，對於她是不是適合接受醫學訓練，她從來沒有明白地問過我的意見。但這正是我在回信裡花了大部分篇幅在回答的問題。

凱西亞沒有提出這個問題，是不是很重要？或許她正在和治療她厭食症的臨床小組，討論接受醫學訓練的合適性。如同我在信裡所表示的，對於這個議題，他們會比我更適合提出意見。但是我支持過的一些患有飲食失調症的醫生，卻沒有辦法面對自身疾病會影響醫療工作能力這件事。我永遠忘不掉一個厭食症的醫學生，她花了十二年努力要符合資格（但是最後失敗了），她在我們第一次會面時，給了我一份簡略的職業史。在會談之後，我核對她的生日和她描述在醫學院發生的事情時，才明白她的歷史裡有六年的空檔，這是一個她沒有辦法對我坦承的空檔，即使她來見我是為了重建她的職業生涯。

我聯繫凱西亞，詢問是不是可以把她的電子郵件放在這個章節裡，她幾乎立刻就回覆同意，並且更新了近況：

> 我最後終於申請到醫學系，將在明年入學。我本來是今年十月要開始，但是很可惜，健康情況變得很不好，所以必須延遲入學。反正我還沒有準備好要去，因此我正在專心讓自己康復起來，這樣明年才能去學校。

目前凱西亞正在接受醫療照護，而不是受訓當醫生。

後記

沒有「醫生」這種人

如果不是醫療科學的進步，我母親在我出生時就會過世。她是英國第一批再生不良性貧血被治療成功的人，那是一種懷孕後期才出現的血液疾病。因此，在我的生命開始的頭幾個星期，她能否存活下來，是很不確定的。四分之一個世紀以後，我父親罹患骨髓癌，這是一種骨髓方面的癌症。雖然最後他死於這個疾病，但是化療讓他的性命延長了七年多。

醫療科學在二十世紀的進步是非凡的，並且持續到二十一世紀。大部分被我們現在視為理所當然的事，例如白喉、破傷風和百日咳，這些疾病以前曾經是孩童殺手，到了一九二〇年代才發展出疫苗，到了現在，我的孫子在八週大時就會接受這些疫苗的注射。小兒麻痺疫苗的發現則比較晚，是在一九五〇年代。我懷孕時才出現超音波掃描胎兒的技術，但現在已經可以對子宮內的胎兒進行外科手術。

去年，我有一個六十歲出頭的好友，因為原發性硬化性膽道炎（Primary Sclerosing Cholangitis）而接受移植手術，那是一種相當罕見的慢性肝病，捐贈者是他二十三歲的兒子，他捐給父親六十一%的肝臟。如果沒有這個手術，我的朋友就會死於肝功能衰竭。他的兒子已經完全康復了，而我朋友的情況也很好，只是他終生都必須服用免疫抑制劑，以免自己的免疫系統排斥兒子的肝臟。

當我觀看肝臟移植手術的影片時（在我朋友的同意下拍攝，作為《衛報》的國民健保署系列報導之用），[1]我心懷敬畏。我記得和他太太說話的那天，當時她兒子和先生都在醫院等待手術，她的勇敢令人驚訝，換作是我一定會驚慌失措。簡短看過影片裡的手術畫面，讓我對手術小組的欽佩增加了一千倍。

我不是一個醫學的盧德分子（Luddite，按：反對技術革新的人），就是那些反對或蔑視二十一世紀醫學成就的人。但現實是，一方面是醫療實務的長足進步，另一方面是我們對醫療工作心理要求的了解，這兩者之間存在著驚人的隔閡。幾乎就像是從我們對醫生是什麼樣的人的概念裡，用外科手術把心理層面完全切除掉了。事實上，就是切除了心理層面而構成了本書的所有故事。

§

我們看見了醫生可以具備通過醫學院考試的心智能力，卻缺少心理韌性去應付醫療工作的情緒需求。我們也看見了從醫學生到初級醫院醫生的轉換，代表的是責任的重大改變。另外，像是實施降低工時以改善初級醫生健康的改革，在破壞了臨床小組的連續性時，可能會產生無法預見的心理後果。

我們對醫生的心理健康經常沒有給予充分的關注，就要求他們去執行相當痛苦的任務。然後當醫生出現心理防衛機制，對病患或病患親戚缺乏同理心時，我們就會責怪他們。我們不只低估了臨床實務的情緒要求，也沒有了解到，有些一開始被吸引到這個行業的人，可能是被處理自己心理脆弱問題的欲望所牽引。醫生對專科選擇的了解通常非常簡單，沒有充分注意到決定治療某個特定病患群體所潛藏的心理情結。

醫生可能會生病或失能，他們的家人或親密朋友也一樣；當醫生治療病患時，將會喚起與個人疾病經驗相關的想法和感覺。醫療工作可能牽涉到非常私人的資訊，並碰觸到身體的私密部位。醫生也會對病患產生性感覺，但醫療訓練體系卻否認這件事的可能性。性別歧視和種族主義對其他專業的影響力，也出現在醫界裡，由於我們要求醫生擔負的責任很重大，因此對醫生來說，歧視的心理影響可能特別具有破壞性。

即使離開這個行業，也會造成心理上的煩惱。當醫生覺得被逼到了邊緣，他們經常覺得自己身陷兩股相當卻相反的力量之間，而動彈不得。一方面，是想要逃離工作的心理壓力，所以離開醫界的欲望很強烈。另一方面，是害怕他們可能覺得自己是個輸家、會讓其他人失望，或以後可能會希望自己應該要堅持下去。「我只是害怕，如果中斷的話，我可能會後悔。」正是李奧在信裡所寫的話。

§

綜上所述，醫生的心理需求被否認、忽視，沒有被關照，也沒有被滿足。整個專業進行了一種系統性的「心理切除術」（psycholectomy），但是在醫病關係裡，最能感受到心理切除術的衝擊。

特別奇怪的是，醫病關係中的另一半，也就是病患的心理需求則受到充分的理解。因此醫學生和初級醫生非常熟悉「以病患為照顧中心」的口號，他們被教導和測試溝通技巧，也被鼓勵要對病患和家屬展現同理心。[2]但如果你深入發掘，很快會浮現的是，以病患為照顧中心的原則只告訴了我們一半的故事。如果我們用物理做個簡單的類比，就會很清楚。

我在中學時學過熱力學第一定律，這個定律指出，一個系統裡面的能量不能被創造或消滅，它只會從一種形式轉換成另一種。這讓我想到這個物理基本定律在心理方面也有相對應的定律。或許應該被稱為人類力學第一定律？就像物理定律證明了系統裡的能量不能被改變，只能被轉換一樣，心理定律提醒了我們，一個人執行情緒性工作的能力，也就是照顧其他受苦的人，完全取決於那個人自己所接收到的照顧品質。就好比一個人去照顧其他人的潛能，是以他自己過去和目前所累積的「照顧資本」（caring capital）形式為基礎。如果一個人覺得沒有受到照顧，在情感上已經消耗殆盡，要去承擔另一個人的苦難，就會有情感承擔上的困難。他們在提供照顧上也會有困難。

提到照顧嬰兒的時候，就很能理解這個基本原則。情感或體力耗盡的母親（和父親）要提供嬰兒有效而敏感的照顧，可能會有困難。父母親擁有的情感資源，也就是他們的照顧資本，會受到父母自己過去被養育的經驗，以及他們目前的情感支援網絡影響。這一切都是毫無爭議的。

這些都不是新近出現的論點。在一九五〇年代，小兒科醫生和心理分析師唐諾・溫尼考特（Donald Winnicott）寫道：「沒有嬰兒這種人……嬰兒沒有辦法單獨生存，而是一段關係中很重要的一部分。」[3]我不認為溫尼考特會是「以嬰兒為照顧中心」的提倡者，他了解父母和孩童之間的關係，是極為重要的。

溫尼考特也認知到，父母對小孩的感覺不是永遠都是好的。他在一篇經典論文中，列出了為什麼有時候母親可能會對嬰兒產生厭惡感的十八個理由。這些包括：

> 他很無情，沒有把她當人看，對待她像沒有支薪的僕人和奴隸
>
> 他的熱情是別有企圖的愛，一旦拿到他想要的，就把她當橘子皮一樣丟掉
>
> 他多疑地拒絕她給的好食物，讓她對自己產生懷疑，卻和他阿姨一起吃得津津有味
>
> 和他度過了一個可怕的上午以後出門，他卻對著陌生人微笑，然後別人就說：「他好可愛啊！」[4]

溫尼考特用戲謔的挑撥方式架構了這些理由，但他同時強調了一件每對父母都知道的事。父母的感覺調色盤不是只有包含溫暖和陽光的顏色，也涵蓋陰鬱、更深沉的色調。當然，溫尼考特不是在提倡父母應該表現出嫌惡的感覺；他只是提醒這些感覺存在的必然性，這些感覺是正常的。

這兩個基本原則（嬰兒和父母關係的重要性，以及愛小孩的感覺並伴隨著厭惡感的必然性）是沒有爭論的。在母親和嬰兒的關係脈絡下，這兩個原則普遍被接受，但當我們想到醫生和病患時，卻經常忽略了這兩個原則。而這是非常不尋常的事，因為在原始的論文裡，在談到心理分析師和病患的關係時，溫尼考特就清楚地做了類似的比較。

§

溫尼考特死於一九七一年，假如他今天還活著，對於醫生有時會憎惡，或甚至仇恨病患，我很想知道，他會直覺地舉出什麼樣的理由。或許他列出來的會包括：

害怕犯下重大錯誤

時間的壓力；短時間要看太多的病患

對於診斷或是診療計畫感到不確定
當病患的疾病不能治癒時，對自己的專業感到無能
病患對現代醫學所能達成的效果，有不切實際的期待
害怕成為投訴或法律訴訟的對象
整個值班時間都在工作，沒有休息，又餓又渴
收到病患貶損的評論
厭惡人體的衰敗和殘缺
害怕接觸傳染原
蔑視病患因自身行為所造成的傷害
必須在某個和家人與朋友分離的地方工作
因為必須工作而錯過了一個特別的家庭慶祝活動

§

病患為什麼總是而且永遠都可能激發醫生痛苦的感覺，最大的理由是，他們必然會讓醫生想起，他們和那些他們所愛的人都會死。

清單上列舉的都是過去這些年來醫生和我談過的理由，這份清單雖然不算詳盡，但說明了醫療工作中會牽涉到的重大心理情結。當然，醫生不是唯一面對這種壓力的人，其他健康照護體系的同仁（例如護士和助產士）還忍受了額外的壓力，例如低薪，或是專業貢獻沒有得到應有的重視。我永遠記得舊式的巡房，大半個上午會有個忙碌的護士跟在主治醫生後面團團轉，但醫生對於她照顧的任何病患，卻從來不會問她的意見。

不過，負責診斷疾病，決定最佳的治療方式，開立處方，分析進展和評估是否改變治療的人是醫生。不可否認地，在某些背景下，有些資深護士會負擔一些責任，但是從命定的八月份第一個星期三開始，初級醫生可能要待命、在不同的病房之間奔跑、被賦予做決定的任務，如果他們出了錯，可能會產生可怕的後果。有些來看我的醫生不能忍受這個責任的性質，他們對於錯誤的臨床決定可能導致失去一條性命的事實，感到相當痛苦。

醫生也必須應付醫療工作的不可預測性和不確定性。在醫學裡，一個特定的疾病在兩個病患身上，可能會以完全不同的方式呈現，而且一個人對特定的療程可能會有反應，另一個人可能不會。這種不可預測性對一些醫生形成沉重的負擔，這是本書中為什麼有這麼多醫生在職涯中遇到困難的一個常見原因。

一百五十年前，外科醫生約瑟夫．李斯特（Joseph Lister）發表了利用消毒劑降低術後感染風險的發現。李斯特提倡，使用石碳酸消毒外科醫生的雙手、器材、傷口，甚至病患周遭的空氣。採用這些簡單的措施時，病患在截肢手術後的存活率從五十五％提升到八十五％。[5]但是即使有了這些卓越的成果，其他同仁並沒有立即採用李斯特的石碳酸方法；他們覺得這很複雜，也花時間，還辯稱這個結果實際上是因為其他的變化，例如醫院的通風改善了。

那時是一八六七年。現在，醫療實務中的每一個層面都知道感染控制的重要性，例如，全科醫生檢查病患後，會在診療室清洗雙手；對免疫抑制病患施行屏障式護理：隔離全部病房，以控制醫院感染的爆發；甚至是控制流行病爆發的全國計畫。除此之外，現代醫學的很多成就是取決於控制傳染散布，以及當其發生時，有效對付它的能力。像活體肝臟移植這樣的手術，如果捐贈者與宿主的術後感染風險不能降到最低，就不可能成功。

只要花一點點時間想像一下，如果醫療人力（以及更廣泛的健康照護人力）的情緒健康被賦予和感染控制相同的重要性，換句話說，就是把情緒問題看得和感染問題一樣重要。在李斯特的時代，四十五％的病患死於截肢後感染。現在，有一些報告指出，超過五十％的醫生曾經有過過勞，基於過勞（以及憂鬱和自殺）的程度，很難宣稱我們沒有重大的公共衛生危機要處理。這樣的比較真的會很怪異嗎？

這個比較也讓我們注意到沒有簡單和單一的解決方法。醫院裡的感染控制不只是在廁所裡張貼海報說「現在要清洗雙手」。當然不是。然而，當我走進一所倫敦教學醫院的教育中心，看見一個用磚塊圖案紙張遮蓋著的布告欄，頂端的標題是「韌性牆」（resilience wall）時，得知院方鼓勵職員用立可貼張貼積極向上的意見（如果感到壓力，我會深呼吸；我會在午餐時間到外面呼吸新鮮空氣）。全部都是好的想法，但是韌性牆對醫生健康產生重大影響的可能性，就和磚塊圖案紙張承受建築物重量的可能性一樣大。

嘗試培養醫生情緒韌性的問題（而且有很多）是，他們把責任歸於個人。這個方法是有缺失的，如同最近《英國醫學期刊》有篇文章的作者指出：

> 韌性永遠與環境相關，是個人、個人環境和社會文化因素之間的一種複雜和動態的相互作用。任何提升韌性的介入方法都必須要處理組織、個人以及團隊問題。[6]

這就是我們在本書所看到的。在個人的層次，很清楚的是，有些被挑選出來進入醫學體系的人，永遠沒有辦法當得了醫生；有些醫生選擇某個專科，是出於一種無意識的企圖，是為了解決自己的個人衝突，因此在醫生私人生活裡持續發生的事件，可能會影響他們對工作的感覺。然後，這些個人因素會和組織因素相互影響，例如，制度性的「從錯誤到失敗」現象；逆向照顧法則，也就是最需要支持的人結果卻得到最少的照顧；多年來資金不足的壓力；非常缺乏對職業轉換的關心；性別歧視和種族主義具破壞性的力量。因此，由於不願意採用以證據為基礎的教學方式，也傾向否認醫生本身出現的任何脆弱徵兆而將責任歸於個人，整個醫學文化就像將這個體系鬆散結合在一起的膠水。

如果其中出現裂縫會是奇怪的事嗎？

有一件事非常清楚，就是不會有簡單的答案。改善醫療人力的情緒健康需要從三個相互關聯的層次著手，個人、組織和整體醫學文化。

由於問題的規模很大，很容易令人灰心。但是，如同我們在本書看到的，在世界各地，都有閃爍著微光的希望。麥可．法夸爾的睡眠宣導需要從倫敦散布到英國各地，然後是世界其他地方。醫生利用臨床知識不只讓病患受益，還有其他的醫生，這是少見的例子。很多國家可以向紐西蘭學習，引進一年的受訓實習作法，以協助醫學生過度到臨床實務的轉換。說到開放醫療訓練機會給身體殘障人士，加拿大和美國比英國還要開明；另外，史瓦茲會談活動在北美和英國的成長也令人鼓舞。美國的醫學院則示範了，當整個組織上下都投入對多元化的承諾時，可以得到什麼樣的成就，在這種情形下，美國的實習醫生可以得到職業支持單位（Professional Support Unit）的服務，就像是我在倫敦工作的地方。

或許在一百五十年後，對醫生情緒健康的關心，會和目前對感染控制的程度一致。或許當歷史學家回顧我們在二〇一八年如何對待醫生時，對我們目前醫療體系的看法，和閱讀到李斯特年代的醫生，拒絕在診治不同病患之間洗手時，會有相同的恐懼。或許在一百五十年後，社會大眾將會了解，雖然這個工作的要求非比尋常，但肩負醫生角色的人就和他們的父母一樣，其實他們也是人。

或許。

致謝辭

真是難以置信，這本書裡提到的所有醫生都願意讓我分享他們的故事；我要對他們致上最大的謝忱。為了保護他們，我不能指名道姓感謝他們，雖然每一個人都同意我陳述他們的故事，我也竭盡所能地保護他們的身分。但是，我想讓他們每個人知道，我對他們有多麼的感激。我也非常感謝，在這些醫生當中，有很多人分享故事的動機是為了幫助他人；寄文章給他們後，許多人在回信裡滿足於自己的故事可能被用來幫助下一代的醫生，表示非常滿足。下面的例子可作代表：「我非常感激，由於自身經驗，讓我和其他實習醫生的經驗受到重視，我真心希望，這將會在醫療體系裡產生必要的改變。」我也希望如此。

關於書中我以兩個不同角色支持過多少醫生，我沒有辦法提出精確的數字，但是絕對超過了六百個人。雖然我只訴說了全部故事的一小部分，但其他我所遇過的人，有意識和無意識地，都讓我了解到醫療工作的心理要求。特別感謝所有醫生的同意，讓我把他們寫進書中，我也很感激從第一份工作中學到了這麼多，當時我的任務是觀察工作中的醫生。還有我的第二份工作，內容是醫生傾訴在醫療事業裡遇到的困難，我來想辦法提供協助。

幸好在這兩個角色裡，我不是獨自工作。尤其感激 Danë Goodsman，她給了我在醫學教育的第一份工作，我從中學到很多。Danë 提供了激進的想法：如果想改善醫學教育的品質，與其把醫生從醫院工作抽離，將他們放在教室裡，要他們上教學的「要訣」，不如將受過訓練的教職員送去觀察醫生的工作更有效。我在這個角色裡，也受益於 Joan Reid、Pam Shaw，以及英年早逝的 Kath Green 的觀點。工作中觀察醫生的十年間，為日後出現的每一件事打下了基礎。

二〇〇八年，我換了工作，來到倫敦教區（London Deanery），負責創立職涯中心；這本書裡有很多故事，都是關於來到職涯中心尋求支持的醫生。我特別感謝資深醫生 Andrew Long，與我一起成立職涯中心，他一直是我很大的實際建議來源。我的兩個行政人員 Nicola Greaves 和後來的 Franco Henwood 也扮演重要的角色；熟識我的人都可以證明，行政從來都不是我的強項。Philippa Shallard 是帝國學院的西北泰晤士基礎學校（North West Thames Foundation School）前經理，在我從醫學院轉換到新職務的過渡期間協助過我。Camilla Kingdom 和 Suni Perera 也非常慷慨地支持我，鼓勵我，回答我非常惱人的問題，還有檢查故事的臨床內容。此外，Suni Perera 給我機會共同促成兩個巴林小組，我覺得這件工作很迷人，我在書中寫下這件事，並且希望從事更多相關的工作，如今書已經完成了。我也要提到我同事 Kath Sullivan 所扮演的重要角色，特別是我在書寫本書的早期階段。

除了在教區最親近的同事，我也受益於 Clare Gerada 和她的從業人員健康計畫（Practitioner Health Programme）團隊，以及醫生健康計畫（DocHealth）的 Julia Bland 的專業。我也要感謝兩位倫敦大學學院醫學院的同事；Anne Griffin 協助我解剖的部分，Kath Woolf 閱讀關於醫學界的種族主義章節；Woolf 適時地質疑我使用「非白人」這個詞。「你會想被稱為非男性嗎？」她問道。

我在二〇一一年拿到研究醫學教育協會（Association for the Study of Medical Education）的出國獎學金，與心理學家 Nicole Borges 一起工作，他是美國主要的醫學教育研究者。Nicole 和我合作了學術書籍的一個章節，也在美國醫學院協會主辦的研討會當中促成一場工作坊。除了 Nicole 的支持外，美國醫學院協會的熟識，像是 George Richard 和 Sarah Conrad，尤其不吝於付出他們的時間，大力幫助我研究美國的醫學訓練。Sarah Conrad 也找出正在拓展多元創新做法的美國醫學院；關於頂層階級願意承諾改變時，醫學院可以得什麼樣的成就，新墨西哥大學（University of New Mexico）醫學院的 Marlene Ballejos 與 Robert Sapien，還有羅文大學（Rowan University）庫柏醫學院的 Jocelyn Mitchell-Williams 提供我非常有啟發性的例子。

寫這本書的經驗，不斷印證了一句古老的諺語：「如果你想完成某一件事，就去找一個忙碌的人。」很多從業人員都非常大方地分享他們的時間和專家意見；通常第一個回覆的，都是那些職位最資深的人。在英國，我要感謝與 Susan Bewley、Aneez Esmail、Michael Farquhar 和 Jyoti Shah 的美好對談。讀了 Domhnall Macauley 在部落格一篇題為〈一個年輕醫生之死〉的文章以後，我也聯繫了人在北愛爾蘭的他。在對談之間，了解到自己對醫學訓練初期的自殺現象有多麼地憤怒。Domhnall 鼓勵我保持這個憤怒，而非採取相對中立和學術的態度，這個建議讓我覺得特別自在。

我不只受益於國內熟識的人，世界各地的醫生和研究人員也非常幫忙。在美國，內隱偏見（implicit bias）專家 Howard Ross 和我有過很長的對話，他接著指引我去找紐約市西奈山健康體系（Mount Sinai Health System）的多元化專家 Pamela Abner。研究同理心的心理學家 Johanna Shapiro 不吝付出她的時間，也幫助我撰寫創傷和同理心削弱的章節。開普敦大學（University of Cape Town）心理學家 Brian Watermeyer 針對殘障寫過一本了不起的著作；與他的對話幫助了我書寫〈角色倒轉〉這個章節。

除了從資深從業人員身上所學到的之外，許多初級醫生也幫我閱讀不同的章節，並提供評論。在英國，我特別感謝 Senem Sahin、Jemma Saville 和 Meenakshi Verma 的付出，而在美國，Anna Kuan-Celarier 極有耐心地回答我電子郵件的問題。將來必定會大有成就的心理學博士生 Rebecka Fleetwood-Smith，幫我搜尋文獻，同時在編輯最後版本的「註釋」上，也出奇地有效率。

作為一名心理學家，我每個月定期依賴一個經驗豐富的同事的指導。這些年來從 Rob Nathan 身上學到的如此之多，我要致上謝忱，很多本書裡描述到的醫生的輔導工作，都得到了他的指導。近期以來，我非常喜愛 Mary Burd 的指導，她結合了對心理動力學（psychodynamic）的了解和相當多支持初級醫生的經驗。我也向 Pam Howard 和 Lawrence

Suss 學到很多；他們是兩個我遇過的最好的老師，沒有他們的付出，我就無法書寫任何人的內在生活。

除了在醫學教育的專業工作以外，身為病患的經驗也讓我了解到，做一個好醫生需要具備什麼。全科醫生雖然不一定得到好的新聞輿論，但是濟慈團體診所（Keats Group Practice）的醫生是優秀的，我特別感謝 Lucia Grun 和 Eunice Laleye 醫生，他們在過去二十五年來，以審慎的方法照顧我的身體和心理健康。與自閉症的手足一起長大，形成了特有的挑戰，這麼多年以來，Sir Michael Rutter 教授和他莫茲利醫院（Maudsley Hospital）的同事，讓我們全家人有了很大的不同。最近，我從 Howard Cooper 學到了心理分析師的特殊技巧。了解其他人內在生活的能力，最重要的是仰賴了解自己的能力，這對於書寫這類的書籍很重要；他在很多方面持續的支持，幫助我完成了這本書。

很多朋友也幫了很多忙。Claire Elliott 和 Sarah Thurlbeck 回答我很多醫學問題；當我覺得不能再去打擾同事時，這兩個親愛的朋友頂替了我的工作。Suzanne Franks 從一開始就扮演重要的角色，沒有她的支持，我將會放棄這個計畫。Alison Donaldson 在撰寫的初期，也幫了很多忙。Nat Janz 是少見結合了心理學和出版專長的人，很多寫作的障礙都及時排除了。運氣很好的時候，Katy Steward 會加入我們的討論，對於健康照護的組織議題，帶入了微妙的見解。Nat 和 Mark Ellingham 也幫忙決定封面。在書寫後記的時候，我想到了 Ruth 和 Noam Tamir 的經驗，他們兩位讓我分享他們家人活體肝臟移植的經驗，我真的非常感激。

若不是和作家經紀人 Patrick Walsh 偶然的一段對話，就永遠不會有這本書。英國醫學協會年度書籍獎（Annual BMA Book Awards）活動結束後，當我們要離開英國醫學協會總部（BMA House）時，Patrick 問我：「你為什麼不寫一本書？」在我們分道揚鑣時，我答道：「事實上，我已經開始計畫了。」但之後我都沒有再多想這件事，直到幾天以後，Patrick 寄電子郵件給我，要我寄給他我所寫的東西。我特別感激 Patrick 催促我改進初步計畫的方式；受益於他的專才，得到脫胎換骨的改善。接著，讓我非常高興的是，威廉海涅曼公司（William Heinemann）的 Tom Avery 買下這本書的版權。我不可能企求比 Tom 還要好的編輯了，他結合了仁慈和積極，以及卓越的編輯技巧。本書第一版和最後一版的草稿之間的差異是非常大的，而且幾乎要完全歸功於 Tom 具有洞見的編輯功力。和威廉海涅曼公司的宣傳總監 Kate McQuaid 一起工作非常愉快，我也想感謝設計小組的耐心，在我們最後決定每個人都滿意的封面前，他們設計出非常多的不同選項。

最後是我的家人，Michael、Jonathan、Miriam 和 Andrew Franklin。有些家人很早就接納我要寫這本書的想法，其他人則花了比較久的時間。不管他們最初的反應如何，最後每一個人都幫助了我。不論是提供了全年無休的技術支援，深夜圍繞在廚房餐桌，討論種族背景在英國和美國的不同，甚至取得晦澀的參考文獻，並對標題選擇提供有洞察力的意見，還在我陷入困境時鼓勵我，並分享他們的編輯專才。甚至是我的兩個孫子（在我撰寫本書時出生）也幫了忙。不可否認的，他們對醫生的內在生活都沒有什麼要表達的，但孫子是孤獨寫作時的最佳解藥。而且完全是機緣湊巧地，一個在英國出生，而另一個在美國。他們的到來，讓我對兩個國家的醫學文化差異，有了更多的個人感觸。我非常感激每個家庭成員給我的愛與支持，這本書是獻給他們的。

英國醫學名詞

BMA	英國醫學協會。醫生的專業協會
BMJ	英國醫學期刊
EPM	教育績效評量（被用在基礎訓練的申請）
F1	第一年基礎訓練。離開醫學院後臨床執業的第一年，醫生在事業的這個階段向英國醫學總會臨時註冊
F2	第二年基礎訓練。離開醫學院後臨床執業的第二年，醫生在這個階段正式地向英國醫學總會註冊
GMC	英國醫學總會，負責醫生執照的全國組織
IMG	國際醫學系畢業生
MSC	醫學院理事會
SJT	情境判斷測驗。一種專業判斷的多重選擇評估。
Trust Grade	醫生提供臨床服務。但不屬於職業升遷的階梯。
UKFPO	英國基礎計畫辦公室。這個組織負責管理英國各地的兩年基礎計畫

英國醫學訓練簡圖

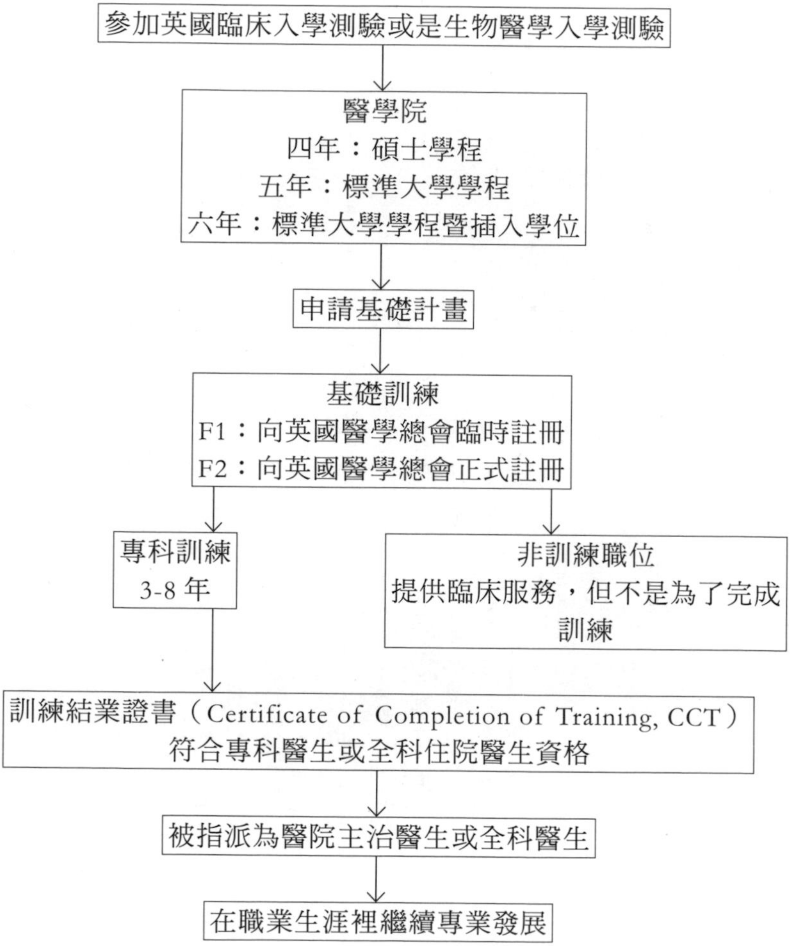
參加英國臨床入學測驗或是生物醫學入學測驗
醫學院
四年：碩士學程
五年：標準大學學程
六年：標準大學學程暨插入學位
申請基礎計畫
基礎訓練
F1：向英國醫學總會臨時註冊
F2：向英國醫學總會正式註冊
專科訓練
3-8 年
非訓練職位
提供臨床服務，但不是為了完成訓練
訓練結業證書（Certificate of Completion of Training, CCT）
符合專科醫生或全科住院醫生資格
被指派為醫院主治醫生或全科醫生
在職業生涯裡繼續專業發展

註釋

導言　鏡子裡的醫學

001 我在本書著重醫生的內在生活，並不是因為在健康照護工作的其他專業人士不重要；他們很重要。他們是不可或缺的人。只是過去二十年來，我所擁有的兩個角色完全只有負責支持醫生，與其他專業的工作人員僅有必要的接觸。我不想假設，我很了解其他專業團體面對的挑戰，這就是我為何在這方面保持沉默的原因。

002 Muller. D., 'Kathryn,' N Engl J Med 376 (2017), pp. 1101–1103.

003 Dyrbye, L. N., et al., 'Burnout and suicidal ideation among U.S. medical students,' Ann Intern Med 149 (2008), pp. 334–41.

004 The web page set up in Rose Polge's memory is available at: https://www.justgiving.com/teams/rosepolge.

005 The following year another junior doctor disappeared, and Dr Shaba Nabi wrote this article for Pulse Today, 31st March 2017: http://www.pulsetoday.co.uk/views/blogs/we-must-be-forcedto-care-for-ourselves/20034150.blog.

006 Hobbs, R., et al., 'Clinical workload in UK primary care: A retrospective analysis of 100 million consultations in England, 2007–14,' The Lancet 387:4 (2016), pp. 2270–2272.

007 The quarterly monitoring report from The King's Fund is available online at: http://qmr.kingsfund.org.uk/2017/22/overview.

008 Royal College of Physicians., 'Being a junior doctor: Experiences from the frontline of the NHS,' RCP policy: workforce & Mission: Health (2016) available online at: https://www.rcplondon.ac.uk/guidelinespolicy/being-junior-doctor.

009 GMC., 'National training survey 2016,' GMC (2016) available online at: https://www.gmc-uk.org/National_training_survey_2016___key_findings_68462938.pdf.

010 Fahrenkopf, M. A., et al., 'Rates of medication error among depressed and burnt out residents: prospective cohort study,' BMJ 336: 488 (2006), 10.1136/bmj.39469.763218.B

第一章　週三到職的孩子

001 三A代表腹主動脈瘤（abdominal aortic aneurysm），指腹部主動脈腫脹，腹主動脈是將血液由心臟輸送至身體各部位的主要血管。如果動脈瘤破裂，會造成大量的內出血，而且通常會致命。三A破裂是臨床急診。

002 Monrouxe, L. et al., 'UK Medical graduates preparedness for practice: Final report to the GMC,' GMC (2014) available online at: https:// www.gmcuk.org/How_Prepared_are_UK_Medical_Graduates_for_Practice_SUBMITTED_Revised_140614.pdf_58034815.pdf

003 example scenario taken from SJT Answers & Rationale available online at: http://www.foundationprogramme.nhs.uk/pages/fp-afp/applicant-guidance/SJT/EPM.

004 Foundation Programme 2016 facts and statistics are available online at: http://www.foundationprogramme.nhs.uk/pages/resource-bank.

005 Tudor-Hart, J., 'The inverse care law,' The Lancet 297: 7696 (1971), pp. 405–12.

006 For the 2016 data on Foundation Programme allocations see the 2016 UKFPO Annual Report available online at: http://www.foundationprogramme.nhs.uk/news/story/annual-report-2016.

007 Information from the National Resident Matching Program available online at: http://www.nrmp.org/press-release-results-of-2016-nrmp-main-residency-match-largest-on-record-as-matchcontinues-to-grow/.

008 Information on the algorithm that gained its two inventors a Nobel Prize in Economics is available online at: https://www.nobelprize.org/nobel_prizes/economic-sciences/laureates/2012/populareconomicsciences2012.pdf.

009 'The Waste Land', T. S. Eliot in The Complete Poems and Plays of T.S. Eliot (London: Faber and Faber, 1969).

010 Petrilli, M. C., et al., 'Why July matters,' Acad Med 91:7 (2016), pp. 910–912.

011 Jen, H. M., et al., 'Early in-hospitality mortality following trainee doctors' first day at work,' PLoS ONE 4:9 (2009), 10.1371/

journal.pone.0007103.

012 Vaughan, L., et al., 'August is always a nightmare: Results of the Royal College of Physicians Edinburgh and Society of acute medicine August transition survey,' Clin Med 11:4 (2011), pp. 322–6.

013 Monrouxe, L., et al., 'UK Medical graduates preparedness for practice: Final report to the GMC,' GMC (2014) available online at: https://www.gmc-uk.org/How_Prepared_are_UK_Medical_Graduates_for_Practice_SUBMITTED_Revised_140614.pdf_58034815.pdf.

014 Clarke, R., 'Suicides among junior doctors in the NHS,' BMJ 357 (2017), 10.1136/bmj.j2527.

015 Firth, J., 'Levels and source of stress in medical students,' Br Med J (Clin Res Ed) 292 (1986), pp. 1177–80.

016 Firth-Cozens, J., 'Emotional distress in junior house officers,' Br Med J (Clin Res Ed) 295 (1987), pp. 533–6.

017 Firth-Cozens, J., 'Doctors, their wellbeing, and their stress,' BMJ 326: 670 (2003), pp.670–671.

018 Goldman, L. M., et al., 'Depression and suicide among physician trainees: Recommendations for a national response,' JAMA Psychiatry 72:5 (2015), pp. 411–412.

019 Mata, A. D., et al., 'Prevalence of depression and depressive symptoms among resident physicians: A systematic review,' JAMA 314:22 (2015), pp. 2373–2383.

020 Schwenk, L. T., 'Resident depression. The tip of a graduate medical education iceberg,' JAMA 314:22 (2015), pp.2357–8.

021 Allen, M. I. P., and Colls, M. B., 'Improving the preregistration experience: The New Zealand approach,' BMJ 308:6925 (1994), pp. 398–400.

022 Tweed, J. M., et al., 'How the trainee intern (TI) year can ease the transition from undergraduate education to postgraduate practice,' N Z Med J 123:1318 (2010), pp. 81–91.

023 Henning, A. M., et al., 'Junior doctors in their first year: mental health, quality of life, burnout and heart rate variability,' Perspect Med Educ 3:2 (2014), pp. 136–43.

024 Rodriguez-Jarneo, C. M., et al., 'European working time directive and doctors' health: a systematic review of the available epidemiological evidence,' BMJ Open 4 (2014), 10.1136/bmjopen-2014–004916.

025 Morrow, G., et al., 'Have restricted working hours reduced junior doctors' experience of fatigue?' A focus group and telephone interview study. BMJ Open 4 (2014), 10.1136/bmjopen-2013–004222.

026 Michael Farquhar's piece in the BMJ 'We must recognise the health effects associated with shift working,' available online at http://blogs.bmj.com/bmj/2017/10/06/michael-farquhar-we-mustrecognise-the-health-effects-associated-with-shift-working/.

027 Details about the HALT campaign can be found online at: http://www.kingshealthpartners.org/latest/1028-staff-encouraged-totake-regular-breaks.

028 'National training survey 2016: Key findings,' GMC (2016) available online at: https://www.gmc-uk.org/National_training_survey_2016___key_findings_68462938.pdf.

029 Temple, J., 'Time for training: A review of the impact of the European Time Directive on the quality of training,' (2010) available online at: https://www.hee.nhs.uk/sites/default/files/documents/Time%20for%20training%20report_0.pdf.

030 Morrow, G., et al., 'The impact of the Working Time regulations on medical educationand training: Literature Review, a report for the General Medical Council,' Centre for Medical Education Research, Durham University (2012).

031 Maybury, C., 'The European Working Time Directive: a decade on,' The Lancet 384:9954 (2014), pp. 1562–1563.

032 Psychiatrist Gwen Adshead's article in Medical Education: Adshead, G., 'Becoming a caregiver: attachment theory and poorly performing doctors,' Med Edu 44:2 (2010) pp. 125–31.

033 The Libby Zion case in: Patel, N., 'Learning lessons: The Libby Zion case revisited', Journal of the American College of Cardiology 64:25 (2014), pp. 2802–4.

034 Resident duty hours across the globe in: Temple, J., 'Resident duty hours around the globe: where are we now?' BMC Med Educ 14 (Suppl 1): S8 (2014).

035 Ahmed, N., et al., 'A systematic review of the effects of resident duty hour restrictions in surgery,' Ann Surg 259:6 (2014), pp. 1041–53.

第二章　尋找中庸之道

001 Bowlby, J., 'Separation Anxiety,' International Journal of Psycho-Analysis 41 (1959); Bowlby, J., Attachment and Loss, Vol.1: Attachment (London: Hogarth Press and Institute of Psycho-Analysis, 1969); Bowlby, J., Attachment and Loss, Vol.2: Separation: Anxiety and Anger (London: Hogarth Press and Institute of Psycho-Analysis, 1973); Bowlby, J., Attachment and Loss, Vol.3: Loss: Sadness and Depression (London: Hogarth and Press and Institute of Psycho-Analysis, 1980).

002 See: Farnfield, S., and Holmes, P., eds., The Routledge Handbook of Attachment: Assessment (London and New York: Routledge, 2014).

003 Main, M., and Solomon, J., 'Discovery of an insecure – disorganized / disoriented attachment pattern,' in Brazelton, B., and Yogman, W. M., eds., Affective Development in Infancy (New Jersey: Ablex, 1986).

004 Hesse, E., 'The Adult Attachment Interview: Protocol, method of analysis and empirical studies,' in Cassidy, J., and Shaver, P. R., eds., Handbook of Attachment: Theory, research and clinical applications, 2nd ed., (New York: McGraw Hill, 2008).

005 Taylor, R. E., et al., 'Insecure attachment and frequent attendance in primary care: a longitudinal cohort study of medically unexplained symptom presentations in ten UK general practices,' Psychol Med 42:4 (2012), pp. 855–64.

006 Vincenzo, C., et al., 'Reciprocal empathy and working alliance in terminal oncological illness: The Crucial Role of Patients Attachment Style,' J Psychosoc Oncol 32:5 (2014), pp. 517–34.

007 Adshead, G., 'Becoming a caregiver: attachment theory and poorly performing doctors,' Med Educ 44:2 (2010), pp. 125–31.

008 Vaillant, G., Adaptation to Life (Cambridge: Harvard University Press, 1977).

009 Simon Sinclair's Making Doctors: Sinclair, S., Making Doctors: An institutional apprenticeship (Oxford: Berg Publishers, 1997).

010 Ofri, D., What Doctors Feel (Boston: Beacon Press, 2013). matic review of studies with medical students and residents,' Acad Med 86:8 (2011), pp. 996–1009.

011 Neumann, M., et al., 'Empathy decline and its reasons: A systematic review of studies with medical students and residents,' Acad Med 86:8 (2011), pp. 996–1009.

012 Osler, W., Aequanimitas (New York: Norton, 1963).

013 Fox, R., and Leif, H., 'Training for "Detached Concern" in Medical Students,' in Harold, I., Leif, V., et al., eds., The Psychological basis of Medical Practice (New York: Harper and Row, 1963).

014 Markais, K., et al., 'Teaching empathy: It can be done,' Working paper presented at the Annual Meeting of the Society of General Internal Medicine in San Francisco, April 29 –May 1, (1999).

015 Halpern, J., 'Clinical Empathy in Medical Care,' in Decety, J., ed., Empathy: from bench to bedside (Massachusetts Institute of Technology: MIT Press, 2014).

016 Gleichgerrcht, E., and Decety, J., 'Empathy in clinical practice: How individual dispositions, gender, and experience moderate empathic concern, burnout and emotional distress in physicians,' PLoS ONE 8:4 (2013), 10.1371/journal.pone.0061526.

017 Crichton, M., Travels (New York: Vintage Books, 2014).

018 Schwartz, B. K., 'A patient's story,' Boston Globe (July 16th, 1995) available online at: https://www.bostonglobe.com/magazine.

019 Penson, T. R., et al., 'Connection: Schwartz Center Rounds at Massachusetts General Hospital cancer centre,' Oncologist 15:7 (2010), pp. 760–764.

020 Information on the adoption of Schwartz Center Rounds is available online at www.theschwartzcenter.org.

021 Robert, G., et al., 'Exploring the adoption of Schwartz Center Rounds as an organizational innovation to improve staff well-being in England, 2009– 2014,' BMJ Open 7 (2017), 10.1136/bmjopen-2016–014326.

022 Farr, M., and Barker, R., 'Can staff be supported to deliver compassionate care through implementing Schwartz Rounds in community and mental health services?' Qual Health Res 27:11 (2017), pp. 1652–1663.

023 Firth-Cozens, J., and Cornwell, J., 'The Point of Care: Enabling compassionate care in acute hospital settings' (2009), available online at https://www.kingsfund.org. uk/publications/articles/enabling-compassionate-care-acutehospital-settings.

第三章 哪一科的醫生

001 譯者註：英國中學教育的最高級，年齡多半在十六歲至未滿十九歲之間。

002 譯者註：英國大學所授予的學士學位，除了學位證明，還會標明學業成就等級。

003 Ballatt, J., and Campling, P., Intelligent Kindness: Reforming the culture of healthcare (London: Royal College of Psychiatrists, 2011).

004 Farooq, K., et al., 'Why medical students choose psychiatry – a 20 country crosssectional survey,' BMC Med Educ 14:12 (2014), 10.1186/1472–6920-14–12.

005 Shooter, M., 'Depression,' BMJ 326 (2003), pp. 1324–5.

006 Quoted in Jackson, W. S., 'Presidential Address: The Wounded Healer,' Bull Hist Med 75: 1 (2001), pp. 1–36.

007 Jung, C., The practice of psychotherapy: Essays on the psychology of the transference of other subjects ([trans. RFC Hull] NJ: Princeton University Press, 1966).

008 Ivey, G., and Partington, T., 'Psychological woundedness and its evaluation in applications for clinical psychological training,' Clin Psychol Psychother 21: 2 (2014), pp. 166–77.

009 Further information is available online at: https://www.gmc-uk.org/ education/approved_curricula_systems.asp.

010 Information on the thirty-seven specialties on offer in the US is available online at: http://www.abms.org/.

011 Information on the eighty-five specialties on offer in Australia is available online at: http://www.medicalboard.gov.au/.

012 Liselott, N. D., et al., 'Physician satisfaction and burnout at different career stages,' Mayo Clinic Proceedings 88:12 (2013), pp. 1358–1367.

013 Shanafelt, D. T., et al., 'Oncology fellows' career plans, expectations and well-being: Do fellows know what they are getting into?' J Clin Oncol 32:27 (2014), pp. 2991–7; Tchantchaleishvili, V., et al., 'Current integrated cardiothoracic surgery residents: a thoracic surgery association survey,' Ann Thorac Surg 99:3 (2015), pp. 1040–7.

014 Thangaratinam, S., et al., 'Specialist training in obstetrics and gynaecology: a survey on work-life balance and stress among

trainees in UK,' J Obstet Gynaecol 26:4 (2006), pp. 302–4.

015 Augustin, I. D., et al., 'Recruitment of house staff into anesthesiology: a longitudinal evaluation of factors for selecting a career in anesthesiology and an individual training program,' J Clin Anesth 26:2 (2014), pp. 91–105.

016 Liselott, N. D., et al., 'Physician satisfaction and burnout at different career stages,' Mayo Clinic Proceedings 88:12 (2013), pp. 1358–1367.

017 譯者註：為瑞士精神病學家 Hermann Rorschach 所發明，用以檢測病人的知覺能力、智力及情緒等特徵。

018 Stanley, H., et al., 'The surgical personality: A comparison of medical and surgical residents with the Rorschach,' Cardiovasc Dis 2:2 (1975), pp. 117–128.

019 Kivisalu, T. M., et al., 'An investigation of interrater for the Rorschach Performance System (R-PAS) in a nonpatient U.S. sample,' J Pers Assess (2016), pp. 1–9.

020 For example: Warschkow, R., et al., 'A comparative cross-sectional study of personality traits in internists and surgeons,' Surgery 148:5 (2010), pp. 901–7.

021 For example: MacNeily, E. A., et al., 'The surgical personality: comparisons between urologists, nonurologists and non-surgeons,' Can Urol Assoc J 5:3 (2011), pp. 182–85.

022 For example: Bexelius, T. S., et al., 'Association between personality traits and future choice of specialization among Swedish doctors: a crosssectional study,' Postgrad Med J 92 (2016), pp. 441–446.

023 A selection of studies on role models: Ravindra, P., and Fitzgerald, E. J., 'Defining surgical role models and their influence on career choice,' World Journal of Surgery 35: 4 (2011), pp. 704–9; Murinson, B. B., et al., 'Formative experiences of emerging physicians: gauging the impact of events that occur during medical school,' Acad Med 85:8 (2010), pp. 1331–7; Stahn, B., and Harendza, S., 'Role models play the greatest role – a qualitative study on reasons for choosing postgraduate training at a university hospital,' GMS Z Med Ausbild 31:4 (2014), Doc45.

024 Burack, J. H., et al., 'A study of medical students' specialty-choice pathways: trying on possible selves,' Acad Med 72:6 (1997), pp. 534–41.

025 Maisonneuve, J. J., et al., 'Career choices for geriatric medicine: national surveys of graduates of 1974–2009 all UK medical schools,' Age Aging 43:4 (2014), pp. 535–541; Smith, F., et al., 'Factors influencing junior doctors' choices of future specialty: trends over time and demographics based on results from UK national surveys,' J R Soc Med 108:10 (2015), pp. 396–405.

026 Smith, F., et al., 'Factors influencing junior doctors' choices of future specialty: trends over time and demographics based on results from UK national surveys,' J R Soc Med 108:10 (2015), pp. 396–405.

027 Glicksman, E., 'Wanting it all: a new generation of doctors' places higher value on work-life balance,' AAMC Reporter (2013) available online at: https://www.aamc.org/newsroom/reporter/336402/worklife.html.

028 Tolhurst, H. M., and Stewart, A. M., 'Balancing work, family and other lifestyle aspects: a qualitative study of Australian medical students' attitudes,' Med J Aust 181:7 (2004), pp. 361–4; Results from the 2010 National Physician Survey in Canada available online at: http://nationalphysiciansurvey.ca/wp-content/uploads/2012/05/NPS2010-Students-Binder.pdf.

029 Smith, F., et al., 'Factors influencing junior doctors' choices of future specialty: trends over time and demographics based on results from UK national surveys,' J R Soc Med 108:10 (2015), pp. 396–40.

030 Rohlfing, J., et al., 'Medical student debt and major life choices other than specialty,' Med Educ Online 19 (2014), 10.3402/meo.v19.25603.

031 Rohlfing, J., et al., 'Medical student debt and major life choices other than specialty,' Med Educ Online 19 (2014), 10.3402/meo.v19.25603.

032 for example: Mader, M. E., et al., 'The temporal decline of idealism in two cohorts of medical students at one institution,' BMC Med Educ 14:58 (2014), 10.1186/1472–6920-14–58.

033 Krieshok, S. T., et al., 'Career decision making: The limits of rationality and the abundance of nonconscious processes,' J Vocat Behav 75 (2009), pp. 275–290.

第四章　短暫的相遇

001 Mansh, M., et al., 'Sexual and gender minority identity disclosure during undergraduate medical education: "In the Closet" in medical school,' Acad Med 90:5 (2015), pp. 634–44.

002 Freud, S., Introductory lectures on psychoanalysis, se., XV – XVI (1916–1917 [1915–1917]).

003 Kapsalis, T., Public privates: Performing gynaecology from both ends of the speculum (Durham and London: Duke University Press, 1997).

004 Kapsalis, T., Public privates: Performing gynaecology from both ends of the speculum (Durham and London: Duke University Press, 1997).

005 Jha, V., et al., 'Patient involvement in teaching and assessing intimate examination skills: a systematic review', Med Educ 44:4 (2010), pp. 347–57.

006 Ralph, W., et al., 'Professional patients: An improved method of teaching breast and pelvic examination,' J Reprod Med 19:3 (1977), pp.163–6; Holzman, G. B., et al., 'Initial pelvic examination instructions: The effectiveness of three contemporary approaches,' Am J Obstet Gynecol 129:2 (1977), pp. 124–9; Robertson, N., 'Panel faults, breast, pelvic test methods,' New York Times (1969).

007 Wainberg, S., 'Teaching pelvic examinations under anaesthesia: what do women think?' J Obstet Gynaecol Can 32:1 (2010), pp. 49–53.

008 Rees, C., and Monrouxe, R., 'Medical students learning intimate examinations without valid consent: a multicentre study,' Med Educ 45 (2011), pp. 261–72.

009 'This article is dangerous', a counter-argument from: Kaushik, N., 'Please don't touch me there: the ethics of intimate examinations. What examination is not intimate?' BMJ 326:1326 (2003), 10.1136/bmj.326.7402.1326-b. In response to: Coldicott, Y., et al., 'The ethics of intimate examinations – teaching tomorrow's doctors,' BMJ 326:7380 (2003), pp.97–101, an article from the BMJ about the need to gain informed consent.

010 Thoma, B., 'The other side of the speculum,' Can Fam Physician 55:11 (2009) p. 1112; Pimlott, N., et al., 'Uncomfortable reflections,' Can Fam Physician 56:3 (2010), pp. 221–222.

011 Andres, E. D., 'The other side of the spectrum,' Can Fam Physician 56:3 (2010) p. 221.

012 Buchwald, J., 'The first pelvic examination: Helping students cope with their emotional reactions,' J Med Educ 54:9 (1979) pp. 725–8.

013 Dabson, M. A., et al., 'Medical students' experiences learning intimate physical examination skills: a qualitative study,' BMC Med Educ 14:39 (2014), 10.1186/1472–6920-14–39.

014 Freud, S., Jokes and Their Relation to the Unconscious (Harmondsworth: Penguin [Original work published in 1905]).

015 譯者註：一種醫護人員自願形成的同儕支持團體，主要聚焦於醫病關係的討論。

016 Balint, M., and Balint, E., The doctor his patient and the illness, 2nd ed., (London: Pitman Medical, 1968).

017 Steinlieb, J. L; Scott, P; Lichtenstein, A., Nease, D. E and Freedy, J. R., 'Balint Group Process: Optimizing the Doctor-Patient Relationship,' in O'Reilly-Landry, M., ed., A psychodynamic understanding of Modern Medicine: Placing the person at the center of Care (London: Radcliffe Publishing, 2012).

018 'Maintaining a professional relationship between you and your patient,' GMC online (2013) available online at: https://www.gmc-uk.org/guidance/ethical_guidance.

019 'Sexual boundaries in the doctor-patient relationship: A resource for doctors,' available online at: https://www.mcnz.org.

020 Halter, M., et al., 'Sexual Boundary Violations by Health Professionals – an overview of the published empirical literature,' CHRE (2007); CHRE: 'Clear sexual boundaries between healthcare professionals and patients: responsibilities of healthcare professionals,' CHRE (2008) both are available online via: https://www.professionalstandards.org.uk.

021 Horsfall, S., 'Doctors who commit suicide while under GMC fitness to practice investigation. Internal review,' GMC online (2014) available online at: https://www.gmc-uk.org/Internal_review_into_suicide_in_FTP_processes.pdf_59088696.pdf.

第五章　角色倒轉

001 Klitzman, R., When Doctors Become Patients (New York: Oxford University Press, 2008).

002 Crichton, M., Travels (New York: Vintage Books, 2004).

003 Madill, A., and Latchford, G., 'Identity change and the human dissection experience over the first year of medical training,' Soc Sci Med 60 (2005), pp. 1637–1647.

004 Straker, N., ed., Facing Cancer and the Fear of Death: A Psychoanalytic Perspective on Treatment. (Lanham Maryland: Jason Aronson, 2012).

005 Hildebrandt, S., 'Thoughts on practical core elements of an ethical anatomical education,' Clin Anat 29 (2016), pp.37–45.

006 Patel, B. S., et al., 'Is dissection the only way to learn anatomy? Thoughts from students at a nondissecting medical school,' Perspect Med Educ 4 (2015), pp. 259–260.

007 Bohl, M., et al., 'Medical students' perceptions of the body donor as a 'first patient' or 'teacher': a pilot study,' Anat Sci Educ 4:4 (2011), pp. 208–13.

008 Corbet, B., and Madorsky, J., 'Physicians with disabilities,' West J Med 154 (1991), pp. 514–521.

009 Steinberg, G. A., et al., 'Reasonable accommodations for medical faculty with disabilities,' JAMA 288: 24 (2002), pp. 3147–54.

010 Steinberg, G. A., et al., 'Reasonable accommodations for medical faculty with disabilities,' JAMA 288: 24 (2002), pp. 3147–54.

011 Corbet, B., and Madorsky, J., 'Physicians with disabilities,' West J Med 154 (1991), pp.514–521.

012 Watermeyer, B., 'Disability and Psychoanalysis,' in Watermeyer, B., Swartz, L., Lorenzo, T., et al., eds. Disability and Social Change: A South African Agenda (Cape Town: HSRC Press, 2006).

013 The report by the BMA Equal Opportunities Committee in 2007 is available online at: http://www.hscbusiness.hscni.net/pdf/BMA_Disability_equality_in_the_medical_profession_July_2007_pdf.

014 Miller, S., et al., 'Medical students' attitudes towards disability and support for disability in medicine,' Med Teach 31 (2009), pp. 556–561.

015 Cook, V., et al., 'Supporting students with disability and health issues: lowering the social barriers,' Med Educ 46 (2012), pp. 564–574.

016 The UK Equality Act 2010, available online at:https://www.equalityhumanrights.com/en/equality-act/equality-act-2010.

017 The Americans with Disabilities Act of 1990, available online at: https://www.ada.gov/ada_intro.htm.

018 The GMC major review of health and disability in medical education and training is available online at: https://www.gmc-uk.org/H_26D_review_statement___May_13.pdf_56450036.pdf.

019 Available online at: https://www.gmc-uk.org/Achieving_good_medical_practice_0816.

020 譯者註：由於血源性病毒會經由血液傳染，易暴露操作程序是指相關人員血液中的侵入性醫療作業。

021 Jemma Saville's article 'Guidance for disabled students,' (April 2008) is available online at: http://careers.bmj.com/careers/advice/view-article.html?id=2897.

022 Jemma Saville's story was included in a BMA publication entitled'A Celebration of Disabled Doctors,' (December 2009) and is available online at: http://www.hscbusiness.hscni.net/pdf/BMA-_Disabled_doctors_December_2009_pdf.pdf.

023 Jemma Saville's petition page: 'Petition for partially sighted doctor to be allowed to practise,' available at available at: http://www.thepetitionsite.com/1/help-VI-doctor/.

024 Cordes, T., 'A practicing blind physician,' Braille Monitor 53:10 (2010).

025 狄恩．克蘭博士敘述柯德斯治療患成癮症退伍軍人的文章：'Blind doc at VA sees patients differently' June 2013 available online at: https://www.va.gov/health/NewsFeatures/2013/June/Blind-Doc-at-VA-Sees-Patients-Differently.asp.

026 Clinical psychologist Brian Watermeyer wrote 'disabled people remain unknown' in Watermeyer, B., Towards a Contextual Psychology of Disablism (London: Routledge, 2013).

027 加拿大醫師 Jessica Dunkley 是加拿大第一批聽障醫師：Moulton, D., 'Physicians with disabilities often undervalued,' CMAJ 189:18 (2017), e678-e679.

第六章　漏水的水管

001 Allen, I., Doctors and their careers, 1st ed., (London: Policy Studies Institute, 1988).

002 The National Working Group on Women in Medicine report, 'Women doctors: making a difference' is available online at: https://hee.nhs.uk/sites/default/files/documents/WIMreport.pdf,

003 Rich, A., et al., 'You can't be a person and a doctor: the work–life balance of doctors in training — a qualitative study,' BMJ Open, 6:12 (2016), 10.1136/bmjopen-2016–013897.

004 譯者註：聖經約翰福音第十一章記載，耶穌的門徒與好友拉撒路病死後四天，耶穌行神蹟使他復活。

005 Cassell, J., The woman in the surgeon's body (Cambridge, Mass: Harvard University Press, 1998).

006 Seemann, N., et al., 'Women in academic surgery: why is the playing field still not level?' Am J Surg 211: 2 (2016), pp. 343–349.

007 Rich, A., et al., 'You can't be a person and a doctor: the work–life balance of doctors in training — a qualitative study,' BMJ Open 6:12 (2016), 10.1136/bmjopen-2016–013897.

008 Harley, N., 'Sexism in surgery: Females being put off becoming surgeons by men,' Telegraph available online at: http://www.telegraph.co.uk/news/health/11903476/Sexism-in-surgery-Females-being-put-off-becoming-surgeonsby-men.html.

009 Anderson, L., Elizabeth Garrett Anderson 1836–1917 (Cambridge: Cambridge University Press, [reprint] 2016).

010 Moldow, G., Women doctors in gilded-age Washington 1st ed., (Urbana and Chicago: University of Illinois Press, 1987).

011 Pringle, R., Sex and Medicine. Gender, power and authority in the medical profession (Cambridge: Cambridge University Press, 1998).

012 Figures available online at: https://www.gov.uk/government/uploads/system/uploads/attachment_data/file/507651/CfWI_future_consultant_workforce.pdf.

013 Figures available online at: http://www.gmc-uk.org/SOMEP_2013_web.pdf_53703867.pdf.

014 Walsh, M. R., 'The rediscovery of the need for a feminist medical education,' Harv Educ Rev 49:4 (1979), pp. 447–466.

015 News.aamc.org., 'Number of Female Medical School Enrollees Reaches 10-Year High,' available online at: https://news.aamc.org/press-releases/article/applicant-enrollment-2016/.

016 Hedden, L., et al., 'The implications of the feminization of the primary care physician workforce on service supply: a systematic review,' Hum Resour Health 12:32 (2014), 10.1186/1478–4491-12–32.

017 Lambert, T. W., et al., 'Trends in attractiveness of general practice as a career: surveys of views of UK-trained doctors,' Br J Gen Pract 67:657 (2017), 10.3399/bjgp17X689893.

018 'State of Medical Education and Practice,' GMC (2016) available online at: https://www.gmc-uk.org/SoMEP_2016_Overview.pdf_68137053.pdf.

019 Lachish, S., et al., 'Factors associated with less-than-full-time working in medical practice: results of surveys of five cohorts of UK doctors, 10 years after graduation,' Hum Resour Health, 14:1 (2016), 10.1186/s12960-016–0162-3.

020 Connolly, S., and Holdcroft, A., 'The Pay Gap for Women in Medicine and Academic Medicine,' BMA (2009) available online at: http://www.medicalwomensfederation.org.uk/images/Daonload_Pay_Gap_Report.pdf.

021 Willett, L., et al., 'Gender Differences in Salary of Internal Medicine Residency Directors: A National Survey,' Am J Med, 128:6 (2016), pp. 659–665.

022 'Report of the Chair of the National Working Group on Women in Medicine,' (2009) available online at: https://hee.nhs.uk/sites/default/files/documents/WIMreport.pdf.

023 Responses from the BMA 2009 report available online at: http://www.medicalwomensfederation.org.uk/images/Daonload_Pay_Gap_Report.pdf.

024 Boulis, A., and Jacobs, J., The Changing Face of Medicine: Women Doctors and the Evolution of Health Care in America (Ithaca and London: Cornell University Press, 2008).

025 Anderson, L., Elizabeth Garrett Anderson 1836–1917 (Cambridge: Cambridge University Press, [reprint] 2016).

026 Tsugawa, Y., et al., 'Comparison of Hospital Mortality and Readmission Rates for Medicare Patients Treated by Male vs Female Physicians,' JAMA Intern Med, 177:2 (2017), pp. 206–213.

027 Dacre, J., 'We need female doctors at all levels and in all specialties,' BMJ 344 (2012), 10.1136/bmj.e2325.
028 Lachish, S., et al., 'Factors associated with less-than-full-time working in medical practice: results of surveys of five cohorts of UK doctors, 10 years after graduation,' Hum Resour Health 14:1 (2016), 10.1186/s12960-016–0162-3.
029 Karet Frankl,E. F., 'To be or not to be ：' Postgrad Med J 92 (2016), p. 569–570.

第七章　危險的生意

001 譯者註：全名是 General Certificate of Education Advanced Level，英格蘭和威爾斯地區的中學生在十七、八歲時，必須參加的高級程度考試，通過考試才會拿到畢業證書。

002 Woolf, K., et al., 'Ethnic stereotypes and the underachievement of UK medical students from ethnic minorities: qualitative study,' BMJ 337 (2008), 10.1136/bmj.a1220.
003 在卡迪夫大學事件後，布格拉帶領獨立審查小組（Independent Review Panel (2017). The report is available online at: https://www.cardiff.ac.uk/__data/assets/pdf_file/0011/551837/Prof-Dinesh-Bhugra-report-Final.pdf
004 Dovidio, J., 'The subtlety of racism,' Train Dev J, 47: 4 (1993), pp.50–57.
005 The 2017 BBC interview with Professor Robert Kelly, available online at: http://www.bbc.co.uk/news/world-asia-39244325.
006 Cooke, M., 'Implicit Bias in Academic Medicine,' JAMA Intern Med, 177:5 (2017), p.657.
007 Tweedy, D., Black Man in a White Coat (New York: Picador, 2015).
008 FitzGerald, C., and Hurst, S., 'Implicit bias in healthcare professionals: a systematic review,' BMC Med Ethics, 18:1 (2017), p.19.
009 Sabin, J., and Greenwald, A., (2012). 'The Influence of Implicit Bias on Treatment Recommendations for 4 Common Pediatric Conditions: Pain, Urinary Tract Infection, Attention Deficit Hyperactivity Disorder, and Asthma,' Am J Public Health, 102:5 (2012), pp. 988–995.
010 Tweedy, D., Black Man in a White Coat (New York: Picador, 2015).

011 Dickins, K., et al., 'The Minority Student Voice at One Medical School,' Acad Med 88:1 (2013), pp.73–79; Phoenix, A., and Husain, F., 'Parenting and ethnicity,' Joseph Rowntree Foundation (2007) available online at: https://www.jrf.org.uk/sites/default/files/jrf/migrated/files/parenting-ethnicity.pdf.

012 Goldacre, M., et al., (2010). 'Views of junior doctors about whether their medical school prepared them well for work: questionnaire surveys,' BMC Med Educ 10:78 (2010). 10.1186/1472–6920-10–78.

013 Davies, R. S., et al., 'A sea change for sick doctors – how do doctors fare after presenting to a specialist psychotherapy service?' JMH 25:3 (2016), pp. 238–244.

014 Figures from (UK) HESA available online at: https://www.hesa.ac.uk/data-and-analysis/students.

015 Figures from the (US) National Center for Education Statistics available online at: https://nces.ed.gov/fastfacts/display.asp?id=98.

016 Specific medical school statistics from the US available online at: http://www.aamcdiversityfactsandfigures2016.org/.

017 McManus, I., 'Medical school applicants from ethnic minority groups: identifying if and when they are disadvantaged,' BMJ 310:6978 (1995), pp. 496–500.

018 Woolf, K., et al., 'Ethnicity and academic performance in UK trained doctors and medical students: systematic review and meta-analysis,' BMJ 342 (2011), 10.1136/bmj.d901.

019 Esmail, A., 'Ethnicity and academic performance in the UK,' BMJ 342 (2011), 10.1136/bmj.d709.

020 Doll, R., and Hill, A., 'The Mortality of Doctors in Relation to Their Smoking Habits,' BMJ 1 (1954), pp.1451–1455.

021 The study is available online at: http://www.gmc-uk.org/How_do_doctors_progress_through_key_milestones_in_training.pdf_67018769.pdf.

022 Open access data from the AAMC on MCAT scores by race/ethnicity is available online at: https://www.aamc.org/download/321498/data/factstablea18.pdf.

023 Socio-economic data from the AAMC by race/ethnicity is available online at: http://www.aamcdiversityfactsandfigures2016.org/report-section/section-3/.

024 Performance data from USMLE is available online at: http://www.usmle.org/performance-data/default.aspx#2016_overview.

025 Andriole, D., and Jeffe, D., 'A National Cohort Study of U.S. Medical School Students Who Initially Failed Step 1 of the United States Medical Licensing Examination,' Acad Med 87:4(2012), pp. 529–536.

026 Brenner, J. M., et al., 'Formative Assessment in an Integrated Curriculum: Identifying At-Risk students for poor performance on USMLE Step 1 Using NBME Custom Exam Questions,' AAMC, Proceedings of the 56th Annual Research in Medical Education Sessions (2017), S21-25.

027 Prober, C., et al., 'A Plea to Reassess the Role of United States Medical Licensing Examination Step 1 Scores in Residency Selection,' Acad Med 9:1 (2016), pp.12–15.

028 Edmond, M., Deschenes, J., et al., 'Racial Bias in Using USMLE Step 1 Scores to Grant Internal Medicine Residency Interviews,' Acad Med, 76:12 (2001), pp. 1253–1256.

029 The 2015 GMC's commitment to ensuring fair training pathways, available online at: http://www.gmc-uk.org/education/29478.asp.

030 The GMC commissioned literature review: Plymouth University Peninsula., 'Understanding differential attainment across medical training pathways: A rapid review of the literature,' GMC (2015) available online at: http://www.gmc-uk.org/about/research/28332.asp.

031 Woolf, K., et al., (2016). 'Fair Training Pathways for All: Understanding Experiences of Progression,' GMC (2016) available online at: http://www.gmc-uk.org/2016_04_28_FairPathwaysFinalReport.pdf_66939685.pdf.

032 Aluko, Y., 'American Medical Association Apologizes for Racism in Medicine,' J Natl Med Assoc 100:10 (2008), pp. 1246–1247.

033 譯者註：醫學領域的榮譽協會，在美國擁有一百三十二個分會。

034 Cooke, M., 'Implicit Bias in Academic Medicine,' JAMA Intern Med, 177:5 (2017), p.657.

035 The report is available online at: http://www.gmc-uk.org/ SOMEP_2016_Full_Report_Lo_Res.pdf_68139324.pdf

036 Esmail, A., 'Ethnicity and academic performance in the UK,' BMJ, 342 (2011), 10.1136/bmj.d709.

037 Lieberman, S., et al., 'Comprehensive Changes in the Learning Environment: Subsequent Step 1 Scores of Academically At-Risk

Students,' Acad Med, 83: (10 suppl) (2008), S49-52.
038 個人的溝通。一個在 AAMC 參與增加醫學院錄取者多元性的同事，引導我注意到這所新的醫學院。更多有關學校的資訊請見：www.rowan.edu/coopermed
039 Acosta, D., and Ackerman-Barger, K., 'Breaking the Silence: Time to Talk about race and racism,' Acad Med 92:3 (2017), pp. 285–288.

第八章　沒有出口

001 Goldacre, M. L., and Lamber, T. W., 'Participation in medicine by graduates of medical schools in the United Kingdom up to 25 years post graduation: national cohort surveys,' Acad Med 88:5 (2013), pp. 699–709.
002 The 2015 report is available online at: https://www.aamc.org/download/ 440552/data/2015gqallschoolssummaryreport.pdf.
003 Campbell, D., 'Almost half of junior doctors reject NHS career after foundation training' available online at: https://www.theguardian.com/society/2015/dec/04/almosthalf-of-junior-doctors-left-nhs-after-foundation-training.
004 The Wall Street Journal 2014 article entitled 'Why doctors are sick of their profession,' available online at: http://www.wsj.com/articles/the-u-s-s-ailing-medical-system-a-doctorsperspective- 1409325361.
005 'How much does it cost to train a doctor in the United Kingdom?' BMA (2013) available online at: https://www.bma.org.uk//media/Files/ ：/pressbriefing_cost_of_training_doctors.docx.
006 UKFPO Annual Reports 2010 and 2011, and F2 Careers Destination surveys for each year 2012–2016 inclusive are all available on the UKFPO website: www.foundationprogramme.nhs.uk.
007 Figures of UK doctors who have permanently left the profession available online at: www.foundationprogramme.nhs.uk.
008 The results from the BMA EU Survey of Doctors working in the UK are available at: https://www.bma.org.uk/collectivevoice/policy-and-research/education-training-and-workforce/eu-doctors-survey.
009 Rittenhouse, D. R., et al., 'No exit: an evaluation of measures of physician attrition,' Health Serv Res 39:5 (2004), pp. 1571–

1588.
010 Cooke, L., and Chitty, A., 'Why do doctors leave the profession?' BMA, Health Policy and Economic Research Unit (2004).
011 Ahrens, W. R., and Hart, R. G., 'Emergency physicians' experience with pediatric death,' Am J Emerg Med 15:7 (1997), pp. 642–3.
012 Gazoni, M. F., et al., 'The impact of perioperative catastrophes on anesthesiologists: results of a national survey,' Anesth Analg 114:3 (2012), pp. 596–603.
013 Gold, J. K., et al., 'How physicians cope with stillbirth or neonatal death: A national survey of obstetricians,' Obstet Gynecol 112:1 (2008), pp. 29–34.
014 Cooke, L., and Chitty, A., 'Why do doctors leave the profession?' BMA, Health Policy and Economic Research Unit (2004).
015 Crichton, M., Travels (New York: Vintage Books, 2004).
016 Ebaugh Fuchs, R. H., Becoming an Ex: The Process of Role Exit (Chicago & London: University Of Chicago Press, 1988).

第九章　天擇

001 University of Oxford statistics available online at: https://www.ox.ac.uk/about/facts-and-figures/admissions-statistics.
002 The Medical Schools Council 'Guiding Principles for the Admission of Medical Students,' (Revised, March 2010) available online at: https://www.medschools.ac.uk/media/1931/guidingprinciples-for-the-admission-of-medical-students.pdf.
003 Garrud, P. (2011). 'Who applies and who gets admitted to UK graduate entry medicine? – an analysis of UK admission statistics,' BMC Med Educ 11:71 (2011),10.1186/1472–6920-11–71.
004 Yates, J., 'When did they leave, and why? A retrospective case study of attrition on the Nottingham undergraduate medical course,' BMC Med Educ 12:43 (2012); Maher, B. M., et al., 'Medical School Attrition – beyond the statistics. A Ten-year study,' BMC Med Educ 13:13(2013),10.1186/1472–6920-13–13.

005 The report is available online at: https://www.aamc.org/download/165418/data/aibvol9_no11.pdf.pdf

006 Cleland, J., et al., 'It is me or is it them? Factors that influence the passing of underperforming students,' Med Educ 42:8 (2008), pp. 800–9.

007 Yates, J., and James, D., 'Predicting the "strugglers": a case- study of students at Nottingham University Medical School,' BMJ 332:1009 (2006), 10.1136/bmj.38730.678310.63.

008 Yates, J., and James, D., 'Risk factors at medical school for subsequent professional misconduct: multicenter retrospective case-control study,' BMJ 340 (2010), 10.1136/bmj.c2040.

009 Papadakis, M., et al., 'Unprofessional behaviors in medical school is associated with subsequent disciplinary action by a state medical board,' Acad Med 79:3 (2004), pp. 244–9; Papadakis, M., et al., 'Disciplinary action by medical boards and prior behavior in medical school,' N Engl J Med 353 (2005), pp. 2673–2682.

010 Figures for the UK are available online at: https://www.gmc- uk.org/DC9491_07___Fitness_to_Practise_Annual_Statistics_Report_2015___Published_Version.pdf_68148873.pdf. Figures for the US are available online at: https://www.fsmb.org/Media/Default/PDF/FSMB/Publications/us_medical_regulatory_trends_actions.pdf.

011 Cleland, J., et al., 'It is me or is it them? Factors that influence the passing of underperforming students,' Med Educ 42:8 (2008), pp. 800–9.

012 Cleland, J., et al., 'The remediation challenge: theoretical and methodological insights from a systematic review,' Med Educ 47:3 (2013), pp. 242–51.

013 Brenner, J. M., et al., 'Formative Assessment in an Integrated Curriculum: Identifying At-Risk students for poor performance on USMLE Step 1 Using NBME Custom Exam Questions,'AAMC 92.11S. Proceedings of the 56th Annual Research in Medical Education Sessions (2017), S21-25.

014 Sagull, A., et al., 'Does the MCAT predict medical school and PGY-1 performance?' Mil Med 180: 4 (2015), pp. 4–11.

015 McManus, C., et al., 'The academic backbone: longitudinal continuities in educational achievement from secondary school andmedical school to MCRP (UK) and the specialist register in UK medical students and doctors,' BMC Med 11:242 (2013),

10.1186/1741–7015-11–242.
016 For further information see the 'Selecting for Excellence' report, available online at: https://www.medschools.ac.uk/media/1203/selecting-for-excellence-finalreport.pdf
017 Figures available online at: https://www.aamc.org/download/102338/data/aibvol8no1.pdf.
018 Garlick, P., 'Widening participation in medicine,' BMJ 336:1111 (2008), 10.1136/bmj.d918.
019 Woolf, K., McManus, C., et al., 'The best choice?' the Psychologist 28:9 (2015), pp. 730–734.
020 Tiffin, A. P., et al., 'Predictive validity of the UKCAT for medical school undergraduate performance: a national prospective cohort study,' BMC Med 14:140 (2016), 10.1186/s12916-016–0682-7.
021 An evaluation and case study of the Biomedical Admissions Test: McManus, I. C., et al., 'Predictive validity of the Biomedical Admissions Test: An Evaluation and case study,' Med Teach 33:1 (2011), pp. 53–7.
022 'Fair Access to Professional Careers: A progress report by the Independent Reviewer on social mobility and child poverty,' (2012) available online at: https://www.gov.uk/government/publications/fair-access-to-professional-careers-a-progress-report.
023 Dowell, J., et al., 'Widening access to medicine may improve general practitioner recruitment in deprived and rural communities: survey of GP origins and current place of work,' BMC Med Educ 15: 165 (2015), 10.1186/s12909-015–0445-8.
024 Saha, S., et al., 'Student Body Racial and Ethnic Composition and Diversity-Related Outcomes in US Medical Schools,' JAMA 300: 10 (2008), pp. 1135–1145.
025 Available online at: www.medschools.ac.uk.
026 For example: Wen, S. L., et al., 'What do people want from their health care? A qualitative study,' J Participat Med 7: e10 (2015).
027 Cleland led a major review identifying best practice in the selection of medical students: Cleland, J., et al., 'Research Report: Identifying best practice in the selection of medical students,' GMC (2013) available at https://www.gmc-uk.org/about/research/25036.asp.
028 An exploratory study of which eleven-year olds would like to become a doctor: McManus, C., et al., 'Doctor, builder, soldier, lawyer, teacher, dancer, shopkeeper, vet: exploratory study of which eleven-year olds would like to become a doctor,' BMC

Psychol 3:38 (2015), 10.1186/s40359-015–0094-z.
029 Howard, J. R., Everyday Bias: Identifying and Navigating Unconscious Judgements in Our Daily Lives (Lanham: Rowman & Littlefield, 2014).
030 個人與作者的溝通。
031 Capers, Quinn IV; Clinchot, D., et al., 'Implicit Racial Bias in Medical School Admissions,' Acad Med 92:3 (2017), pp. 365–369.
032 Eva, W. K., et al., 'An admissions OSCE: the multiple mini-interview,' Med Educ 38:3 (2004), pp. 314–26.
033 Dowell, J., et al., 'The multiple mini-interview in the UK context: 3 years of experience at Dundee,' Med Teach 34:4 (2012), pp. 297–304.
034 Eva, W. K., et al., 'Association between a Medical School Admission Process Using the Multiple Mini-interview and National Licensing Examination Scores,' JAMA 308: 21 (2012), pp. 2233–2240.
035 Prideaux, D., et al., 'Assessment for selection for the health care professions and specialty training: consensus statement and recommendations from Ottawa 2010 Conference,' Med Teach 33.3 (2011), pp. 215–23.
036 Dowell, J., et al., 'The multiple mini-interview in the UK context: 3 years of experience at Dundee,' Med Teach 34:4 (2012), pp. 297–304.
037 Prideaux, D., et al., 'Assessment for selection for the health care professions and specialty training: consensus statement and recommendations from Ottawa 2010 Conference,' Med Teach 33:3 (2011), pp. 215–23.
038 'The art of medicine: Science as superstition: selecting medical students,' The Lancet 376 (2010), pp. 678–679.
039 Papadakis, M. A., et al., 'Disciplinary action by medical bboards and prior behavior in medical school,' N Engl J Med 353: 25 (2005), pp. 2673–2682.
040 'Supporting Students with Mental Health Conditions' available online at: https://www.gmc-uk.org/Supporting_students_with_mental_health_conditions_0816.pdf_53047904.pdf.
041 Powis, A. D., 'Selecting medical students: An unresolved challenge,' Med Teach 37:3 (2014), pp. 252–60.
042 個人對 Interhealth Worldwide 工作的了解，那是一個國際慈善組織，提供國際開發部門職員醫療、心理、職業和旅行健康服務。該慈善組織成立於一九八九年，可惜因為財務問題，在二〇一七年結束。

後記　沒有「醫生」這種人

001 The video of the liver transplant operation is available online at: https://www.theguardian.com/society/video/2016/feb/08/living-donor-liver-transplant-from-son-to-father-video

002 The mantra of 'patient-centred care' from The National Institute for Clinical Excellence (NICE) outlines what patient-centred care involves, available online at: https://www.nice.org.uk/guidance/cg161/chapter/patient-centred-care

003 Winncott, D., 'Further thoughts on babies as persons,' in Hardenberg, J., ed., The child and the outside world: Studies in developing relationships (London: Tavistock Publications Ltd, 1957 [original work published 1949]).

004 Winnicott, D., 'Hate in the Counter-Transference,' Int J Psychoanal 30 (1949), pp. 69–74.

005 Jackson, M., The History of Medicine: A Beginner's Guide (London: Oneworld, 2014).

006 Balme, E., et al., 'Doctors need to be supported, not trained in resilience,' BMJ Careers

受傷的醫者：心理學家帶你看見白袍底下的情感掙扎與人性脆弱
Also Human: The Inner Lives of Doctors

作者　卡洛琳・艾爾頓 Caroline Elton
譯者　林麗雪
社長　陳蕙慧
副總編輯　戴偉傑
主編　李佩璇
特約編輯　洪郁萱
行銷企劃　陳雅雯、尹子麟、洪啟軒、余一霞
封面設計　莊謹銘
內頁排版　李承恩
讀書共和國出版集團社長　郭重興
發行人兼出版總監　曾大福
出版　木馬文化事業股份有限公司
發行　遠足文化事業股份有限公司
地址　231 新北市新店區民權路 108-3 號 8 樓
電話　(02)22181417
傳真　(02)22180727
Email　service@bookrep.com.tw
郵撥帳號　19588272 木馬文化事業股份有限公司
客服專線　0800-221-029
法律顧問　華洋國際專利商標事務所　蘇文生律師
印刷　呈靖彩藝有限公司

初版　2021 年 01 月
定價　420 元

國家圖書館出版品預行編目 (CIP) 資料

受傷的醫者：心理學家帶你看見白袍底下的情感掙扎與人性脆弱 / 卡洛琳 . 艾爾頓 (Caroline Elton) 作；林麗雪譯 . -- 初版 . -- 新北市：木馬文化事業股份有限公司出版：遠足文化事業股份有限公司發行 , 2021.01
面；　公分
譯自：Also human: the inner lives of doctors
ISBN 978-986-359-843-5(平裝)
1. 心理治療 2. 心理諮商 3. 醫師
178.8　　109017436　　352